Manfred Böttcher

Die Adventgemeinde in der DDR

Eine Gratwanderung von 1949 bis 1990

ADVENT-VERLAG

Lektorat: Günther Hampel, Werner E. Lange
Korrektorat: Ingrid Mayer
Einbandgestaltung: Sislak Design, Bad Soden-Salmünster
Titelfotos: Fotolia – René Schmidt; Rüdiger Mudrich
Satz: rimi-grafik, Celle
Gesamtherstellung: Grindeldruck GmbH, Hamburg

Die Bibelzitate sind – falls nichts anderes vermerkt – der *Bibelübersetzung nach Martin Luther* (revidierte Fassung 1984, Deutsche Bibelgesellschaft, Stuttgart 1985ff.) entnommen. Ansonsten bedeuten:

GNB = *Gute Nachricht Bibel* (revidierte Fassung, Deutsche Bibelgesellschaft, Stuttgart 1997ff.)
Hfa = *Hoffnung für alle – Die Bibel* (International Bible Society, Übersetzung: Brunnen-Verlag, Basel und Gießen, revidierte Fassung 2002ff.)

© 2007 Saatkorn-Verlag GmbH, Abt. Advent-Verlag,
Lüner Rennbahn 14, D-21339 Lüneburg

Internet: www.advent-verlag.de; E-Mail: info@advent-verlag.de

Das Werk einschließlich aller seiner Teile ist urheberrechtlich geschützt. Jede Verwertung außerhalb der engen Grenzen des Urheberrechtsgesetzes ohne Zustimmung des Verlags ist unzulässig und strafbar. Das gilt insbesondere für Vervielfältigungen, Übersetzungen, Mikroverfilmungen und die Verarbeitung in elektronischen Systemen.

Alle Rechte vorbehalten – Printed in Germany

ISBN: 978-3-8150-1824-8

Inhalt

Vorworte		7
Einführung	Weshalb diese Aufarbeitung einer deutschen Epoche?	11
Kapitel 1	Die Rolle von Zeitzeugen in der Aufarbeitung	13
Kapitel 2	Die Adventgemeinde in Ostdeutschland unter der sowjetischen Besatzungsmacht	17
Kapitel 3	Ein Überblick über vier Jahrzehnte Adventgemeinde unter dem DDR-Regime	33
Kapitel 4	Die Stellung der Adventisten zum DDR-Staat	57
Kapitel 5	Unser Zeugnisauftrag in der sozialistischen Gesellschaft	69
Kapitel 6	Spannungsfelder für Adventisten in der DDR	89
Kapitel 7	Die Bedeutung Friedensaus für die Adventgemeinden in der DDR	115
Kapitel 8	Wechselbäder in der Kirchenpolitik des DDR-Regimes	135

Kapitel 9	Vom Umgang mit Regierungsstellen und Behörden 147
Kapitel 10	Die Gemeinschaft vor Herausforderungen und Grenzen 169
Kapitel 11	Unterstützung auf verborgenen Wegen 181
Kapitel 12	Der Versuch einer Auswertung 191
Anhänge	Zeittafel zur Geschichte der DDR 205
	Personenverzeichnis 215
	Literaturverzeichnis 217
	Landkarte der DDR 220

Vorworte

Der Begriff „Gratwanderung" im Untertitel dieses Buches über die Erfahrungen der Gemeinschaft der Siebenten-Tags-Adventisten in der Deutschen Demokratischen Republik beschreibt zutreffend die Probleme der Christen in der Zeit des DDR-Regimes. Der Weg, den eine christliche Kirche zwischen den Forderungen und Einschränkungen eines totalitären Staates einerseits und dem Missionsauftrag Jesu und den damit verbundenen Tätigkeiten andererseits gehen musste, war in der Tat eine Gratwanderung. Die Gefahr des Scheiterns und die damit verbundenen Sorgen und Ängste waren unsichtbare, aber stets spürbare Begleiter in diesen schwierigen Jahren.

Durch seine Tätigkeiten als Vorsteher der Gemeinschaft und als Leiter der theologischen Ausbildungsstätte in Friedensau hat der Autor, Dr. h.c. Manfred Böttcher, die Erfahrung und den Überblick, diese Zeit authentisch darzustellen. In seinem Buch zeigt er auf eindrückliche Weise, wie sich die Gemeinschaft der Siebenten-Tags-Adventisten an der Entwicklung der Gesellschaft orientieren musste, um ihrem Auftrag gerecht zu werden und zu überleben, ohne ihre Identität aufs Spiel zu setzen oder gar preiszugeben. Aus dieser Sicht ist das vorliegende Buch auch ein Bekenntnis zu den Grundwerten eines echten Christseins und ein Zeugnis des Glaubens und des Mutes der Gemeindeglieder, Pastoren und Verantwortungsträger der Gemeinschaft in der Zeit des DDR-Regimes.

Eine Definition Friedrich Hegels trifft das, was dieses Buch vermitteln will, ziemlich genau: „Geschichte ist Fortschritt im Bewusstsein der Freiheit und die Entfaltung der Natur Gottes in einem besonderen, bestimmten Element."

Dieses Buch hat mir die Möglichkeit gegeben, die 40-jährige Gratwanderung der Adventgemeinde in einem totalitären und atheistischen Staat im Geiste zu verfolgen. Das war eine außerordentliche Bereicherung für mein persönliches Glaubensleben. Dafür danke ich dem Verfasser herzlich.

Ulrich Frikart
Vorsteher der Euro-Afrika-Division der Generalkonferenz der Siebenten-Tags-Adventisten

VORWORTE

Zu meinen frühesten Kindheitserinnerungen aus den 30er- und 40er-Jahren des vorigen Jahrhunderts gehören die Reisen meiner Eltern zur Leipziger Messe. Jedes Mal warteten wir Kinder nicht nur auf kleine oder größere Geschenke, sondern hörten auch gespannt von der freundlichen Gastgeberin der kleinen Familienpension. Durch den Kundenkreis der elterlichen Firma in Deutschlands Osten wurden mir früh viele Städtenamen vertraut. Besuchten uns Kunden von dort, waren manche von ihnen Gäste unserer Familie. So war für mich der Osten kein anonymes Gebiet auf der Landkarte, sondern die Städte und Menschen waren mit persönlichen Beziehungen verknüpft. Auch der einzige Bruder meiner Mutter lebte dort mit seiner Familie.

Noch heute weiß ich, wo und unter welchen Umständen mich der Schock traf: „In Berlin wird eine Mauer gebaut!" Dem schier Unglaublichen folgten Jahrzehnte, in denen ich – wie andere – lernen musste, mit dieser Mauer zu leben. Nach Gründung der Bundesrepublik Deutschland und der Deutschen Demokratischen Republik gab es auf deutschem Boden zwei Staaten, die einander immer fremder wurden.

Trotz der Ostpolitik von Willy Brandt, trotz der positiven Auswirkungen der Konferenz für Sicherheit und Zusammenarbeit in Europa sowie Gorbatschows „Glasnost" und „Perestroika" rechnete ich noch in den 80er-Jahren nicht damit, je ein wiedervereinigtes Deutschland zu erleben. Darum weiß ich auch noch genau, als wäre es gestern gewesen, wie Menschen und „Trabis" Ende 1989 die Grenzen überquerten, wie sich Ost- und Westdeutsche lachend und unter Tränen in den Armen lagen.

Damals trug ich im Westdeutschen Verband eine vergleichbare Verantwortung wie der Verfasser dieses Berichts einige Jahre zuvor im Osten. Natürlich hatten wir in den Jahren versucht, jede noch so begrenzte Möglichkeit zu gegenseitigen Besuchen, zum Gedanken- und Erfahrungsaustausch zu nutzen. Auf kollegialer Ebene lernten wir Pastoren kennen, vereinzelt auch Gemeinden und natürlich Friedensau. Wie der private, gesellschaftliche und kirchliche Alltag jedoch tatsächlich aussah, erfuhren und wussten wir kaum.

Die Adventgemeinde in der DDR

1992 empfand ich es als eines jener seltenen Geschenke Gottes, des Lebens und der Geschichte, als sich unsere Freikirche in der ehemaligen DDR mit dem nördlichen Teil der Bundesrepublik zum Norddeutschen Verband der Siebenten-Tags-Adventisten vereinigte. Kurze Zeit später wurden auch die beiden theologischen Ausbildungsstätten in Darmstadt-Marienhöhe und Friedensau zusammengelegt.

Nun gehörte das Gebiet der ehemaligen DDR zu meinem unmittelbaren Wirkungsbereich. Jetzt erst lernte ich Menschen, Städte und Regionen im Osten Deutschlands näher kennen. Wenn auch nur aus der Rückschau, erschlossen sich mir bis dahin unbekannte Zusammenhänge. Je genauer sich das Bild formte, desto mehr bewunderte und liebte ich meine Schwestern und Brüder „von drüben". Als christliche Gemeinde versuchten sie nicht nur einfach, im Sozialismus zu überleben, sondern Gottes Geist ermutigte und begeisterte sie, ihren Glauben aktiv, kreativ und offen zu leben – inmitten einer atheistisch geprägten Gesellschaft.

In der direkten Zusammenarbeit mit Personen, Gremien und Institutionen der ehemaligen DDR wurde mir bewusst: Von dem, was früher war und was insbesondere Christen stellvertretend für uns alle durchleben und durchleiden mussten, hatten wir im Westen im Grunde genommen keine Ahnung.

Manfred Böttcher hat diese Zeit von Anfang an erlebt. Wie wenige andere hat er unsere Freikirche in Ostdeutschland geführt und gemeinsam mit anderen gestaltet. Sein authentischer Bericht beschreibt die Entwicklungen und Zusammenhänge, erinnert an die kleinen Beschränkungen, von denen viele betroffen waren, aber auch an tiefgreifende Behinderungen, denen Christen und Andersdenkende damals ausgesetzt waren. Als Zeitzeuge lässt der Autor seine Leser in Ost und West nacherleben, dass und wie Gott in schwieriger Zeit nahe war und seine Kinder geführt hat.

Reinhard Rupp
Vorsteher des Norddeutschen Verbandes der Gemeinschaft
der Siebenten-Tags-Adventisten von 1990 bis 2002

Einführung

Weshalb diese Aufarbeitung einer deutschen Epoche?

Meine herangewachsenen Enkel haben mir in den letzten Jahren wiederholt Fragen nach dem Leben in der DDR gestellt, insbesondere zu den Problemen für Adventisten und die ganze Adventgemeinde.

Vor drei Jahren wurde ich vom Adventistischen Wissenschaftlichen Arbeitskreis (AWA) für ein Symposium um ein Referat über das Thema gebeten: „Die Situation der Adventisten in der DDR zwischen Konfrontation und Kooperation." Einige Monate später bat mich das „Institut für vergleichende Staat-Kirche-Forschung" in Berlin, einen Vortrag über das Thema „Siebenten-Tags-Adventisten in den Jahren 1945 bis 1990" zu halten.

Auf beiden Tagungen wurde angeregt, die Berichte von Zeitzeugen und Hintergrundmaterial einem größeren Kreis zugänglich zu machen und – soweit erforderlich – zu erweitern. Auch von der Theologischen Hochschule Friedensau wurde ich ermutigt, dieses Thema aufzugreifen, zumal diese Ausbildungsstätte von jeher wesentlichen Einfluss auf die Gemeinschaft der Siebenten-Tags-Adventisten in der DDR und ihr Wirken hatte.

Meine Arbeit erhebt nicht den Anspruch, eine umfassende oder historische Darstellung zu sein – wobei die Frage offen bleibt, inwieweit das nach 16 Jahren überhaupt schon möglich ist. Vielmehr soll auf der Grundlage historischer Fakten – belegt durch die Berichte von Zeitzeugen – ein erster Beitrag zum besseren Verständnis der Epoche von 1945 bis 1990 aus adventistischer Sicht geleistet werden. Es soll gezeigt werden, dass der Weg einer Freikirche in einem kommunistischen System oft einer Gratwanderung glich. Neben aufrichtigem Bemühen gab es auch Verfehlungen und Versagen. Dass Außenstehende dabei manches anders beurteilen, ist nur allzu verständlich.

Rückblickend stellen sich Fragen, denen wir als Adventisten nicht ausweichen dürfen: Sind wir dem Auftrag Jesu in dieser Zeit gerecht geworden? Inwieweit haben wir uns vom DDR-System beeinflussen oder gar bestimmen lassen? Welche Folgen ergaben sich daraus für das gegenseitige Verstehen und das Miteinander von Kirchen und Freikirchen? Wo liegen die Ursachen dafür, dass Verantwortungsträger unserer Freikirche wie auch einzelne Gemeindeglieder dem DDR-Regime mitunter in unterschiedlicher Weise begegnet sind?

Bevor ich auf Einzelheiten im Gegenüber von Adventgemeinde und DDR-Regime eingehe, werde ich einen kurzen geschichtlichen Überblick geben, um zu zeigen, unter welchen Zwängen und wechselnden Bedingungen Kirchen und Freikirchen in der DDR standen. Danach werde ich verschiedene Aspekte der geschichtlichen Entwicklung mit ihren Folgen hinsichtlich des Verhältnisses zwischen der Gemeinschaft der Siebenten-Tags-Adventisten und der DDR-Staatsgewalt beleuchten. Ausgehend von diesem Konzept lassen sich einige Wiederholungen nicht vermeiden, um die Anlässe und Hintergründe des Handelns der Gemeinschaft in der DDR verständlich zu machen.

Da ich als Zeitzeuge geschrieben habe, hielt ich es für erforderlich, diese Ausführungen zuvor zwölf Personen in Ost und West zur kritischen Durchsicht vorzulegen. Ihnen allen gebührt Dank für Ergänzungen und Anmerkungen, die in diese Arbeit eingeflossen sind. Vor allem hat sich Frau Renate Poller, ehemalige Dozentin für Kirchengeschichte am Predigerseminar Friedensau und Lektorin der Gemeinschaft der Siebenten-Tags-Adventisten in der DDR, überaus engagiert für diese Arbeit eingesetzt.

Manfred Böttcher

Kapitel 1

Die Rolle von Zeitzeugen in der Aufarbeitung

In einem christlichen Elternhaus aufgewachsen, musste ich bereits zu Beginn meiner Schulzeit erste Auswirkungen der Naziherrschaft erleben. Anfang 1944 wurde ich noch zur Wehrmacht einberufen. In den 40 Jahren der DDR war ich nach dem Studium am Missionsseminar in Friedensau als Prediger der Adventgemeinde an mehreren Orten und in verschiedenen Leitungsaufgaben der Gemeinschaft tätig.

In der Darstellung jener Zeit bemühe ich mich um Objektivität, doch es soll durchaus das eigene Erleben als Zeitzeuge und Verantwortlicher in der Leitung der Gemeinschaft und die eigene Sicht zum Tragen kommen und so den Ausführungen Lebensnähe geben.

Wilhelm von Humboldt (1767-1835), Gründer der Universität Berlin, stellte die These auf: „Nur wer die Vergangenheit kennt, hat eine Zukunft." Die Bibel mahnt: „Gedenke der vorigen Zeiten." (5. Mose 32,8) Und von Ellen G. White stammt eine Aussage aus dem Jahr 1915, die sich besonders auf die Adventgemeinde bezieht: „Wir haben für die Zukunft nichts zu befürchten, es sei denn, dass wir des Weges vergäßen, den der Herr uns führte, und dass wir die Lehren nicht beherzigten, die wir aus der Geschichte unsres Werkes ziehen sollten."[1]

---

[1] Ellen G. White, *Aus der Schatzkammer der Zeugnisse*, Bd. 3, Hamburg [1968/88], S. 381.

Die Geschichte nützt nur dem, der etwas lernen will. Eine Gesellschaft, die ihre Zukunft verantwortungsvoll gestalten will, muss sich mit der Vergangenheit auseinandersetzen – selbst wenn sich das als schmerzlich erweisen sollte. Es geht ja nicht nur darum, mit den Nachwirkungen des Vergangenen zu rechnen; es müssen auch Antworten auf offene Fragen gefunden werden. Ein verantwortungsvoller Umgang mit der Vergangenheit wird auch dazu führen, das Versagen Einzelner oder ganzer Gruppen zu erkennen.

Bei der Aufarbeitung der Geschichte der Gemeinschaft der Siebenten-Tags-Adventisten in der DDR kann auf Zeitzeugen nicht verzichtet werden kann. Sie tragen dazu bei, jene Zeit zu verstehen und sachliche Kritik zu äußern. Natürlich ist es ein Unterschied, von welcher Position aus das Geschehen miterlebt wurde: als bekennender Adventist, der Nachteile oder gar Repressalien hinnehmen musste, oder als heimlicher Nachfolger Jesu, der versuchte, sich aus Rücksicht auf seine Familie irgendwie mit dem bestehenden System zu arrangieren. Ganz anders wird derjenige die Vorgänge in der DDR beurteilen, der in einer kirchenleitenden Funktion stand und nicht nur für sich Entscheidungen zu treffen hatte, sondern auch Verantwortung für Gemeinden oder einzelne Glieder trug – noch dazu, wenn sie durch das Regime in Schwierigkeiten geraten waren.

Zwangsläufig setzen Zeitzeugen ihre Akzente unterschiedlich, je nachdem, wie sie den DDR-Staat erlebt haben oder von ihm geprägt wurden. Wer keinen Studienplatz bekam, weil er sich nicht freiwillig zur Armee meldete, oder trotz trotz fachlicher Kompetenz keine leitende Stellung erhielt, weil er nicht der SED beitrat, urteilt anders als diejenigen, die keine Benachteiligung erfahren haben.

Meine Biographie als Zeitzeuge

Kein Zeitzeuge kann sich von der eigenen Geschichte lösen. Das ist auch gut so. Wo er seinen Hörern oder Lesern etwas von ihr weitergibt, werden auch die Akzente verständlich, die jeder Bericht eines Zeitzeugen setzt.

Die Rolle von Zeitzeugen in der Aufarbeitung

Bedingt durch den Beruf meines Vaters erlebte ich die Kindheit in mehreren ostdeutschen Städten. Meine Mutter stammte aus einer Bauernfamilie im Warthebruch östlich der Oder. So war es nicht verwunderlich, dass sich in mir als heranwachsendem Städter – bestärkt durch Ferienaufenthalte bei den mütterlichen Verwandten auf dem Land – nach und nach der Wunsch herausbildete, ein landwirtschaftliches Studium aufzunehmen. Bereits in der Zeit meines Praktikums während des Zweiten Weltkrieges wurde ich zu einem Sonderstudium an der Universität in Breslau vorimmatrikuliert. Dann kam 1944 die Einberufung zur Wehrmacht zu einer Reserveoffiziersausbildung. Sie hat mich strategisches Denken gelehrt.

In den letzten Monaten des Kriegs musste ich erleben, wie junge Soldaten, die noch nicht einmal 18 Jahre alt waren, sinnlos in den Tod getrieben wurden, obwohl der Krieg längst verloren war. Das hat mich nicht mehr losgelassen. Für mich, der ich bis dahin nur meine beruflichen Ziele im Auge hatte, bewirkte es zugleich eine bewusste Hinwendung zum Glauben an Jesus Christus und eine feste Bindung an die Adventgemeinde.

Zwar gab es bereits in der Kindheit durch meine Eltern erste Kontakte zur Adventgemeinde, doch dann lernte ich überraschend während der Reserveoffiziersausbildung in Görlitz ein älteres Ehepaar kennen, bei dem ich oft zu Gast war. Dessen freudige Glaubenshaltung beeindruckte mich tief. Nach dem Ende des Krieges und dem Verlust der schlesischen Heimat wurde ich ins Vogtland verschlagen. Dort wurde ich in einer kleinen Adventgemeinde als Flüchtling herzlich aufgenommen. Man gab mir das Gefühl, dass ich mit meinen Fähigkeiten in der Gemeinde gebraucht wurde. Schließlich kam mit der Leitung der neu entstandenen Jugendgruppe eine Herausforderung auf mich zu, die meinen weiteren Weg bestimmen sollte. Zwar verfolgte ich noch eine Zeit lang mein bisheriges Ziel, Landwirtschaft zu studieren. Doch nach und nach reifte in mir – ermutigt durch Gemeindeglieder – der Entschluss, Prediger der Gemeinschaft der Siebenten-Tags-Adventisten zu werden, um vor allem jungen Menschen zu helfen, durch den Glauben an Jesus Christus den wahren Sinn ihres Lebens zu erkennen.

Die Adventgemeinde in der DDR

Im Jahre 1949 – ich war damals im dritten Ausbildungsjahr am Missionsseminar Friedensau – wurde die Deutsche Demokratische Republik gegründet. Wir Studenten – zumeist ehemalige Kriegsteilnehmer – nahmen davon kaum Notiz. Wir waren der Meinung: „Die werden es sowieso nicht lange machen!" Keiner ahnte damals, dass die vermeintliche Episode vier Jahrzehnte dauern würde.

Dann, im zweiten Jahre meines Dienstes als junger Gemeindeprediger in Leipzig, holte mich zum ersten Mal die harte Realität der DDR ein. Ich wurde zu einem mehrstündigen Verhör vorgeladen, in dem mir mehrere Männer mit undurchdringlichen Gesichtern gegenübersaßen. Der Grund: Ich hatte in einer Predigt beiläufig gesagt, dass Ernst Thälmann am Ende seines Lebens anders gedacht habe, als er es früher vor seinen Genossen vertreten hatte. Schließlich ließ man mich nach einer Verwarnung wieder gehen.

So musste ich lernen, mich mit den Realitäten des DDR-Staates auseinanderzusetzen. Zugleich festigte sich in mir die Überzeugung, berufen zu sein, durch den Dienst in der Verkündigung des Evangeliums Menschen etwas Besseres als eine Ideologie zu vermitteln. Ich habe jedoch nicht geahnt, dass mein gesamtes aktives Berufsleben darüber hingehen würde.

Grenzen der Aussagen von Zeitzeugen

Gerade Zeitzeugen stehen in der Gefahr, objektive Sachverhalte durch subjektives Erleben zu verfremden – vielleicht um das eigene Verhalten zu glorifizieren und ihren Mut oder ihre Standhaftigkeit hervorzuheben. Vielleicht möchte der einstige DDR-Bürger auch auf das hinweisen, was in den 40 Jahren dennoch möglich war. Trotz der grundsätzlich notwendigen Ablehnung eines unfreiheitlichen Systems besteht auch die Gefahr, alles nur negativ zu sehen und zu vergessen, dass auch diese Zeit nicht vergebens war.

Trotz dieser Einschränkungen ist es um der kommenden Generation willen erforderlich, die Geschichte der Gemeinschaft der Siebenten-Tags-Adventisten in der DDR angemessen und so objektiv wie möglich darzustellen. Das will ich versuchen.

Kapitel 2

Die Adventgemeinde in Ostdeutschland unter der sowjetischen Besatzungsmacht

Auf der Konferenz von Jalta im Februar 1945 hatten der amerikanische Präsident Roosevelt, der britische Premier Churchill und der sowjetische Diktator Stalin beschlossen, Deutschland nach dem Krieg in vier Besatzungszonen aufzuteilen. Wenige Wochen nach der Kapitulation wurde von den Besatzungsmächten am 5. Juni 1945 ein Alliierter Kontrollrat für das Nachkriegsdeutschland gebildet. Die Sowjetische Besatzungszone wurde von der „Sowjetischen Militäradministration in Deutschland" (SMAD) in Berlin-Karlshorst verwaltet. Die erließ selbstständig Befehle mit Gesetzeskraft, unabhängig vom Kontrollrat. Das unverkennbare Ziel war der schrittweise Aufbau einer kommunistischen Herrschaft im politischen, sozialen und weltanschaulichen Bereich.

Im ersten Jahr der Besatzung herrschte vielerorts eine gewisse Rechtlosigkeit; teilweise hielt dieser Zustand auch länger an. Verdächtige Personen, Männer und Frauen, wurden nachts oder in den frühen Morgenstunden von sowjetischer Militärpolizei oder der neu gegründeten Volkspolizei abgeholt, ohne dass ein ordentlicher Haftbefehl vorlag.

Dahinter steckten oft Denunziationen übel wollender Nachbarn oder Arbeitskollegen. Angehörige erhielten oft wochen- oder monatelang selbst bei Nachfragen keine Auskunft über den Verbleib ihrer Familienmitglieder. Manche Inhaftierten mussten sogar mehrere Jahre in sowjetischen Arbeitslagern verbringen; andere kehrten gar nicht zurück – wie beispielsweise der Friedensauer Schulleiter

Dr. Wilhelm Michael.[1] Erst Jahre später erfuhr seine Ehefrau von seinem Tod 1945 in einem sowjetischen Straflager.

Die Meinungsfreiheit in der Sowjetischen Besatzungszone war eingeschränkt. Wer auch nur die geringste Kritik an der Verfahrensweise oder den Übergriffen der Besatzungsmacht äußerte, riskierte Freiheit und Leben. Diese Rechtsunsicherheit wirkte sich lähmend aus. Außerdem griffen in den ersten Nachkriegsjahren infolge der Mangelernährung allerlei Krankheiten und Seuchen um sich. Obendrein belasteten hohe Reparationsleistungen sowie Kosten für die sowjetische Besatzung die Bevölkerung; es fehlte oft am Nötigsten. Eine intakte Industrie gab es kaum, folglich auch wenig Aussicht auf Arbeit und Verdienst. Nur zur Beseitigung der Trümmerberge wurden Tausende, vornehmlich Frauen, herangezogen – und das bei kärglicher Bezahlung. Jüngere Leute hofften auf bessere Chancen in Westdeutschland und setzten sich dorthin ab.

Auf Betreiben der sowjetischen Militäradministration wurden bereits im September 1945 durch Verordnungen der Länder- bzw. Provinzverwaltungen die Betriebe der „Kriegsverbrecher und Naziaktivisten" mit dem Ziel enteignet, die gesamte Großindustrie zu verstaatlichen. Auch landwirtschaftliche Betriebe mit über 100 Hektar Bodenfläche wurden enteignet. Danach teilten örtliche Bodenkommissionen das „Junkerland" unter Bauern, Landarbeitern und Umsiedlern auf. Neubauern bekamen das Recht, „ungehindert die Gebäude der Güter abzubrechen und das Abbruchmaterial zum Bau ihrer neuen Häuser zu verwenden."[2] Eine Verordnung der Militärregierung forderte entschädigungslose Enteignung bei politischen und Wirtschaftsstraftaten. Davon wurde in der Sowjetischen Besatzungszone reichlich Gebrauch gemacht.

Bereits im Mai 1946 hatte Winston Churchill in einer Rede in den USA auf die immer stärker werdenden Gegensätze zwischen

---

[1] Wilhelm Michael (1884-1945), Dr. phil.; ab 1919 Studienrat am Kloster „Unsrer Lieben Frauen" in Magdeburg; ab 1923 Schulleiter an den Missionsseminaren in Neandertal, Friedensau und Darmstadt; 1939-1943 erneut Schulleiter in Friedensau.
[2] Zitiert nach Kurt Hutten, *Christen hinter dem Eisernen Vorhang*, Bd. 2, Stuttgart 1963, S. 16.

Unter der sowjetischen Besatzungsmacht

den Siegermächten hingewiesen. Fortan bestimmten Spannungen die Weltpolitik wie überhaupt die Situation im Nachkriegsdeutschland. So kam es zur unterschiedlichen Entwicklung in Ost- und Westdeutschland. Während in den drei Westzonen Zug um Zug demokratische Ordnung einzog, war in der Sowjetzone wenig davon zu spüren. Demokratie wurde lediglich als eine Art Aushängeschild benutzt. Für die Bürger in Ostdeutschland schloss sich an die zwölf Jahre Hitler-Diktatur fast nahtlos ein weiteres totalitäres Regime an. Grenzen zwischen den Besatzungszonen erschwerten ein ungehindertes Reisen. Die 1948 durchgeführten Währungsreformen in West- und Ostdeutschland betonierten die Trennung: West-Berlin wurde durch eine Verordnung des Militärkommandanten in das westdeutsche Währungssystem einbezogen. In der Sowjetischen Besatzungszone erfolgte eine Währungsreform nur wenige Tage später. Nun gab es nicht nur in Deutschland, sondern auch in Berlin zwei Währungen. Viele Jahre florierte der Schwarzmarkthandel damit. In den West-Berliner Wechselstuben bekam man zeitweise für eine Westmark bis zu zehn Ostmark. Offiziell aber durfte niemand aus der Sowjetischen Besatzungszone D-Mark mit sich führen, und die Ausfuhr von Ostwährung nach dem Westen galt als Devisenvergehen, das streng geahndet wurde.

Die Rolle der Parteien in der Sowjetischen Besatzungszone

Im Potsdamer Abkommen war festgelegt worden, dass politische Parteien die Erlaubnis zur Betätigung in Deutschland erhalten sollten. Bereits im Befehl Nr. 2 vom 25. Juni 1945 verkündete die sowjetischen Militäradministration: „Auf dem Territorium der Sowjetischen Besatzungszone in Deutschland ist die Bildung und Tätigkeit aller antifaschistischen Parteien zu erlauben, die sich die endgültige Ausrottung der Überreste des Faschismus und die Festigung der Grundlage der Demokratie und der bürgerlichen Freiheiten in Deutschland und die Entwicklung der Initiative und Selbstbestätigung der breiten Massen der Bevölkerung in dieser Richtung zum Ziel setzen."³

Zwei Tage später erging der Gründungsaufruf der Kommunistischen Partei Deutschlands (KPD). Walter Ulbricht war während des Krieges in Moskau gründlich geschult worden. Ende April kehrte er mit einer zehnköpfigen Gruppe nach Berlin zurück, um im Auftrag des Besatzungsregimes maßgebend beim Aufbau der Verwaltung mitzuwirken. Bei der Gründung der KPD erklärte er, dass man Deutschland keinesfalls das Sowjetsystem aufzwingen wolle. „Wir sind der Auffassung, dass der Weg, Deutschland das Sowjetsystem aufzuzwingen, falsch wäre; denn dieser Weg entspricht nicht den gegenwärtigen Entwicklungsbedingungen Deutschlands. Wir sind vielmehr der Auffassung, dass die entscheidenden Interessen des deutschen Volkes in der gegenwärtigen Lage einen anderen Weg vorschreiben, und zwar den Weg der Aufrichtung eines antifaschistischen demokratischen Regimes, einer parlamentarisch-demokratischen Republik mit allen demokratischen Rechten und Freiheiten für das Volk."⁴

Als es darum ging, die Verwaltung in Berlin aufzubauen, gab Walter Ulbricht seiner Gruppe intern die Weisung: „Es muss demokratisch aussehen, aber wir [Kommunisten] müssen alles in der Hand haben."⁵

Im Gegensatz zu den Befürchtungen vieler wurde anfangs keine Alleinherrschaft der Kommunisten in der sowjetischen Zone beansprucht. Vielmehr wurde die Errichtung einer „parlamentarisch – demokratischen Republik mit allen Rechten und Freiheiten für das Volk verkündet".⁶ Die für die KPD typischen Schlagworte waren in diesem Aufruf nicht enthalten.

---

³ Ein Faksimiledruck findet sich in Siegfried Suckut: *Parteien in der SBZ/DDR 1945-1952*, Bonn 2000, S. 5.
⁴ Ebd. S. 10.
⁵ Walter Leonhard aus der „Gruppe Ulbricht" berichtete: „Ulbricht hatte vorgegeben, das jeweils für das Amt des Bürgermeisters ein unbescholtener Bürgerlicher, am besten mit Doktortitel, gesucht werden sollte ... Der Stellvertreter muss unbedingt ein Kommunist sein. Der Bürgermeister repräsentiert, der Stellvertreter macht die Arbeit. Damit hat der Kommunist alles in der Hand und es wird demokratisch aussehen." *Volksstimme*, 27. April 2005.
⁶ Zitiert nach Kurt Hutten, *Christen hinter dem eisernen Vorhang*, Bd. 2, S. 10.

UNTER DER SOWJETISCHEN BESATZUNGSMACHT

Die Formulierung der programmatischen Erklärung der KPD war unter Aufsicht der KPdSU in Moskau erarbeitet worden. Das Programm der KPD sollte auf ganz Deutschland zugeschnitten sein und keinesfalls die Übernahme des Sowjetsystems kopieren. Das klang verheißungsvoll und schob Bedenken beiseite, die zunächst viele gegenüber einer kommunistischen Partei hatten. Ohne die Not der Nachkriegszeit hätten die Kommunisten kaum positive Erwartungen bei einem Teil der Bevölkerung wecken können.

Neben den Kommunisten waren von der Sowjetischen Militäradministration weitere Parteien zugelassen worden. Unter einem gewissen Druck seitens der Besatzungsmacht entschlossen sie sich zur Gründung eines gemeinsamen „Blocks der antifaschistisch-demokratischen Parteien". Dem gehörten zunächst KPD, SPD, CDU und LDPD an. Die Parteien sollten gemeinsam im Rahmen dieses Blocks regieren. Unterschiedliche Auffassungen sollten in internen Aussprachen geklärt werden. Das mochte angesichts der Not, die der Zweite Weltkrieg hinterlassen hatte, eine gewisse Berechtigung haben.

Damit trat an die Stelle einer Opposition, die schon die Nazis ausgeschaltet hatten, eine von allen Parteien getragene Blockpolitik. Sie wurde praktisch von der KPD bestimmt, und die war von der Besatzungsmacht gelenkt. Nach dem Zwangszusammenschluss von KPD und SPD zur Sozialistischen Einheitspartei Deutschlands (SED) am 15. April 1946 als „Partei neuen Typs" kam es sehr bald zur Gleichschaltung der Parteien in der Sowjetischen Besatzungszone. Die SED wurde mit Hilfe der Besatzungsmacht die alleinige politische Führungsmacht, „die führende Kraft aller Organisationen der Arbeiterklasse und der Werktätigen; der gesellschaftlichen und der staatlichen Organisationen".[7] Zu diesen Massenorganisationen gehörten der Freie Deutsche Gewerkschaftsbund (FDGB) – die einzige Gewerkschaftsorganisation im Osten –, die Freie Deutsche Jugend (FDJ), der Deutsche Frauenbund (DFB), die Vereinigung der gegen-

---

[7] Aus dem Statut der SED von 1954, veröffentlicht in *Tagung des ZK der SED am 22.1.1954*, Dietz-Verlag, Berlin 1954.

seitigen Bauernhilfe (VdgB), die Konsumgenossenschaft (KG), die Gesellschaft für deutsch-sowjetische Freundschaft (DSF) und der Kulturbund. Jeder Bürger sollte wenigstens einer dieser Organisationen angehören. Alle aber wurden letztlich von der SED gelenkt. Reichlich vierzig Jahre lang sollte auf dieser Grundlage das politische Leben in Ostdeutschland gegängelt werden. Jeder Versuch auszubrechen, wurde als antifaschistisch oder reaktionär gebrandmarkt und jeder Ansatz dazu mit allen Mitteln unterbunden. Die SED sah sich fortan als „führende Kraft aller Organisationen der Arbeiterklasse und der Werktätigen, der gesellschaftlichen und der staatlichen Organisationen".[8]

Die Situation der Adventisten nach dem Kriegsende

Die Ostgebiete Deutschlands waren in den letzten Wochen des Zweiten Weltkrieges besonders schwer von den Kampfhandlungen betroffen. Ostpreußen, Westpreußen, Schlesien sowie große Teile Pommerns waren verloren – Gebiete, in denen Adventisten bis dahin stärker verbreitet waren als im Westen Deutschlands. Die Folge war: 207 Adventgemeinden mit etwa 9500 Gliedern existierten nicht mehr – damals mehr als die Hälfte der gesamten Gliederzahl des ehemaligen Ostdeutschen Verbandes. Viele Gemeindeglieder aus den Ostgebieten hatten als Flüchtlinge in den westlichen Gebieten Deutschlands Aufnahme gefunden.

Überraschend für viele Christen in der Sowjetischen Besatzungszone war, dass schon kurz nach Kriegsende die wöchentlichen Gottesdienste wieder abgehalten werden durften. Voraussetzung war jedoch, dass laut Anordnung der Militärregierung alle religiösen Versammlungen Woche für Woche bei den zuständigen Behörden mit Angabe von Ort und Zeit angemeldet wurden. Dazu gehörte auch die namentliche Angabe des jeweils Verantwortlichen. In einigen Gebieten ging man sogar so weit, dass auch das Thema der Predigt gemeldet werden musste.

---

[8] Zitiert nach Kurt Hutten, a. a. O., S. 12.

Unter der sowjetischen Besatzungsmacht

Infolge der massiven Luftangriffe und Kampfhandlungen gegen Ende des Krieges waren in Ostdeutschland nahezu alle Kapellen und Gemeindesäle entweder beschädigt oder völlig zerstört. Vielerorts fanden Gottesdienste zunächst in kirchlichen Räumen anderer Konfessionen statt. Auch Adventgemeinden, die selber noch intakte Gottesdiensträume hatten, stellten sie anderen Christen zur Verfügung. So half man sich gegenseitig.

Die Einfuhr und Verteilung von Spenden vom Hilfswerk der Generalkonferenz der Siebenten-Tags-Adventisten in den USA wurde in der Sowjetischen Besatzungszone ebenso wie in den anderen Besatzungszonen erlaubt. In den Hungerjahren nach dem Krieg waren Lebensmittel wie Milchpulver und Margarine für viele Gemeindeglieder und deren Angehörige die entscheidende Hilfe, um die Notzeit durchzustehen. Ausgebombte und Flüchtlinge begrüßten vor allem, dass durch Kleiderspenden die dringendsten Bedürfnisse befriedigt werden konnten. Im Rahmen dieser Spendenaktion wurden für Prediger sogar Fahrräder eingeführt, sodass sie auch Adventgemeinden auf dem Lande besser erreichen konnten.

Viele Adventisten, die als Heimatvertriebene zunächst in der sowjetischen Zone untergekommen waren, setzten sich bald nach dem Westen ab. Sie erhofften sich dort mehr politische und religiöse Freiheit. Dennoch stieg die Zahl der Gemeindeglieder im Ostdeutschen Verband einschließlich der Viermächtestadt Berlin vor allem durch Taufen bis Ende 1949 auf annähernd 20 000.

Die Neuordnung der Gemeinschaft in der Sowjetischen Besatzungszone

Dem Ostdeutschen Verband der Gemeinschaft der Siebenten-Tags-Adventisten in Deutschland stand bis 1954 Michael Budnick[9] vor. Er hatte diese Aufgabe schon seit 1936 unter den schwierigen Gegebenheiten der nationalsozialistischen Herrschaft wahrgenommen.

---

[9] Michael Budnick (1890-1954), ab 1917 Prediger in Königsberg und Insterburg; ab 1925 Sekretär und später Vorsteher der Nordostsächsischen Vereinigung.

Die Adventgemeinde in der DDR

Bedingt durch die gebietsmäßige Einteilung der Besatzungszonen übernahm der Ostdeutsche Verband zunächst kommissarisch die Verwaltung der Gemeinden in Mecklenburg, Sachsen-Anhalt und Thüringen; zuvor gehörten diese zum West- und zum Süddeutschen Verband.

Im Sommer 1945 war es erforderlich, bei der sowjetischen Militäradministration einen Antrag auf Registrierung der Gemeinschaft zu stellen. Daraus ergaben sich unvorhergesehene Probleme. Die Registrierung war unter dem offiziellen Namen „Gemeinschaft der Siebenten-Tags-Adventisten" erfolgt. Nun gab es Gemeinden, die bei der notwendigen Anmeldung von Gottesdiensten Begriffe wie „Adventisten", „Adventgemeinde", „Gemeinschaft der Adventisten" benutzt hatten – und an einigen unserer Gemeindehäuser stand „Adventhaus". Das sorgte mitunter bei Behörden für Verwirrung. Man wollte deshalb an einigen Orten keine Gottesdienste mehr erlauben, da man annahm, es handele sich um nicht registrierte Gemeinden. Schließlich ließ sich das durch eine Klarstellung der Gemeinschaftsleitung bei der Militärregierung wie auch bei Polizeibehörden klären.

Der Ausschuss des Ostdeutschen Verbands kam erstmals vom 9.-11. Oktober 1945 unter der Leitung von Michael Budnick zu einer Beratung zusammen. Fünf der Mitglieder konnten – bedingt durch die eingeschränkten Reisemöglichkeiten – nicht teilnehmen. Dem vorhandenen Protokoll ist zu entnehmen, dass es im Wesentlichen um organisatorische Fragen ging sowie um den Einsatz von Predigern, deren Gemeinden infolge des Krieges nicht mehr existierten. Da die politische Entwicklung nicht absehbar war, mussten viele Entscheidungen zunächst vorläufigen Charakter tragen.

Das Adventwohlfahrtswerk als ein Organ der Gemeinschaft in Deutschland wurde beauftragt, alle Kräfte zur Linderung der Not einzusetzen. Der Beschluss lautete: „Wir ermutigen alle unsere Mitglieder, in allen deutschen Gebieten und Beatzungszonen, beim Aufbau der Städte und Ortschaften sowie zur Linderung der Not nach besten Kräften mitzuhelfen und jede gute Bestrebung zu unterstützen." Finanzielle Mittel sollten für die gute Sache „zur Verfügung gestellt werden, vorausgesetzt, dass mit einer solchen Hilfe keine politische Bindung erwartet und eingegangen wird."[10] Da viele Gemeindeglieder in Not waren, beschloss man unabhängig von der Hilfe durch die örtlichen Gemeinden seitens der Gemeinschaft, jeder Familie eine finanzielle Beihilfe bis zu 150 Reichsmark zu bewilligen. Darüber hinaus wurden 200 000 Reichsmark von der Gemeinschaftsleitung in Deutschland dem Ostdeutschen Verband zur Linderung der anhaltend akuten Not von Flüchtlingen, Ausgebombten und Heimkehrern zur Verfügung gestellt.

Weiterhin richtete man eine Suchkartei ein, um mitzuhelfen, dass die durch den Krieg getrennten Familien Verbindung mit ihren Angehörigen aufnehmen und unverzüglich benachrichtigt werden konnten.

Die Lebensmittelspenden und Hilfssendungen, die von 1946 an aus Nordamerika und Skandinavien eintrafen, wurden in der Nachkriegszeit für viele Gemeindeglieder nicht nur zu einer unschätzbaren Hilfe, sondern waren nach dem durch Deutschland entfesselten Krieg auch ein deutliches Zeichen der Verbundenheit von Adventgläubigen über Ländergrenzen hinweg.

Im Jahr 1946 konnten im Ostdeutschen Verband, dem Gebiet der späteren DDR, 1325 Personen durch die Taufe in die Gemeinde aufgenommen werden; 1947 waren es sogar 2619 Personen. Nach dem Bericht von Michael Budnick wäre die Zahl noch größer gewesen, wenn es nicht infolge des Krieges einen erheblichen Mangel an Predigern und Gottesdiensträumen gegeben hätte.[11] Bis Ende 1948 waren dennoch 49 neue Gemeinden gegründet worden. Den entscheidenden Anstoß dazu gaben Gemeindeglieder, die als Flüchtlinge aus den ehemaligen deutschen Ostgebieten in Dörfern oder Kleinstädten der Sowjetischen Besatzungszone eine Bleibe gefunden hatten.

Im Frühjahr 1947 wurden die von der Sowjetarmee beschlagnahmten Gebäude in Friedensau wieder geräumt. Bald darauf

---

[10] Protokoll der Gemeinschaft der STA in Deutschland vom 21. November 1945.
[11] Protokoll 1947, Punkt 10, und Protokoll 1948, Punkt 20, des Ostdeutschen Verbands.

erteilte die sowjetische Militäradministration die Genehmigung, ab 1. Juli 1947 den Seminarbetrieb zur Ausbildung von Predigern wieder aufzunehmen. Das war infolge des akuten Predigermangels in den ostdeutschen Gemeinden dringend geboten.

Im gleichen Jahr erhielten die Gemeinden in Berlin-Pankow und Leipzig-West je eine Holzkirche aus Fertigbauteilen, die dank einer Spendenaktion von Schweden eingeführt werden durften. Eine weitere Holzkirche wurde nicht lange danach in Plauen aufgestellt.

Infolge der Währungsreformen des Jahres 1948 ergaben sich für den Ostdeutschen Verband bezüglich der Gemeinden in den Westsektoren Berlins neue Probleme. Sie gehörten nun zum Währungsgebiet der D-Mark. Die Finanzverwaltung musste fortan mit zwei Währungen umgehen. Das aber war weder in West-Berlin noch in Ostberlin statthaft. Die offizielle Dienststelle des Ostdeutschen Verbandes befand sich seit Jahrzehnten in Berlin-Wilmersdorf, also in einem der Westsektoren. Es war deshalb erforderlich, eine Zweigdienststelle in Ostberlin einzurichten, damit von dort aus die finanziellen Angelegenheiten der Gemeinden im Gebiet der Sowjetischen Besatzungszone und in Berlin-Ost geregelt werden konnten. Infolge der starken Kriegsschäden in Berlin waren aber dafür kaum geeignete Räumlichkeiten zu finden.

Als schnelle Übergangslösung stellte der damalige Schatzmeister des ODV, der im Oststadtteil Berlin-Karlshorst wohnte, ein Zimmer seiner Wohnung als Büro zur Regelung notwendiger Verwaltungsangelegenheiten zur Verfügung. Die Leitung der Gemeinschaft selbst erfolgte weiterhin bis zum Bau der Berliner Mauer 1961 über die Verwaltungsstelle in Berlin-Wilmersdorf. Im Verkehr mit den Dienststellen, die in der Sowjetischen Besatzungszone oder in Ostberlin ihren Sitz hatten, wurde jedoch die Postanschrift Berlin-Karlshorst, Hegemeister Weg 20 benutzt.

Wohl gab es im Stadtgebiet von Berlin klare Abgrenzungen der vier Sektoren, doch davon blieb der öffentliche Verkehr zunächst unberührt. Man konnte noch durch das ganze Stadtgebiet fahren. Das ermöglichte den Berliner Gemeinden im ersten Jahrzehnt der DDR bis zum Mauerbau einen gewissen Zusammenhalt. Größere

Unter der sowjetischen Besatzungsmacht

Veranstaltungen fanden stets in West-Berlin statt, so im Adventhaus in Berlin-Wilmersdorf, in der Hasenheide oder in den Ausstellungshallen am Funkturm. Immer noch hoffte man, dass ungeachtet der vier Besatzungszonen und der vier Sektoren in Berlin eine gewisse Einheit Deutschlands erhalten bleiben würde.

Die Kirchenpolitik der Besatzungsmacht

Im Potsdamer Abkommen der vier Siegermächte war festgelegt worden, dass alle nationalsozialistischen Gesetze, die eine Diskriminierung aufgrund der Rasse, der Religion oder der politischen Überzeugung vorsahen, außer Kraft gesetzt werden sollten. Ferner wurde verlautbart: „Es wird die Freiheit der Rede, der Presse und der Religion gewährt. Die religiösen Einrichtungen sollen respektiert werden."[12]

Im Wesentlichen hielt sich die sowjetische Militäradministration auch daran. Befürchtungen, die gegen Kriegsende den Sowjets gegenüber aufgekommen waren, erwiesen sich – soweit es das Verhältnis zu den Kirchen betraf – zunächst als grundlos.

Bei der Enteignung des Großgrundbesitzes wurde kirchlicher Grundbesitz nicht angetastet. Die Kirchen sollten die Entnazifizierung ihrer Mitarbeiter entsprechend eigener Richtlinien durchführen. Dennoch zeigten sich im Osten bald grundsätzliche Unterschiede in der Kirchenpolitik, verglichen mit der in den westlichen Besatzungszonen. Dort war man weitgehend tolerant, bedingt durch das grundsätzlich andere Verständnis der Trennung von Kirche und Staat. Im Osten räumte man von vornherein jeder kirchlichen Tätigkeit nur begrenzte Möglichkeiten ein und zwar im Sinne einer Kirche, die sich im Wesentlichen auf den innerkirchlichen Bereich und auf Kulthandlungen zu beschränken hatte. Im öffentlichen Leben sollte sie nur insoweit Raum erhalten, wie das den Vorstellungen der Militärregierung entsprach. Dabei erwies sich die SED als willfährige Erfüllungsgehilfin der Besatzungsmacht.

---

[12] *Potsdamer Abkommen und andere Dokumente*, Kongressverlag, Berlin 1950, S. 17.

Bereits in einem internen Gespräch am 4. Juni 1945 über die Zukunft Deutschlands, an dem in Moskau auch Josef Stalin, W. M. Molotow, Wilhelm Pieck und Walter Ulbricht teilnahmen, war festgelegt worden: „Kein Religionsunterricht in der Schule – Jugend nicht durch Popen verwirren lassen – Religionsunterricht nur außerhalb der Schule."[13] Obgleich diese Entscheidung nicht in die Öffentlichkeit drang, zeigten sich doch bald die Auswirkungen für die Kirchen.

Religionsunterricht wurde zwar nicht unterbunden, durfte aber nicht mehr in den Schulen und durch deren Lehrkräfte erteilt werden. Das stellte die Kirchen vor große Probleme. Es mussten Katecheten für die Christenlehre (Religionsunterricht) und den Konfirmandenunterricht ausgebildet werden. Für die Adventgemeinde ergaben sich daraus kaum Schwierigkeiten, da Religionsunterricht von jeher durch die Prediger erteilt wurde – entweder in privaten Räumen oder in der Gemeinde.

In der Sowjetischen Besatzungszone wurden in den Jahren 1945 und 1946 fast alle Lehrer aus der Nazizeit entlassen. In Sonderkursen bildete man „Neulehrer" aus; sie wurden aus demokratischen Kreisen der Bevölkerung sowie dem „Arbeiterstand" geholt und im „demokratischen" Geist ausgebildet – geprägt von der SED-Ideologie. Fortan waren Schulen nicht weltanschaulich neutral, sondern eindeutig auf die Ziele der Partei ausgerichtet.

Im März 1946 wurde in der Sowjetischen Besatzungszone die Freie Deutsche Jugend (FDJ) als staatliche Einheitsorganisation für Jugendliche ab 14 Jahren gegründet. Sie sollte allen Jugendlichen, ungeachtet ihrer Weltanschauung, offen stehen. Doch bald wurde sie zur Nachwuchsorganisation der SED; keine andere Jugendorganisation war neben ihr erlaubt.

Christliche Literatur durfte nur für den innerkirchlichen Gebrauch herausgegeben werden. Für jeden Titel war eine Prüfung vonseiten staatlicher Behörden erforderlich, die sicherstellen sollten, dass keine negativen Äußerungen über die Besatzungsmacht

---

[13] Zitiert nach Kurt Hutten, *Christen hinter dem eisernen Vorhang*, Bd. 2, S. 18.

Unter der sowjetischen Besatzungsmacht

enthalten waren und die marxistische Weltanschauung nicht in Frage gestellt wurde. Ohne solche Gutachten wurde keine Druckgenehmigung erteilt. Dessen ungeachtet bemühten sich die Machthaber weiterhin, nach außen eine tolerante, zum Teil auch eine christenfreundliche Haltung an den Tag zu legen. So richtete Otto Buchwitz, Vorsitzender der SED in Sachsen, vor den Kommunalwahlen im September 1946 einen offenen Brief an alle Christen: „Durch uns Marxisten wird eure religiöse Überzeugung weder verunglimpft, noch werden wir jemals erstreben, durch irgendwelche Maßnahmen euer religiöses Innenleben verkümmern zu lassen. Im Gegenteil, ich sage euch: In den Grundsätzen und Zielen der SED ist die Gesinnungs- und Religionsfreiheit ausdrücklich festgelegt."[14]

Über das Verhältnis der SED zur Kirche hatte Wilhelm Pieck Anfang Oktober 1946 erklärt, dass die SED größten Wert auf eine enge Zusammenarbeit mit den Kirchen im Sinne der Demokratisierung und Wiederherstellung der nationalen Einheit Deutschlands legt. Er erläuterte das wie folgt: „Sind auch die Arbeitsweisen und Arbeitsmittel der SED und der Kirchen verschieden, so sind wir doch eins mit allen aufrechten antifaschistischen Demokraten in der Kirchenbewegung im Streben zur demokratischen Erneuerung, zur nationalen Einheit und zur Sicherung des Friedens."[15]

In Verbindung mit dem im April 1946 vollzogenen Zusammenschluss der SPD und KPD zur SED wurde auch das Thema „SED und Christentum" behandelt. In einer von Wilhelm Pieck und Otto Grotewohl unterzeichneten Stellungnahme wurde versichert: „Der christliche Glaube und die Zugehörigkeit zu einer Religionsgemeinschaft sind kein Hindernis für das Bekenntnis zum Sozialismus."[16]

Aufgrund dieser Äußerungen glaubte man zunächst in kirchlichen Kreisen, eine gewisse Offenheit der sowjetischen Besatzung – auch der SED – hinsichtlich der kirchlichen Belange erkennen zu können. Doch es wurde verschwiegen, dass das eindeutige Ziel

---

[14] *Sächsische Zeitung*, 8. September 1946.
[15] Hermann Weber, *Kleine Geschichte der DDR*, Köln 1980, S. 46.
[16] Institut für Geschichte der Arbeiterbewegung – Zentrales Parteiarchiv NLÖ 36/755-758.

darin bestand, Kirchen und Religionsgemeinschaften nach und nach ins Abseits zu drängen und dort eingehen zu lassen.

Offene Feindseligkeit der SED gegenüber den Kirchen

Es dauerte denn auch nicht lange, bis die SED ihrer Feindseligkeit den gegenüber Kirchen offen Ausdruck verlieh. So wurde in einem Rundschreiben der SED-Kreisleitung Magdeburg vom 8. Januar 1947 an die Genossen der Orts- und Betriebsgruppen zur Wachsamkeit gegenüber den Kirchen aufgerufen: „Hier gilt es vor allem, die Gottesdienste zu besuchen und festzustellen, ob die Predigten rein religiösen Charakter tragen und so gehalten sind, die demokratische Neuformung des Volkes zu beeinflussen, oder ob man versucht, durch besondere Redewendungen und Argumente die Kirchenbesucher in einer Form zu beeinflussen, die den Bemühungen, um eine demokratische Neugestaltung des Volkes nicht gerecht wird. Es interessiert uns auch zu wissen, ob man in Predigten darauf hinweist, wer die wirklich Schuldigen am jetzigen Elend des Volkes sind. Wir stellen die Aufgabe nicht zufällig und bitten dich, ihr deine Aufmerksamkeit zu schenken."[17]

Angestoßen durch diese Entwicklung, der man nun überall in der Sowjetzone begegnete, richtete Bischof Otto Dibelius, der in West-Berlin wohnte, zu Pfingsten 1949 ein Schreiben an die Gemeinden in Berlin und Brandenburg, in dem es am Schluss hieß: „Die Kirche hat sich auch immer verpflichtet gefühlt, den Gerüchten entgegenzutreten, als gebe es im Osten unseres Vaterlandes so etwas wie eine organisierte Christenverfolgung. Aber dass in zahllosen Dörfern und Städten dem kirchlichen Leben durch Maßnahmen der politischen Gewalt aller mögliche Abbruch geschieht, das ist eine Tatsache."[18]

Weil andere politische Meinungen nicht geäußert werden durften und auch keine Pressefreiheit bestand, konnte die SED mit

---

[17] Zitiert nach Kurt Hutten, a. a. O., S. 22.
[18] Wilhelm Dittmann/Wolf-Dieter Zimmermann (Hg.), *Otto Dibelius – Selbstzeugnisse*, Berlin (West) 1980, S. 227.

Unter der sowjetischen Besatzungsmacht

Unterstützung der Besatzungsmacht ihre weltanschauliche Propaganda ohne Einschränkung vorantreiben. Auf einer Tagung mit Berliner Hochschullehrern am 13. September 1947 forderte die SED die Aufnahme des Marxismus-Leninismus in die wissenschaftliche Forschung und Lehre. Selbst Theologiestudenten waren verpflichtet, am Pflichtkurs „Marxismus-Leninismus" teilzunehmen.

Das Ende einer gesamtdeutschen Politik der Siegermächte

Anfang März 1948 zog sich der sowjetische Oberbefehlshaber aus dem Kontrollrat zurück und machte ihn damit beschlussunfähig. Daraufhin stellte der Alliierte Kontrollrat für Deutschland am 20. März 1948 seine Tätigkeit ein, und am 20. Juni 1948 beendete der sowjetische Vertreter seine Mitarbeit in der Alliierten Kommandantur in Berlin. Die Hoffnung, dass Deutschland trotz des verlorenen Krieges unter den Besatzungsmächten in den Nachkriegsgrenzen erhalten bliebe, schwand immer mehr.

Sowjetische Truppen blockierten ab 24. Juni 1948 die Zufahrtswege zu den Westsektoren Berlins. Die Westalliierten antworteten zwei Tage später auf die Berlinblockade mit dem Beginn der Luftbrücke. 11 Monate lang – bis zum Mai 1949 – wurde West-Berlin auf diese Weise mit Nahrungsmitteln und allem Notwendigen zur Aufrechterhaltung des Lebens in der Stadt versorgt.

Angesichts der politischen Spannungen zwischen Ost und West wurde immer deutlicher, dass die Besatzungsmächte strikt darauf hinarbeiteten, zwei unterschiedlich geprägte deutsche Staaten zu etablieren. Und das sollte in West und Ost die Politik der folgenden Jahrzehnte bestimmen. Am stärksten bekam das die ostdeutsche Bevölkerung zu spüren. Damit traf das ein, was Winston Churchill bereits ein Jahr nach Kriegsende im Mai 1946 in einer Rede in den USA angedeutet hatte.

Stalin hatte zunächst kein einheitliches Deutschlandkonzept. Klar war für ihn nur, dass der Kommunismus in der Sowjetischen Besatzungszone dominieren müsse. Er favorisierte aber eher ein

Gesamtdeutschland mit kommunistischem Einfluss. Zielbewusst arbeitete die Sowjetische Militäradministration jedoch sehr bald mit Hilfe der KPD – später der SED – auf die Gründung eines eigenen Staates hin, der nachhaltig von der kommunistischen Ideologie geprägt sein sollte. Diese Anstrengungen wurden mit Beginn des kalten Krieges massiv vorangetrieben und durch die Ost-West-Spannung gerechtfertigt.

Mit der Gründung des Rates für Gegenseitige Wirtschaftshilfe (RGW) am 25. Januar 1949 in Warschau wurde Ostdeutschland in das sowjetische Wirtschaftssystem eingegliedert. Damit verlor es für die folgenden Jahrzehnte die wirtschaftliche Eigenständigkeit.

Im September 1949 entstand aus den drei Westzonen die Bundesrepublik Deutschland (BRD), und einen Monat später wurde aus der Sowjetischen Besatzungszone die Deutsche Demokratische Republik (DDR) mit dem Anspruch, ein antifaschistischer Staat zu sein. Über das politische Schicksal der Ostdeutschen bestimmte auch weiterhin faktisch die Sowjetmacht und daran änderte sich durch die Gründung der DDR kaum etwas.

So blieb über Jahrzehnte in Ostdeutschland eine diktatorische Herrschaft bestehen. Thomas Mann schrieb 1951 in diesem Zusammenhang mit kaum gezügelter Empörung in einem Brief an Walter Ulbricht: „Der Kommunismus hat – das ist die Wahrheit – mit dem Faschismus die totalitäre Staatsidee gemeinsam."[19]

Der diesem System innewohnende Totalitarismus duldete keine geistige Freiheit. Mittels der Unterstützung aus Moskau waren den Regierenden in der DDR fortan alle Voraussetzungen gegeben, ihre Macht zu festigen.

---

[19] Zitiert nach *Neue Rundschau*, Nr. 101, 1990, S. 7f.

Kapitel 3

Ein Überblick über vier Jahrzehnte Adventgemeinde unter dem DDR-Regime

Bevor ich auf einzelne Themenbereiche eingehe, soll hier ein skizzenhafter Überblick über die vier Jahrzehnte der Geschichte der DDR und die Gesamtentwicklung der Gemeinschaft der Siebenten-Tags-Adventisten im Osten Deutschlands gegeben werden. Ohne ein Mindestmaß an Wissen über die politische Entwicklung ist es kaum möglich, die Situation der Kirchen und Glaubensgemeinschaften in der DDR sowie den Ursprung und die Hintergründe der Auseinandersetzung mit diesem Staat zu verstehen.

Die Zeit nach der Gründung der DDR

Einerseits fanden die Bemühungen der Sozialistischen Einheitspartei Deutschlands (SED) um einen eigenen Staat viel Zustimmung – vor allem in der Arbeiterklasse. Doch es gab auch Stimmen, die besorgt waren, dass das entstehende Staatsgebilde Züge der vergangenen Nazidiktatur zeigen könnte, wenngleich es den Anspruch erhob, antifaschistisch zu sein. Da es keine Pressefreiheit gab, hatten diese Stimmen keine Plattform, um auf ihre Befürchtungen aufmerksam zu machen. Zum andern war mit der Abteilung K in der sogenannten Volkspolizei ein Überwachungsorgan entstanden, das in seinen Methoden ähnlich wie die frühere Gestapo arbeitete.

Am 7. Oktober 1949 erfolgte die Gründung der Deutschen Demokratischen Republik (DDR). Otto Grotewohl wurde mit der Regierungsbildung beauftragt. Mit der Auflösung der Sowjetischen

Die Adventgemeinde in der DDR

Militäradministration in Deutschland am 10. Oktober 1949 gab die Sowjetunion formell ihre Souveränität an die Deutsche Demokratische Republik ab. Einen Tag später wurde Wilhelm Pieck zum Staatspräsidenten gewählt.

Entgegen mancher Befürchtung versuchte der neu gegründete Staat, der zwar seine atheistische Weltanschauung offen proklamierte, zunächst ein sachliches Verhältnis zu den Kirchen herzustellen. Das sollte auf eine strikte Trennung von Kirche und Staat hinauslaufen.

Bereits im Oktober 1946 hatte Wilhelm Pieck über das Verhältnis der SED zu den Kirchen erklärt: „Die SED legt den größten Wert auf eine enge Zusammenarbeit mit den Kirchen im Sinne der Demokratisierung und der Wiederherstellung der nationalen Einheit. Sind auch die Arbeitsweisen und Arbeitsmittel der SED und der Kirchen verschieden, so sind wir doch eins mit allen aufrechten antifaschistischen Demokraten in der Kirchenbewegung im Streben zur demokratischen Erneuerung, zur nationalen Einheit und zur Sicherung des Friedens."[1]

Der christliche Teil der Bevölkerung hoffte also, dass es auf dieser Grundlage ein erträgliches Miteinander unterschiedlicher Weltanschauungen geben könnte. Im Gegensatz zur Nazizeit gab es weder in den Adventgemeinden noch in der Gemeinschaftsleitung Sympathien zur DDR, da die SED als staatstragende Kraft ganz offen ihre atheistisch-weltanschaulichen Ziele vertrat.

Innerhalb der SED aber war man sehr bald nach der Regierungsübernahme entschlossen, mit der fortschreitenden sozialistischen Umgestaltung der Gesellschaft die Christen aus dem gesellschaftlichen Leben zu verdrängen. Das wurde natürlich nicht öffentlich gemacht. Zudem war man anfangs der Auffassung, dass sich die Existenz der Kirchen innerhalb eines überschaubaren Zeitraums von selbst erledigen würde. Den Beweis dafür sah man in der schwindenden Zahl von Kirchenbesuchern in der DDR.[2]

---

[1] Wilhelm Pieck, *Gesammelte Reden*, Band 6: *Für Zusammenarbeit von Christen und Kommunisten*, Berlin (Ost) 1976, S. 265ff.

Staatlicherseits wurde versichert, dass man im Zuge der Trennung von Kirche und Staat keinen Unterschied zwischen den beiden großen Kirchen (evangelisch und katholisch) und anderen Glaubensgemeinschaften machen werde. Das wurde von den Freikirchen und Religionsgemeinschaften positiv aufgenommen.

Je geringer die Gliederzahl der Religionsgemeinschaften war, umso weniger Beachtung schenkte ihnen der DDR-Staat zunächst – abgesehen von den Zeugen Jehovas. Doch sehr bald wurde klar, dass sich die SED über die Stellung der Kirchen in der Gesellschaft getäuscht hatte. Wohl gab es in beiden Großkirchen einen beträchtlichen Mitgliederrückgang, andererseits aber bildete sich in ihnen ein aktiver Kern, der sich entschieden zum christlichen Glauben bekannte und in den Kirchgemeinden tatkräftig mitarbeitete.

Die SED fürchtete entgegen ihren Beteuerungen den christlichen Einfluss. Da sie als „Arbeiterpartei" die staatstragende Macht war, musste sich das zwangsläufig auch auf das Verhältnis zu den Kirchen auswirken. Zwar waren die Eingriffe in das Gemeindeleben nur selten dramatisch, aber umso nachhaltiger versuchte der SED-Staat, seine Macht durch schikanöse Maßnahmen und alltäglichen Kleinkrieg zu beweisen. Wer seine Glaubensüberzeugung freimütig vertrat, musste mit Schwierigkeiten im Beruf oder am Arbeitsplatz rechnen. In Leitungsfunktionen in Staat und Wirtschaft wie auch im Lehramt in Schulen und Universitäten,[3] in der Polizei, im Rechtswesen und in vielen anderen Berufsgruppen waren Christen aus Sicht der Partei nicht tragbar. Nach außen war die SED allerdings bemüht, jeden Eindruck von Kirchenfeindlichkeit zu vermeiden. Zugleich versuchte man jedoch, die Kirchen und Glaubensgemeinschaften in die kultische Ecke und damit in eine Art Ghetto zu drängen.

---

[2] 1945 bekannten sich noch etwa 90 % der Bevölkerung in Ostdeutschland zu einer der christlichen Konfessionen, 20 Jahre später waren es 68 % (davon 87 % evangelisch und 12 % katholisch). 1989 gehörten laut einer Studie nach eigenen Angaben nur noch 19,4 % der evangelischen und 4,5 % der katholischen Kirche an. Angeführt in Günther Heydemann/Lothar Kettenmacher (Hg.), *Kirchen in der Diktatur*, Göttingen 1993, S. 136.

[3] Vereinzelt gab es zunächst noch christliche Lehrer. Unter den Adventisten ging in wenigen Jahren die Zahl von etwa 50 Lehrkräften in öffentlichen Schulen auf zwei zurück.

Im Blick auf die Volkskammerwahlen am 15. Oktober 1950 gab das Zentralkomitee der SED, Abteilung Volksbildung, bereits am 7. Januar 1950 streng vertraulich die vorläufige Weisung: „Im Hinblick auf die bevorstehenden Wahlen darf insbesondere an den Hochschulen, wo eine kontrollierbare Hörerschaft sitzt, unter keinen Umständen der Eindruck einer staatlich gelenkten Areligiosität erweckt werden. Die Rektoren und Dozenten sind im Gegenteil auf geeignete Art darauf hinzuweisen, dass nach außen der unbedingte Eindruck einer weitgehenden Toleranz in religiösen Dingen vorherrsche ... In den Schulen sollen nach Möglichkeit antireligiöse Themen den individuellen Standpunkt des Lehrers hervorkehren. Diese Verfügung gilt als vorläufig und behält ihre Gültigkeit vorerst bis zu den Wahlen."[4]

Alle Macht lag bei der SED

Als die SED im Juli 1952 den zielstrebigen Aufbau des Sozialismus beschloss, begann eine Phase repressiv-stalinistischer Innenpolitik. Die ursprünglich in den Vordergrund gestellte Zielsetzung „Sammlung aller aufrechten Deutschen zum Kampf um die Einheit Deutschlands und für den Abschluss eines Friedensvertrages"[5] trat seit 1955 zugunsten innenpolitischer Vorhaben, also der Stärkung der DDR, mehr und mehr zurück. Das gesamte Volksleben wurde durch die SED wie durch die Blockparteien und Massenorganisationen in einer Zielstellung zusammengefasst.

Weder die provisorische Volkskammer, die erste provisorische Regierung, noch die spätere Volkskammer sind je aus einer echten, freien Wahl hervorgegangen. Letztlich waren alle folgenden Wahlen in der DDR lediglich Zustimmungsakte zu den von der Nationalen Front aufgestellten Einheitslisten, wobei immer dafür gesorgt war, dass die SED mit ihren Unterorganisationen die absolute Mehrheit der Abgeordneten in der Volkskammer hatte. Ungeachtet der regel-

---

[4] Siehe die ausführliche Darstellung über die DDR-Wahlen in Siegfried Suckut, *Parteien in der SBZ/DDR*, Bonn 2000, S. 91–98.
[5] Wilhelm Pieck, *Gesammelte Reden*, Bd. 6, S. 265ff.

mäßigen Wahlen waren DDR-Bürger praktisch von jeder politischen Mitbestimmung ausgeschlossen.

Mit der Auflösung der Landesregierungen 1952 wurden die letzten föderalistischen Elemente zerschlagen. An die Stelle der fünf Länder Berlin, Mecklenburg-Vorpommern, Sachsen, Sachsen-Anhalt und Thüringen traten 14 Bezirke, die unmittelbar der Regierung unterstellt waren. Die gesamte staatliche Verwaltung unterlag der Lenkung und Kontrolle der SED. Regierung und Verwaltung waren reine Exekutivorgane der Partei, des zentralen Machtträgers. Nach Artikel 50 der Verfassung sollte die Volkskammer das „höchste Organ der Republik" sein. Sie allein hatte das Recht zur Bestätigung, Überwachung und Abberufung der Regierung, zur Bestimmung der Regierungspolitik, der Gesetzgebung, der Wahl des Obersten Gerichtes usw. Die Volkskammer war in den vierzig Jahren kaum mehr als ein Akklamationsorgan für die Beschlüsse des Zentralkomitees der SED.

Mit dem „Gesetz über den Ministerrat der DDR" vom 16. November 1954 wurde das Prinzip der Gewaltenteilung auch formal verworfen. Fortan unterlag die Tätigkeit der Regierung weder einer parlamentarischen noch einer juristischen Kontrolle.

Im § 2 Gerichtsverfassungsgesetz vom 2. Oktober 1952 wurde erklärt: „Die Rechtsprechung der Gerichte der DDR dient dem Sieg des Sozialismus, der Einheit Deutschlands und dem Frieden." Um jede politische Abweichung oder Opposition auch strafrechtlich ahnden zu können, wurde der Artikel 6, Abs. 2 der Verfassung zum unmittelbar anwendbaren Strafgesetz erklärt: „Boykotthetze gegen demokratische Einrichtungen und Organisationen, Mordhetze gegen demokratische Politiker, Bekundung von Glaubens-, Rassen-, Völkerhass, militärische Propaganda, sowie Kriegshetze und alle sonstigen Handlungen, die sich gegen die Gleichberechtigung richten, sind Verbrechen im Sinne des Strafgesetzbuches."[6] Das Strafrechtsergänzungsgesetz vom 11. Dezember 1957 führte den Begriff des „Staatsverbrechens" ein.

---

[6] *Strafgesetzbuch der Deutschen Demokratischen Republik*, Textausgabe mit Anmerkungen, Ministerium der Justiz (Hg.), Berlin (Ost) 1969.

Der Volksaufstand von 1953 und seine Folgen

Die Alleinherrschaft der Partei unter Walter Ulbricht und die unbefriedigenden Lebensverhältnisse für die Bürger in der DDR führten ausgehend von Berlin schließlich in vielen Städten zu dem spontanen Volksaufstand vom 17. Juni 1953. Er wurde mit Hilfe der sowjetischen Besatzungsmacht niedergeschlagen. In der Folge ergaben sich zunächst einige Reiseerleichterung nach dem Westen. Die Lebensbedingungen aber verbesserten sich kaum. Die Machthaber der DDR versuchten für kurze Zeit, das „Überdruckventil" etwas zu öffnen. Doch die Art und Weise, wie das DDR-Regime gegen friedliche Demonstranten, vor allem gegen die Bauarbeiter in Berlin und andere Aufständische in mindestens 250 Orten der DDR vorgegangen war,[7] hatte bei denen, die bislang noch den politischen Zielen der SED vertrauten, große Enttäuschung und sogar Verbitterung ausgelöst. Unzufriedenheit machte sich darüber hinaus bei vielen in der Bevölkerung breit, die gehofft hatten, dass die Westmächte in irgendeiner Weise intervenieren würden, damit sich die Verhältnisse im Osten änderten.

Es war also nicht verwunderlich, dass in den folgenden Jahren viele Bewohner der DDR die noch offene Tür nach West-Berlin zur Abwanderung nutzten. Die Folgen bekamen alle zu spüren: Familien wurden zerrissen, alte Menschen fühlten sich im Stich gelassen, Kranke verloren ihre Pfleger und Ärzte, Arbeitskollektive wurden kleiner und infolgedessen die Belastungen für den Einzelnen größer. Die Folgen für die Volkswirtschaft waren verheerend.

Die Gemeinschaft der STA in Ostdeutschland nach der Gründung der DDR

Verantwortlich für die Gemeinschaftsleitung waren bis 1954 Michael Budnick, von 1954 bis 1961 Friedrich Hambrock[8] und von 1961 bis

---

[7] Andere Forscher gehen von mindestens 450 Orten aus, so nach Beate Ihme-Tuchel, *Die DDR*, Darmstadt 2002, S. 25f. Etwa 10 % der Arbeitnehmer beteiligten sich an Streiks und Demonstrationen. Geschätzt werden 25 bis 500 Tote, 1200 Verhaftete (laut *Meyers Enzyklopädisches Lexikon*, Bibliographisches Institut, Mannheim 1977, S. 691).

1968 Walter Eberhardt.[9] Sie alle hatten in leitenden Funktionen der Gemeinschaft die Herrschaft der Nationalsozialisten erlebt und mussten nun erneut Erfahrungen mit einem totalitären Regime machen.

Für die Adventgemeinde war es nach Gründung der DDR erforderlich – zunächst nur im Behördenverkehr – anstelle des Begriffs „Ostdeutscher Verband", der in der DDR nicht selten als ein Verband Heimatvertriebener missverstanden wurde, die Bezeichnung „Gemeinschaft der Siebenten-Tags-Adventisten in der DDR" zu verwenden.[10] Von 1970 an wurde in Anlehnung an die offizielle Bezeichnung der Verbände innerhalb der Weltkirche der Adventisten sowohl im Behördenverkehr als auch innergemeindlich die Bezeichnung „Union der Gemeinschaft der Siebenten-Tags-Adventisten in der DDR" benutzt.

Bedingt durch die Währungsreform und den besonderen politischen Status, den West-Berlin innehatte, war es schließlich 1954 unumgänglich, West-Berlin als selbstständige Vereinigung zu organisieren. Sie blieb aber weiterhin unter der Verwaltung der Gemeinschaft in der DDR. Mit dem Bau der Mauer 1961 rissen die Verbindungen fast vollständig ab. Als sich herausstellte, dass dieser Zustand bleibender Natur war, wurde die West-Berliner Vereinigung mit Beginn des Jahres 1964 dem Westdeutschen Verband mit Sitz in Hannover angegliedert.

Wenngleich die Leitung in allen Verwaltungsangelegenheiten selbstständig und völlig unabhängig arbeitete, gehörten die Adventisten in der DDR (wie schon vor und während des Zweiten Weltkrieges) zur Mitteleuropäischen Division mit neuem Sitz in Darm-

---

[8] Friedrich Hambrock (1890-1985); ab 1909 Prediger in Neumünster, Rostock, Stralsund und Berlin; Abteilungsleiter der Ostpreußischen Vereinigung 1919-1929; Vereinigungsvorsteher der Westsächsischen und der Nordostsächsischen Vereinigung 1929-1954.

[9] Walter Eberhardt (1902-1980); bis 1924 Lehrer; Prediger in Hamburg 1925-1926; Lehrer am Missionsseminar Neandertal 1927-1934; Leiter des Missionsseminars Friedensau 1934-1954; Vereinigungsvorsteher in Sachsen-Anhalt 1954-1961.

[10] Die Gemeinschaftsleitung sah in dieser Bezeichnung keine Staatsnähe, sondern vielmehr die Bezeichnung der Adventisten, die in der DDR lebten. Auf der Konferenz der evangelischen Bischöfe in der DDR am 26. September 1961 wurde später ähnlich beschlossen, statt der bisherigen Formulierung „Ostkonferenz" fortan die Bezeichnung „Konferenz der evangelischen Kirchenleitungen der DDR" zu verwenden.

stadt und ab 1973 zur neu gebildeten Euro-Afrika-Division mit Sitz in Bern.

Aufgrund der gesamtpolitischen Situation in der DDR waren für die Gemeinschaftsleitung – wie für alle Kirchen und Freikirchen – Gespräche und Verhandlungen mit den staatlichen Behörden unumgänglich. Dabei ging es um Genehmigungsfragen sowie um Probleme der Arbeits- und Schulbefreiung am Sabbat oder die Durchführung von Konferenzen.[11] Das alles wurde insofern erschwert, als die Gemeinschaft gegenüber dem DDR-Staat – anders als in der Bundesrepublik – keinen rechtlichen Status besaß, mit dem sich hätte etwas einfordern lassen. Man war mehr oder minder immer auf das Wohlwollen der Behörden angewiesen.

Die Folgen der Abwanderung vieler Gemeindeglieder

Auch die Adventgemeinden litten unter der Abwanderung vieler DDR-Bürger in die Bundesrepublik. Bis zum Bau der Mauer 1961 verließen von insgesamt 18 000 Adventisten etwa 4000 Ostdeutschland – Kinder nicht mitgezählt.[12] Aus Mecklenburg flüchteten fast alle Bauern, die Glieder der dortigen Adventgemeinden waren. Nach dem Westen gingen überwiegend Gemeindeglieder jüngeren oder mittleren Alters. Das war ein schwerer Verlust für die Gemeinden, die damit ihres natürlichen Nachwuchses beraubt wurden.

So kam es im Gebiet der DDR in den folgenden Jahren durch die Abwanderung zu einer starken Überalterung der Adventgemeinden. Außerdem verloren Ortsgemeinden durch diese Entwicklung zum Teil langjährige ehrenamtliche Mitarbeiter. Es gab sogar kleinere Gemeinden, die durch die Abwanderung oder Überalterung ihrer Glieder schließlich aufgelöst werden mussten.

---

[11] In einem Bericht des DDR-Staatsekretärs für Kirchenfragen von 1960 wird erwähnt: „Die Leiter der kleinen Religionsgemeinschaften ... vermeiden die Verbindung mit dem Staatsapparat und treten nur in den unumgänglichen Fällen, die selten sind, auf." Zitiert nach: *Materialien der Enquete-Kommission*, Bd. VI/2, Baden-Baden 1995, S. 970.

[12] 1950 gab es im Gebiet der DDR einschließlich West-Berlin, das bis 1963 zum Verwaltungsbereich des Ostdeutschen Verbands gehörte, etwa 20 000 Adventisten; davon zählten 1950 zu den Westberliner Gemeinden 1800 Glieder. Für die Gemeinden in Ostdeutschland bedeutete dies einen Gliederverlust von über 22 %.

In der Gemeinschaftsleitung und innerhalb der Gemeinden wuchs die Sorge über die zunehmende Abwanderung von Gemeindegliedern – auch einzelner Prediger. Weil diese aber in der Regel nicht unter dem Druck standen, dem Gemeindeglieder in ihrer beruflichen Existenz ausgesetzt waren, musste ihnen bereits in den 50er-Jahren die Missbilligung für den Fall des illegalen Verlassens der DDR ausgesprochen werden. Schließlich wurde vereinbart, dass sie in den westlichen Verbänden nicht angestellt werden durften. Das wäre ja auch einem Bruch ihres Ordinationsgelübdes gleichgekommen, denn dieses verlangte vom Prediger, treu bei seiner Herde zu bleiben und sich nicht wie ein „Mietling" zu verhalten (Johannes 10,12).

Die meisten adventistischen Übersiedler konnten Dank der Hilfe von Gemeinden im Westen schnell Fuß fassen. Sie kamen ja nicht alle auf einmal, wie zuvor die Flüchtlinge gegen Kriegsende. Die wirtschaftliche Situation in Westdeutschland hatte sich inzwischen gefestigt und begünstigte eine rasche Integration. Man fand Arbeit und den notwendigen Wohnraum. Daraus erwuchs in den folgenden Jahren eine personelle wie auch finanzielle Bereicherung der Gemeinden in der Bundrepublik Deutschland.

Die Einrichtung eines Verbandsbüros in Ost-Berlin

Bereits vor der Gründung der beiden deutschen Staaten gab es zwei unterschiedliche Währungen. Das hatte für Berlin, die sogenannte Viermächtestadt, viele Auswirkungen. In den westlichen Sektoren kam es infolge des Marshallplans zu einem starken wirtschaftlichen Aufschwung. Tag für Tag gingen Tausende von Berlinern aus dem Ostteil der Stadt in den Westen zur Arbeit. Vermehrt benutzten auch Bewohner aus dem Gebiet der DDR die noch offene Grenze in der Stadt, um im Westen einzukaufen oder sich dorthin abzusetzen. Die Zahl derer, die über West-Berlin in die Bundesrepublik ausgeflogen wurden, wuchs von Tag zu Tag. Trotz aller Anstrengungen der DDR-Behörden ließ sich die Abwanderung nicht aufhalten. Daraufhin wurden Anfang 1961 die Kontrollen in den öffentlichen Verkehrsmitteln zwischen Ost- und West-Berlin durch die Volkspolizei drastisch verstärkt.

Diese Situation machte der Gemeinschaft ebenfalls zu schaffen. Die Verwaltungsdienststelle für den Ostdeutschen Verband befand sich seit den zwanziger Jahren in Berlin-Wilmersdorf – also im Westteil der Stadt. Der Vorsteher und andere Mitarbeiter hatten ihren Wohnsitz im Gebiet der DDR außerhalb der Stadt; nur der Schatzmeister hatte eine Adresse in Berlin-Karlshorst im Ostsektor. Bei jeder Fahrt zum Verbandsbüro und zurück nach Hause mussten die Mitarbeiter nun mit scharfen Kontrollen rechnen. Das war nicht nur unangenehm, sondern mitunter sogar gefährlich. So musste beispielsweise Post aus dem Verbandsbüro an die Prediger oder die Gemeinden im Osten buchstäblich über die Sektorengrenze geschmuggelt werden, um sie dann im Ostteil der Stadt aufzugeben. Man lief stets Gefahr, sich selbst oder anderen große Schwierigkeiten zu bereiten. Anfang 1961 war diese Situation für die Gemeinschaftsleitung fast unerträglich geworden. Zudem kursierten Gerüchte, dass eine Mauer quer durch die Stadt gezogen werden sollte, auch wenn die DDR-Regierung dies vehement bestritt.

In dieser Zwangslage brauchte die Gemeinschaftsleitung unbedingt ein eigenes Verbandsbüro in Ost-Berlin. Dort sollte es sein, weil es Westdeutschen auf Grund des Viermächtestatus möglich war, mit einem Tagespassierschein nach Ost-Berlin zu kommen. Dies blieb dann viele Jahre hindurch der einzige Weg, um eine notdürftige Verbindung mit der Gemeinschaft im anderen Teil Deutschlands aufrechtzuerhalten.

Wie aber sollte ein Büro beschafft werden? Wohn- und Gewerberäume wurden staatlich bewirtschaftet. Für kirchliche Einrichtungen war die Lage völlig aussichtslos. Da erfuhr die Gemeinschaftsleitung, dass in dem Haus der Gemeinde Berlin-Schöneweide – sie war in einer ehemaligen Eckkneipe untergekommen – eine Wohnung mit vier Räumen leerstand, weil sie baupolizeilich gesperrt war. Wenn auch mit erheblichem Aufwand verbunden, so war dies doch die einzige Möglichkeit, im Ostteil Berlins Fuß zu fassen. So wurde gerade noch rechtzeitig ein Büro für den Verband der Gemeinschaft der Siebenten-Tags-Adventisten in der DDR eingerichtet. Alle Akten und Unterlagen aus dem Büro in Berlin-Wilmersdorf mussten zunächst dort bleiben. Erst 1974 gelang es, die wichtigsten Papiere mit behördlicher Genehmigung in das Verbandsbüro in Ostberlin zu überführen. Bis zur Vereinigung des Ostdeutschen mit dem Westdeutschen Verband 1992 – also über drei Jahrzehnte hindurch – wurden von dort aus die Geschicke der 300 Adventgemeinden in der DDR geleitet.

Die Folgen des Baus der Berliner Mauer

Um eine weitere Abwanderung von Bürgern der DDR zu verhindern, verfügte Walter Ulbricht am 13. August 1961 die Schließung der Grenzen durch den Bau der Mauer in Berlin. Von einem Tag zum andern war die DRR durch Stacheldrahtzäune und die Mauer hermetisch vom Westen abgeriegelt. Die Bevölkerung war in ihrem „Arbeiter- und Bauernstaat" eingeschlossen. In Berlin verkehrten keine öffentlichen Verkehrsmittel mehr zwischen Ost und West und auch die Telefonverbindungen wurden gekappt. Für die Gemeinschaftsleitung waren damit auch die letzten Verbindungen zur Mitteleuropäischen Division abgeschnitten, die bislang noch über West-Berlin bestanden hatten.

Die Grenzschließung führte zur vollen eigenständigen Verantwortung der Gemeinschaftsleitung in der DDR. Fortan bestanden keine Möglichkeiten mehr zu Konsultationen mit den beiden bundesdeutschen Verbänden. Erst Jahre später gelang es, minimale Kontakte zu Verantwortlichen in der Bundesrepublik aufzunehmen. Zwei von ihnen, Otto Gmehling,[13] Vorsteher der Mitteleuropäischen Division, und Helmut Morenings, Leiter des Advent-Verlags in Hamburg, reisten 1963 bis 1967 als Messebesucher jeweils zur Leipziger Frühjahrsmesse. Verbandsvorsteher Walter Eberhardt und ich als Verbandssekretär trafen sich mit ihnen für einige Stun-

---

[13] Otto Gmehling (1904-1996), Lehrer am Missionsseminar Neandertal 1930-1936; Schatzmeister des Westdeutschen Verbands 1936-1949; Vorsteher des Westdeutschen Verbands 1949-1962; Vorsteher der Gemeinschaft der STA in Deutschland 1963-1970.

den in privaten Räumen, um Informationen über Angelegenheiten der Gemeinschaft auszutauschen. Wir hüteten uns jedoch, für unsere Kontaktleute schriftliche Informationen vorzubereiten, und baten auch die beiden Brüder, keine Notizen mit sich zu führen, wenn sie die DDR wieder verließen. Das hätte sie und auch uns in große Schwierigkeiten gebracht. Die Behörden hätten das als „konspiratives Treffen" geahndet. Andererseits bestand bei mündlicher Mitteilung die Gefahr, missverstanden zu werden, denn die ganze Wirklichkeit der Gegebenheiten in den Gemeinden der DDR konnte nur verstehen, wer in diesem Staat lebte.

Nach dem Bau der Mauer hörte zwangsläufig in den Adventgemeinden der starke Aderlass durch Abwanderung in den Westen auf. Die Versorgungssituation der Bevölkerung verbesserte sich, das politische Klima aber verschärfte sich: Gegen Abweichler ging man fortan entschiedener vor. Das wirkte sich auch auf das Verhältnis des Staates zu den Kirchen aus. Die Mehrheit der DDR-Bürger arrangierte sich fortan notgedrungen mit dem SED-Staat und versuchte, das für sie Beste aus der Situation zu machen. Das führte zunächst zu einer spürbaren Stabilisierung von Staat und Gesellschaft.

Die Adventgemeinde in den siebziger Jahren

Im Dezember 1968 wurde der Verfasser dieses Buches zum Verbandsvorsteher gewählt.[14] Ihm folgte 1982 Lothar Reiche in dieser Verantwortung.[15] Beide gehörten zu den Jahrgängen, die noch 1944 zum Wehrdienst einberufen worden waren. Nach Kriegsende nahmen sie erneut ihre berufliche Tätigkeit auf, setzten sich aktiv in

---

[14] Manfred Böttcher (geb. 1926); Dr. h.c.; Gemeindepastor in Leipzig ab 1950; Jugendabteilungsleiter der Nordostsächsischen Vereinigung 1954-1960; Jugendabteilungsleiter des Ostdeutschen Verbandes 1960-1967; Vereinigungsvorsteher in Thüringen 1967-1968; Verbandsvorsteher 1969-1982, Direktor des Theologischen Seminars Friedensau und Leiter der Friedensauer Anstalten 1982-1991, seit 1992 im Ruhestand.
[15] Lothar Reiche (geb. 1928); ab 1952 Gemeindepastor in Erfurt, Gera und Dresden, Abteilungsleiter der Nordostsächsischen Vereinigung 1963-1969; Verbandsabteilungsleiter und -sekretär 1969-1976; Vereinigungsvorsteher in Westsachsen 1976-1982; Verbandsvorsteher 1982-1992, seitdem im Ruhestand.

ihren Gemeinden ein und begannen nach der Wiedereröffnung des Missionsseminars in Friedensau dort eine theologische Ausbildung. Darauf folgten Jahre in der praktischen Gemeindearbeit. Unter den Gegebenheiten der DDR waren beide als junge Prediger vorwiegend in der Jugendarbeit tätig, übernahmen Verantwortung als Sekretäre und Jugendabteilungsleiter in der Gemeinschaftsleitung sowie als Vorsteher von Vereinigungen. So hatten sie einen umfassenden Einblick in die Führungsaufgaben innerhalb der Adventgemeinde gewonnen, bevor sie dann nacheinander zu Präsidenten[16] der Gemeinschaft gewählt wurden.

Bei den Delegiertenkonferenzen der Siebenten-Tags-Adventisten erfolgten die Wahlen von Verantwortungsträgern sowohl in den Vereinigungen als auch im Verband stets ohne Beeinflussung seitens staatlicher Organe allein durch die von den Gemeinden gewählten Delegierten – im Gegensatz zu bekannt gewordenen Versuchen des Staatssekretariats für Kirchenfragen, andernorts Einfluss zugunsten gewisser Personen zu nehmen, die sie in verantwortlichen Funktionen der Kirche haben wollten.

Sowohl Manfred Böttcher als auch Lothar Reiche waren in ihrer Verantwortung genötigt, den bestehenden Realitäten Rechnung zu tragen. Infolge des Mauerbaus 1961 und der verstärkten diplomatischen Anerkennung der DDR war die Hoffnung auf eine baldige Wiederherstellung der deutschen Einheit geschwunden. Beide waren sich bewusst, dass Gott von der Adventgemeinde auch in einem atheistischen Staat das Bekenntnis des Glaubens erwartete. Darum bemühten sie sich, durch Verhandlungen auf verschiedenen behördlichen Ebenen einen Freiraum für die Aktivitäten der Gemeinden zu schaffen und zu erweitern, ohne jedoch Kompromisse im Bereich des Glaubens, der biblischen Lehre oder der adventistischen Identität einzugehen. Sie sahen es darüber hinaus als notwendig an, im Rahmen der Möglichkeiten eine minimale rechtliche Grundlage gegenüber der DDR zu erwirken. Dazu gehörte auch die

---

[16] Im Verkehr mit Behörden und Dienststellen wurde der Leiter der Gemeinschaft der Siebenten-Tags-Adventisten in der DDR als „Präsident" bezeichnet. Der Begriff Vorsteher, mit dem die Öffentlichkeit nichts anfangen konnte, blieb jedoch weiterhin innergemeindlich üblich.

Die Adventgemeinde in der DDR

Erarbeitung einer Verfassung für die „Union der Gemeinschaft der Siebenten-Tags-Adventisten in der DDR" und die Klärung von Eigentumsfragen hinsichtlich der Grundstücke der Gemeinschaft sowie eine staatliche Rentenabsicherung der Prediger.

Die 70er-Jahre waren zunächst geprägt von einer spürbaren internationalen Entspannungsphase. In diese Zeit gehörten der Grundlagenvertrag mit der Bundesrepublik 1973, die Aufnahme der DDR in die UNO 1973, die Unterzeichnung der Schlussakte der Konferenz für Sicherheit und Zusammenarbeit in Europa (KSZE) 1975 und die diplomatische Anerkennung der DDR durch viele Staaten.

Der 1971 eingetretene Wechsel von Walter Ulbricht zu Erich Honecker als Erstem Sekretär (ab 1976 Generalsekretär) der SED weckte – verbunden mit sozialpolitischen Verbesserungen – neue Hoffnungen. Er hatte nach Kriegsende in erster Ehe eine Frau geheiratet, deren Mutter eine Adventistin war, die zu der Zeit jedoch nicht mehr lebte. Die Freundin der Mutter, ein älteres Gemeindeglied in Ost-Berlin, hatte damals unter den ärmlichen Nachkriegsverhältnissen die Hochzeit des jungen Ehepaares ausgerichtet und bei der Einrichtung der bescheidenen Wohnung geholfen. Nach wenigen Ehejahren verstarb die erste Frau Honeckers.

Aus persönlichen Gesprächen mit dieser Glaubensschwester wussten Lothar Reiche und ich bereits seit 1970 von diesen Zusammenhängen. Zu jener Zeit war der spätere Staatsratsvorsitzende noch in der staatlichen Jugendbewegung FDJ tätig. Später, als er Vorsitzender des Staatsrates war, haben wir uns seitens der Leitung des Verbandes einige wenige Male in für die Gemeinschaft schwierigen Situationen diskret in einem persönlichen Schreiben an ihn gewandt und um seine freundliche Vermittlung gebeten, so zum Beispiel zur Erlangung einer Baugenehmigung für ein Gemeindezentrum in Neustrelitz (Mecklenburg) und zur Erteilung einer Lizenz zum Druck einer Gemeindezeitschrift. Natürlich haben wir nie – auch nicht andeutungsweise – auf seine früheren Beziehungen zu Adventisten Bezug genommen. Wir vertrauten darauf, dass Gott es richtig leiten würde, und er lenkte in diesen wenigen Fällen das Herz dieses Mannes zugunsten der angesprochenen Anliegen der

Vier Jahrzehnte Adventgemeinde unter dem DDR-Regime

Adventgemeinde. Es war uns selbstverständlich, uns in ebenso diskreter Weise für die freundliche Intervention zu bedanken – selbst dann, wenn daraus einige für ihn positive Sätze über seine Pressestelle an die Öffentlichkeit weitergegeben wurden. Das mussten wir tragen, da wir damals selbst innerhalb der Gemeinde die Hintergründe dafür nicht nennen konnten.

Die Hoffnungen auf Verbesserungen in der DDR unter Erich Honecker wurden allerdings 1978 durch die Ausbürgerung des Liedermachers Wolf Biermann und durch die Reaktion auf die Ereignisse in Polen nach der Gründung des unabhängigen Gewerkschaftsbundes „Solidarnosz" zunichte gemacht. Auch kirchenpolitisch gab es erneut Spannungen, 1972 ausgelöst durch das Gesetz zum Abbruch von Schwangerschaften, vor allem aber durch die Einführung des Wehrkundeunterrichts ab 1978. Das führte zuweilen zu einer gereizten Stimmung bei notwendigen Gesprächen mit den Behörden, die Vertreter der Gemeinschaft wegen anstehender Konflikte zu führen hatten. So beispielsweise wegen des Schulbesuchs am Sabbat, des Dienstes adventistischer Bausoldaten in den Einheiten der Nationalen Volksarmee (NVA), aber auch wegen offensichtlicher Benachteiligung bei der Aufnahme adventistischer Kinder in die Erweiterte Oberschule (Gymnasium) sowie bei der Vergabe von Studienplätzen.

Von Seiten der Gemeinschaftsleitung wurde die Loyalität gegenüber dem Staat, in dem wir lebten, nie in Frage gestellt. Als Adventisten wollten wir mitgestalten, wo immer es dem Wohl der Bürger in der DDR diente, ohne uns in irgendeiner Weise parteipolitisch „einspannen" zu lassen. Wir wollten der Aufforderung des Bibelwortes nachkommen: „Suchet der Stadt Bestes" (Jeremia 29,7), wie auch dem Rat des Petrus für die Christen im Römischen Weltreich, indem wir das Wort des Apostels auf unsere Situation übertrugen: „Denn Gott will, dass ihr durch eure guten Taten alle zum Schweigen bringt, die aus Dummheit und Unwissenheit gegen euch reden." (1. Petrus 2,15 GNB).

Diesen Standpunkt hat die Gemeinschaftsleitung ungeachtet der Spannungen, die es gab, in Begegnungen mit dem Staatssekretär für Kirchenfragen und dessen Mitarbeitern vertreten. Es wurde klar getrennt zwischen weltanschaulichen Gegensätzen, die keine Kompromisse erlaubten, und der Bereitschaft, zum Wohl der Bürger in der DDR beizutragen.

Neue Verbindung zur Generalkonferenz

Die 70er-Jahre brachten den Adventgemeinden in der DDR die Möglichkeit, endlich wieder offiziell Verbindung zur Generalkonferenz und zur Euro-Afrika-Division aufzunehmen. So erhielten erstmals 1970 Vertreter der Gemeinschaft in der DDR die Erlaubnis, an den Vollversammlungen der Generalkonferenz teilzunehmen.

Nach längeren Verhandlungen mit den zuständigen Behörden wurde 1971 die Einreisegenehmigung für Robert H. Pierson, dem Präsidenten der Generalkonferenz, erteilt. Vorausgegangen war ein von uns eingereichtes Besuchsprogramm. Dieser neuntägige Aufenthalt vom 3. bis zum 12. August wurde für die Gemeinden, die nach einem halben Jahrhundert erstmals den Besuch eines Generalkonferenzpräsidenten erlebten, wie auch für ihn selbst zu einem beeindruckenden Ereignis. Neben den abendlichen Begegnungen mit Gemeinden in verschiedenen Städten gehörten zum Reiseprogramm auch Konsultationen mit dem Verbandsausschuss der Gmeinschaft in der DDR und abschließend ein Empfang beim zuständigen Staatssekretär für Kirchenfragen der DDR-Regierung.

In den ersten beiden Jahrzehnten der DDR-Zeit waren Kontakte zu Adventgemeinden in der westlichen Welt wie auch zu Gemeinden in den sogenannten sozialistischen Ländern fast unmöglich. Sie wurden in den folgenden Jahren aber neu geknüpft. Daraus entwickelte sich eine wachsende Reisetätigkeit der Verantwortungsträger sowohl nach Ost- wie auch nach Westeuropa, in die USA und in einzelne Staaten Afrikas. Die Gemeinden sahen in offiziellen Besuchen von Vertretern der Generalkonferenz und von Brüdern und Schwestern aus westlichen wie aus sozialistischen Staatenin der DDR ihre Zugehörigkeit zur weltweiten Gemeinschaft der Adventgläubigen bestätigt.

Die 70er-Jahre waren außerdem von einer umfassenden Evangelisationstätigkeit bestimmt, die entscheidend durch den Verbandsevangelisten Johannes Mager gefördert wurde, und die bis zum Ende der DDR nahezu alle Gemeinden einbezog (Näheres dazu siehe S. 74f.). Leider kam es in dieser Zeit auch in einzelnen Gemeinden zu Auseinandersetzungen mit charismatisch geprägten Gruppierungen, die sich schließlich von der Gemeinschaft trennten.

Das Verhältnis zur Arbeitsgemeinschaft Christlicher Kirchen (AGCK)[17]

Erste Kontakte der Adventgemeinde in der DDR zur Arbeitsgemeinschaft Christlicher Kirchen (AGCK) ergaben sich 1971 durch den Geschäftsführer der AGCK, Oberkirchenrat Walter Pabst.[18] Er hatte im Krieg als Vikar in Thüringen und in den ersten Nachkriegsjahren als Studentenpfarrer in Jena Adventisten kennengelernt, die ihn durch ihre Glaubenshaltung beeindruckten.

Nach annähernd drei Jahren informeller Gespräche zwischen Adventisten und der AGCK sowie Konsultationen mit der Euro-Afrika-Division erklärte die Gemeinschaftsleitung im Schreiben vom 4. April 1974 ihre Bereitschaft zur Mitarbeit als Gastmitglied, vorausgesetzt, dass die Mitgliedskirchen der AGCK ihre Zustimmung erteilten.[19]

Anlässlich einer Vollversammlung am 16. Oktober 1974 referierten zwei Vertreter der Gemeinschaftsleitung und ein Dozent vom Predigerseminar Friedensau in einer Selbstdarstellung über Geschichte und Organisation der Gemeinschaft, wobei der Schwerpunkt auf den adventistischen Glaubenslehren lag. In der sich

---

[17] Eine ausführlichere Darstellung darüber findet sich in: Manfred Böttcher, *Wagnis des Glaubens*, Hannover 2001, Kapitel 6 und 7, S. 99ff.
[18] Walter Pabst (1912-1999) gehörte seit 1936 der Bekennenden Kirche an und wurde deshalb in Thüringen nicht in den kirchlichen Dienst übernommen; er war 1964-1984 Oberkirchenrat und ökumenischer Beauftragter der evangelischen Bischöfe in der DDR.
[19] Aus dem Protokoll des Verbandsausschusses, Beschluss 61/74: „Der Ausschuss beschloss, an die Arbeitsgemeinschaft Christlicher Kirchen in der DDR einen Antrag zu stellen, den Beratungen als Beobachter beiwohnen zu können."

anschließenden offenen Aussprache der Vertreter der zur AGCK gehörenden Kirchen und Glaubensgemeinschaften wurde unsere Mitarbeit in der Arbeitsgemeinschaft von allen ohne Vorbehalt befürwortet – und zwar auf unseren eigenen Wunsch in einem Gaststatus. Die Kirchenleitungen und die Freikirchen bestätigten das. Der Arbeitgemeinschaft Christlicher Kirchen ging es in der DDR-Zeit nie darum, eine gemeinsame kirchliche Front gegen den atheistischen Staat zu bilden. Damit hätte man auch nichts erreichen können. Aber sie hat in jener Zeit einen wesentlichen Beitrag zu gegenseitigem Verstehen bei unterschiedlichem Glaubensbekenntnis bewirkt. Walter Pabst, der AGCK-Generalsekretär, erklärte dazu in einer Veröffentlichung in der Gemeindezeitschrift *Friedensglocke*: „Wenn auch die Arbeitsgemeinschaft keine rechtlichen Zuständigkeiten im Blick auf die Arbeit der ihr angeschlossenen Kirchen hat, so erwies es sich doch im Laufe der letzten Jahre als sehr wichtig, dass sich bei ihren Zusammenkünften leitende Persönlichkeiten der Freikirchen und der Landeskirchen regelmäßig begegnen und sich über die aktuellen Probleme der kirchlichen Arbeit austauschen. Das ist angesichts der Fremdheit und Beziehungslosigkeit, in der früher Landeskirchen und Freikirchen weithin nebeneinanderher lebten, ein großer Gewinn."[20]

Obwohl wir als Siebenten-Tags-Adventisten mit unserem Gaststatus kein Stimmrecht hatten, war unsere Meinung dennoch gefragt. Das christlich-brüderliche Verhältnis innerhalb der AGCK trug nicht nur dazu bei, einander nützliche Informationen weiterzugeben, es förderte auch den interkonfessionellen Dialog. Die Kontakte zur AGCK haben darüberhinaus dazu beigetragen, die gelegentlichen Versuche staatlicher Behörden zu unterbinden, Kirchen und Freikirchen im Interesse der Kirchenpolitik der SED gegeneinander auszuspielen.

---

[20] Manuskript, vorhanden im Evangelischen Zentralarchiv in Berlin, Bestand 102/215.

Die Adventgemeinde im letzten Jahrzehnt der DDR

1977 und 1980 fanden in Friedensau sogenannte Bibelkonferenzen für Prediger statt, zu denen auch Sprecher der Generalkonferenz sowie Prediger aus benachbarten Ländern eingeladen wurden. Bei dieser Gelegenheit hielt der Sekretär der Abteilung für Religiöse Freiheit und öffentliche Anliegen, Dr. Bert B. Beach, ein grundlegendes Referat über die gesellschaftliche Verantwortung der Adventgemeinde in der Welt. Das veranlasste unsere Prediger, dieses Anliegen mit ihren Gemeinden auf die Situation in einem atheistischen Staat zu übertragen.

Als ab 1978 in der DDR eine wachsende Zahl von Ausreiseanträgen gestellt wurden – auch von Adventisten – bereitete das der Gemeinschaftsleitung erneut Sorge. Deshalb wurden selbst noch 1989 seelsorgerliche Verlautbarungen an die Gemeinden gerichtet, als Ungarn bereits seine Grenzen für DDR-Bürger geöffnet hatte. Gemeindeglieder sollten ermutigt werden, als Zeugen für Christus im Lande zu bleiben und hier ihre Aufgabe zu erfüllen. Das führte in Einzelfällen zu der Vermutung, die Gemeinschaftsleitung sei zu solchen Aufforderungen genötigt worden. Das trifft jedoch nicht zu. Einziger Grund war die Sorge um den Erhalt und die Ausstrahlung der Gemeinden, die durch den Wegzug der jungen Leute ohnehin in ihrem Bestand bedroht waren. Da in der DDR eben nicht die Möglichkeiten öffentlichen Wirkens wie in Ländern der freien Welt bestanden, ging es darum, selbst kleinere Gemeinden unbedingt in ihrer Zeugnisfunktion für ihre Umgebung zu erhalten.

Auch von Seiten der Kirchen wurden Christen aufgefordert, in der DDR zu bleiben. Nach einem Bericht des Bundesministeriums des Inneren in Bonn Anfang 1990 verließen allein 1989 insgesamt 343 854 Bürger die DDR, ein Zeichen dafür, dass viele endgültig die Hoffnung aufgegeben hatten, es könne noch einen Wandel in der DDR-Politik geben. Damals waren es nochmals etwa tausend Gemeindeglieder, die sich nach dem Westen absetzten und damit den Gemeinden im Osten verloren gingen.

Die Wende in der DDR

Die durch Gorbatschow in der Sowjetunion eingeleitete „Perestroika" (Umgestaltung) hatte neue Hoffnung geweckt. Aber die DDR-Machthaber verschlossen sich strikt den dringend notwendigen Reformen. So brach Ende 1989 zwangsläufig das SED-Regime zusammen. Es kam zur Wende in der DDR.

In dieser Endphase offenbarte die DDR-Führung einerseits eine gewisse Ratlosigkeit, andererseits versuchte sie, jede freiheitliche Regung mit Härte zu unterbinden. So wurden am 12. Januar 1989 in Leipzig Vertreter unabhängiger Gruppen im Vorfeld eines geplanten Schweigemarsches verhaftet. Daraufhin fanden in den Kirchen von mehr als 20 Städten Fürbittegottesdienste für die Verhafteten statt. Eine Woche später wurden die Inhaftierten heimlich wieder freigelassen und die Strafverfolgung ausgesetzt.

Im April 1989 erklärte die DDR-Volksbildungsministerin Margot Honecker auf einer Veranstaltung der Ost-CDU, dass von staatlicher Seite her der Dienst „christlich engagierter Lehrer" durchaus erwünscht sei. Das war zuvor nie so gesagt worden. Im gleichen Monat April veranlasste der Nationale Verteidigungsrat der DDR eine Reduzierung der Streitkräfte um 10 000 Mann. Alle Bemühungen zur Schaffung eines zivilen Ersatzdienstes lehnte man jedoch ab.

Bei der Auszählung der Stimmen zu den Kommunalwahlen am 7. Mai 1989 wurden handfeste Manipulationen festgestellt. Das löste unter den Bürgern erneut Misstrauen aus, bei vielen sogar Empörung gegenüber dem SED-Regime. Dazu kam, dass von der SED-Presse die Studentendemonstration in Peking mit dem Massaker auf dem „Platz des Himmlischen Friedens" dreist als „konterrevolutionärer Aufruhr" hingestellt wurde. Das Eingreifen der Armee, so hieß es, sei „für den Schutz der sozialistischen Ordnung" notwendig und damit gerechtfertigt gewesen.

Im August wurde die Ständige Vertretung der Bundesrepublik in Ost-Berlin geschlossen, weil dort 130 Personen Zuflucht gesucht hatten, um ihre Ausreise zu erzwingen. Mehr als 25 000 DDR-Bürger kamen bis Ende September über Ungarn, deren Grenzen nach

Österreich geöffnet worden waren, in die Bundesrepublik. Mehrere tausend Personen warteten in Prag und Warschau in den Botschaften der Bundesrepublik auf ihre Ausreise. Schließlich wurden die Flüchtlinge mit Sonderzügen der DDR-Reichsbahn in den Westen gebracht. Dieses Geschehen verfolgten die DDR-Bürger über das Westfernsehen.

Die Ohnmacht der sich einst so sicher fühlenden Machthaber in Berlin wurde offenbar. Bereits Anfang September demonstrierten Hunderte vor der Leipziger Nikolaikirche für mehr Reisefreiheit. Daraus entstanden die „Montagsdemonstrationen", die sich schließlich mit Zehntausend und weit mehr Teilnehmern von Leipzig aus auf alle größeren Städte der DDR ausweiteten.

Der sowjetische Partei- und Staatschef Gorbatschow war zum 40. Jahrestag der DDR nach Berlin gekommen. Auf ihn setzte man aufgrund der von ihm eingeleiteten „Perestroika" große Hoffnungen. Er drängte auf notwendige Reformen. Sein Ausspruch: „Wer zu spät kommt, den bestraft das Leben" stieß bei den DDR-Oberen auf taube Ohren. Sie waren unfähig, Reformen einzuleiten.

Das Schreiben der Gemeinschaft zum 40. Jahrestag der DDR

Die Gemeinschaft der Siebenten-Tags-Adventisten in der DDR hatte zu jedem runden Jahrestag der Republik ein Schreiben an den Vorsitzenden des Staatsrates gerichtet, um die sich bietende Gelegenheit zu nutzen, auf diese Weise akute Fragen an höchster Stelle vorzubringen. Immer wieder hatten wir erfahren, dass Anträge, die über den Staatssekretär für Kirchenfragen eingereicht werden mussten, nicht bearbeitet wurden, sondern in der Versenkung verschwanden.

So entschloss sich die Gemeinschaftsleitung nach gründlichem Abwägen in einem Schreiben zum 40. Jahrestag der DDR am 7. Oktober 1989, auf die damalige Situation einzugehen und auf die starke Abwanderung aus der DDR hinzuweisen, die auch unsere Gemeinden betraf. In diesem Schreiben wurde Bezug genommen auf eine Aussage Erich Honeckers: „Unsere sozialistische Gesellschaft bietet jedem Bürger, unabhängig von Alter und Geschlecht, Weltanschauung und religiösem Bekenntnis, Sicherheit und Geborgenheit, eine klare Perspektive und die Möglichkeit, seine Fähigkeiten und Talente, seine Persönlichkeit voll zu entfalten."[21] Dem wurde unsererseits im Brief hinzugefügt: „Wir wünschten, dass solche positiven Aussagen immer und überall praktiziert würden, damit tatsächlich jedem Bürger die DDR zur Heimat wird, in der er sich wohl und geborgen fühlt."

Am 13. Oktober 1989 erschien in den DDR-Presseorganen eine Mitteilung, die das Anliegen dieses Schreibens auf den Kopf stellte. So stand im *Neuen Deutschland*, dem offiziellen Regierungsorgan: „Gemeinschaft der Siebenten-Tags-Adventisten an Erich Honecker: ,Eine Heimat, in der man sich geborgen fühlt'" (letzteres groß und fett gedruckt). Auf Grund eines Protestes des Verbandsvorstehers Lothar Reiche beim DDR-Nachrichtendienst ADN kamen zwei Herren von der Presseabteilung. Sie entschuldigten sich und erklärten: „Wir haben Ihr Schreiben nie zu Gesicht bekommen. Wir haben eine Mitteilung veröffentlicht, die uns aus dem Hause des Staatsratsvorsitzenden zugegangen ist."[22]

Zum Glück hatten unsere Prediger den Originaltext von der Gemeinschaftsleitung vorab erhalten. Der damalige Prediger in Neuruppin berichtete: „Als ich die Tageszeitung las, war ich wie vom Donner gerührt ob der Sinnentstellung. Da es im Kirchenkreis eine gute Zusammenarbeit unter den Pastoren der verschiedenen Konfessionen gab, rief ich den Superintendenten an, machte ihn auf die Pressemitteilung aufmerksam und sagte ihm: ,Die Aussage ist entstellt.' Daraufhin wurde ich gebeten, das in dem gemeinsamen Montagsgebet zu berichten. Ich begann die Richtigstellung in der überfüllten Klosterkirche in Neuruppin mit den Worten: ,Als Kinder sagten wir, wenn jemand nicht bei der Wahrheit blieb: Du lügst ja wie gedruckt ...' – Am Ausgang entschuldigten sich etliche

---

[21] Erich Honeckers Rede vor der neu gewählten Volkskammer im Oktober 1976, veröffentlicht in der Zeitung *Union* vom 17. Mai 1977.
[22] Zitiert nach Lothar Reiche (Hg.), *Als Adventist in der DDR*, Lüneburg 2001, S. 249.

Pfarrer: ‚Wir hatten schlecht von ihnen gedacht' und ein Handwerksmeister sagte: ‚Das habe ich sowieso nicht geglaubt'".[23] Am 24. Oktober wurde dann im Neuen Deutschland, dem Zentralorgan der SED, eine ausführliche Richtigstellung abgedruckt – doch nachgeschickte Korrekturen bewirken wenig. Auch die Übermittlung des genauen Wortlauts dieses Briefes mit einem erklärenden Rundschreiben an alle Gemeinden konnte das, was mit der ersten Pressemitteilung an kritischen Fragen ausgelöst worden war, nicht ungeschehen machen.

Das Ende der Deutschen Demokratischen Republik

Hunderttausende DDR-Bürger gingen in den folgenden Wochen auf die Straßen – in Ostberlin waren es nahezu eine Million. Sie forderten Reisefreiheit, freie Wahlen, sowie Meinungs- und Pressefreiheit. Die Öffnung der Berliner Mauer am 9. November 1989 bedeutete faktisch das Ende des SED-Regimes. Bei einer Kundgebung in Dresden am 19. Dezember kündigten Bundeskanzler Helmut Kohl und der neue DDR-Ministerpräsident Hans Modrow eine Vertragsgemeinschaft zwischen beiden deutschen Staaten für das folgende Jahr an. Der Ruf nach Wiedervereinigung wurde jedoch immer lauter.

„Die Machtstrukturen der DDR waren verfestigt, undemokratisch, trugen totalitäre Züge. Wahrheitsmonopol und Absolutheitsansprüche waren weit verbreitet, undemokratisch und abzulehnen."[24] Die DDR ist nicht primär an äußeren Umständen gescheitert, sondern eindeutig an ihren inneren Defiziten. Auch an diesem Staat erwies sich: Ein Land oder eine Gesellschaftsordnung kann auf die Dauer nicht aufrechterhalten werden, wenn es an Akzeptanz bei der eigenen Bevölkerung fehlt.

---

[23] Aus einem Brief von Werner Jelinek, archiviert im Historischen Archiv der Siebenten-Tags-Adventisten in Europa, Sitz Friedensau.
[24] So Olaf Klohr, zur DDR-Zeit Leiter der Forschungsgruppe Wissenschaftlicher Atheismus, einige Jahre nach der Wiedervereinigung in: Günther Heydeman/Lothar Kettenacker (Hg.), *Kirchen in der Diktatur*, Göttingen 1993, S. 291.

Die Adventgemeinde in der DDR

Kurt Masur, damals Chefdirigent des Leipziger Gewandhausorchesters, erklärte hinsichtlich dieses Geschehens: „Das Wort ‚Sozialismus' kann man nicht mehr verwenden, ohne daran zu erinnern, was unter diesem Namen alles geschehen ist. Im Namen dieses Wortes fand der Betrug an einem ganzen Volk statt."

Bei allen Schwierigkeiten, die der SED-Staat mit sich brachte, hat diese Zeit doch dazu beigetragen, selbst unter großen Erschwernissen ein Bekenntnis des Glaubens abzulegen. Darin liegt der Gewinn für die Adventgemeinden jener Epoche – wie auch für viele andere Christen.

Kapitel 4

Die Stellung der Adventisten zum DDR-Staat

Nach dem Ende der DDR und ihrer Ideologie stellt sich die Frage, ob die Adventgemeinde zu große Staatsnähe praktiziert hat. Sind wir in den vierzig Jahren dem Missionsauftrag Jesu gerecht geworden? Das sind Fragen, mit der sich Kirchen oder Glaubensgemeinschaften zu allen Zeiten und in jedem Gesellschaftssystem auseinanderzusetzen haben. Nach den zwölf Jahren Hitlerdiktatur war es für Adventisten in Ostdeutschland kaum möglich, ihre Vergangenheit aufzuarbeiten, denn bald war erneut ein totalitärer Staat entstanden, der sich der marxistisch-leninistischen Weltanschauung verpflichtet wusste. In der zweiten Verfassung der DDR von 1974 war die Durchsetzung dieser Weltanschauung als Staatsziel ausdrücklich festgeschrieben. Das Glück der Menschen sollte darin bestehen, in einer friedlichen, klassenlosen Gesellschaft unter Führung der Arbeiterpartei SED zu leben. Damit in Verbindung stand der Anspruch des Staates, das Denken und Fühlen aller Menschen in Richtung der Staatsideologie zu lenken.

Die Realitäten im DDR-Staat wurden akzeptiert

Wenn eine Kirche oder Glaubensgemeinschaft ängstlich versucht, sich von der Welt abzuschotten, bleibt sie ihr das Zeugnis des Evangeliums schuldig. Steht sie der Welt mit einer gewissen Offenheit gegenüber, macht sie sich angreifbar und setzt sich der Gefahr aus, missverstanden, unterwandert oder sogar missbraucht zu werden. Im Bemühen um ein ausgewogenes Verhältnis zur DDR konnte sich die Leitung der Adventgemeinde nicht an innerkirchliche Richtlinien anlehnen, denn es gab so gut wie keine – weder seitens der Generalkonferenz noch in Form ethischer Grundsätze zum Verhältnis Staat und Kirche in einem totalitären Regime. Die adventistischen Leitungsgremien in Ostdeutschland hatten im ersten Jahrzehnt der DDR die Folgen der Nazizeit noch vor Augen. Sie neigten deshalb zu größerer Distanz zum Staat, zumal sie hofften, dass die DDR bald aufhören würde zu existieren.

Nachdem sich aber das kommunistische Regime dauerhaft etabliert hatte, wuchs die Erkenntnis in der Gemeinschaftsleitung, dass die anfängliche Distanzierung nicht durchzuhalten war. Das hätte nur dazu geführt, sich selbst in ein Ghettodasein zu begeben und damit aller Möglichkeiten zu berauben, dem Missionsauftrag Jesu in einer sozialistischen Gesellschaft gerecht zu werden. Im Übrigen wäre man damit nur der Strategie der SED entgegengekommen. In Parteikreisen herrschte die Meinung, das „Problem Religion" löse sich von selbst, wenn es dem Staat gelänge, die Kirchen und Freikirchen in ihrer Existenz auf den rein kultischen Bereich einzugrenzen. Einer ihrer militanten Philosophen, Olaf Klohr, hatte prophezeit, dass die fortschreitende sozialistische Umgestaltung der Gesellschaft zwangsläufig zu einer Verdrängung der Christen aus dem gesellschaftlichen Leben führen werde.

Ist ein atheistisches Regime „Obrigkeit" im neutestamentlichen Sinn?

Für die Adventgemeinde – wie für alle Kirchen und Gemeinschaften – stellte sich die Frage: Kann ein Regime, das eine atheistische Weltanschauung vertritt, Obrigkeit im Sinne der Bibel sein – also unter Gottes Zulassung stehen? Paulus hatte zu seiner Zeit den Christen empfohlen: „Jedermann sei untertan der Obrigkeit, die Gewalt über ihn hat. Denn es ist keine Obrigkeit außer von Gott; wo aber Obrigkeit ist, die ist von Gott angeordnet. Wer sich nun der Obrigkeit widersetzt, der widerstrebt der Anordnung Gottes; die ihr aber widerstreben, ziehen sich selbst das Urteil zu." (Römer 13,1.2) Für alle Zeiten gilt: Ohne eine staatliche Ordnung, ohne Recht und Sicherheit ist menschliches Zusammenleben nicht denkbar, sondern führt zwangsläufig zu Anarchie und Chaos. Deshalb bejahen Christen in der Regel eine staatliche Ordnung als Stiftung Gottes. Sie kann zwar nicht mit der Schöpfungsordnung gleichgesetzt werden, ist aber – bedingt durch die Sünde – notwendig.

Umfasst aber die Anerkennung der staatlichen Obrigkeit nur gewisse Regeln zur Aufrechterhaltung des öffentlichen Lebens, etwa der Straßenverkehrsordnung? Wir sind heute weit mehr als in der Vergangenheit auf staatlich gesicherte Regelungen angewiesen, die dem Schutz des Lebens wie des persönlichen Eigentums sowie dem Bestand der Gesellschaft dienen.

Wie sollen sich Christen gegenüber den Regierenden verhalten? Martin Luther hatte in seiner Zwei-Reiche-Lehre[1] christliche Fürsten vor Augen, die er als Obrigkeit bezeichnete. Für Paulus gehörten zur Obrigkeit der römische Kaiser, dessen bevollmächtigte Statthalter und andere Personen. William Barclay kommentierte dazu: „Paulus sah im Staat ein Werkzeug in der Hand Gottes. Der Staat bewahrte die Welt vor dem Chaos; und alle, die dem Staat dienten, trugen ihren Teil dazu bei. Wissentlich oder unwissentlich wirkten sie damit im Sinne Gottes, und Christenpflicht war es, ihnen dabei zu helfen, statt sie zu behindern."[2]

Es ist aber zu beachten, dass Paulus nicht den Begriff „Staat" verwandte, sondern (nach der Lutherübersetzung) den Begriff *Obrigkeit*. Mit „Staat" wurde in der Antike ein geordnetes Gemeinwesen bezeichnet, das aus Regierenden und Regierten besteht. Der Begriff *Obrigkeit* bezeichnete aber ausschließlich die Regierenden, die

---

[1] Luther unterschied zwei Weisen, durch die Gott die Welt regiert: Im „Reich zur rechten Hand", dem geistlichen Regiment, regiert er in der christlichen Welt ohne jeden äußeren Zwang durch sein Wort. Im „Reich zur linken Hand", dem weltlichen Regiment, regiert er in der ganzen Welt mit Recht und Macht durch die Regierungsgewalt und die übrigen irdischen Ordnungen, die er eingesetzt hat. Ein Christ hat in beiden Bereichen Gott auf unterschiedliche Weise zu dienen.
[2] William Barclay, *Brief an die Römer*, 5. Aufl., Neukirchen-Vluyn 1991, S. 183.

„Träger der Staatsgewalt" (Römer 13,1 GNB).[3] Damit wird keine bestimmte Form eines Gemeinwesens herausgestellt. Sicher hat Paulus in Römer 13 bewusst den Begriff *Obrigkeit* verwendet und nicht etwa vom Kaiser oder König gesprochen. Damit ist erwiesen, dass es ihm ganz allgemein um die von Gott gewollte Vollmacht geht, weltliche Herrschaft in göttlichem Auftrag auszuüben.

Sie besteht darin, dass die *Obrigkeit* durch die ihr verliehene Macht eine äußere Gerechtigkeit herstellt und bewahrt (siehe Vers 4). In diesem Sinne formulierte Dietrich Bonhoeffer: „Obrigkeit ist Stellvertretung Gottes auf Erden."[4] Christus zu dienen, ist ihr unabwendbares Schicksal. Sie dient ihm, ob sie will oder nicht. Stellt sie sich gegen das Evangelium oder verfolgt sie sogar die Nachfolger Jesu, so muss sie letztlich durch das Leiden der Gemeinde auch dem Zeugnis des Namens Christi dienen.

Sie ist aber von Gott nicht zu einem christlichen Handeln gerufen, in dem der Staat seine Bürger zu einem christlichen Glaubensbekenntnis ermutigt oder gar nötigt. Zum Glauben an Jesus Christus wird nach dem Neuen Testament der Einzelne immer nur persönlich durch das Evangelium gerufen. Darum kann es letztlich auch keinen „christlichen Staat" geben.

Angesichts der politischen Spannungen zwischen Ost und West während der DDR-Zeit hinterfragten auch die Kirchen das theologische Verständnis von *Obrigkeit*. Theologen in der Bundesrepublik Deutschland vertraten die Auffassung: Was das Wort *Obrigkeit* (nach Luther) bezeichnet, sei mit dem Tag verschwunden, an dem eine auf Parteien gegründete Staatsordnung eingeführt wurde. In einem solchen Staat gäbe es keine absolute Autorität, da Parteien das Recht auf Kritik an den Regierenden haben und die Möglichkeit, durch Wahlen oder Misstrauensvoten im Parlament die Regierung abzulösen. Folglich gibt es in einem demokratischen Staat nur eine

---

[3] Mit dem Begriff *exousia* wurden nach antiken Quellen aus dem 1. Jahrhundert vor Chr. die Befugnisse von Behörden und Gesandten, also von staatlichen Amtsträgern bezeichnet.
[4] D. Bonhoeffer: *Ethik*, herausgegeben von E. Bethge, München 1966, S. 361, 363.
[5] Ulrich Kühn, „Theologische Rechtfertigung der ,Obrigkeit'", angeführt bei Günther Heydemann/Lothar Kettenacker (Hg.): *Kirchen in der Diktatur*, Göttingen 1993, S. 251.

"gebrochene Autorität",⁵ der man im Rahmen des geltenden Rechts zu gehorchen hat.

Letzteres traf jedoch nicht auf die Situation im SED-Staat zu. Wohl nannte er sich "Deutsche Demokratische Republik", doch von Beginn an gab es keine Oppositionsparteien und es fehlten die Instrumente der Gewaltenteilung bei der Ausübung der Regierungsgewalt. Außerdem war der Staat weltanschaulich nicht neutral; er propagierte die atheistische Weltanschauung.

Deshalb fragten sich Christen: Inwieweit ist die Aussage des Apostels Petrus, die er seinerzeit an die Gemeinde richtete, gegenüber einer atheistischen Regierung verbindlich? Petrus schrieb: "Seid untertan aller menschlichen Ordnung um des Herrn willen, es sei dem König [Kaiser] als dem Obersten oder den Statthaltern als denen, die von ihm gesandt sind zur Bestrafung der Übeltäter und zum Lob derer, die Gutes tun ... fürchtet Gott, ehrt den König." (1. Petrus 2,13.14.17) Wie aber sollte das in einem Staat wie der DDR verwirklicht werden?

Standen die Christen im Römischen Reich nicht vor ähnlichen Problemen wie wir? Zuweilen wurden sie toleriert, aber es gab auch Zeiten, in denen sie Benachteiligungen hinnehmen mussten oder gar verfolgt wurden. Für Adventisten in der DDR war es allgemein keine Frage, dem Grundsatz zu folgen: Wir bekennen uns öffentlich zu unserem Glauben und befolgen gehorsam Gottes Weisungen, wie Petrus bereits vor dem Hohen Rat betonte: "Man muss Gott mehr gehorchen als den Menschen!" (Apostelgeschichte 5,29).

In den meisten Situationen war das eindeutig, sofern es ums Befolgen der Zehn Gebote ging. Gab es aber bei einem totalitären Regime nicht auch viele Anlässe, in denen nicht eindeutig zu erkennen war, wie sich Gehorsam Gott gegenüber zu bewähren hat? Im Jahre 1900 hatte Ellen G. White der Adventgemeinde den Rat gegeben: "Personen oder Dienststellen anzugreifen, ist nicht unsere Aufgabe. Wir sollten sehr vorsichtig sein, damit man uns nicht so versteht, als ob wir gegen die staatlichen Behörden wären. Unser Evangeliumsfeldzug ist zwar herausfordernd, unsere Waffe aber sollte ein schlichtes ‚So spricht der Herr' sein."⁶

Die Studenten[7] des Missionsseminars (ab 1961 hieß es Predigerseminar) in Friedensau wurden zwischen 1948 und 1965 nachhaltig durch den Bibellehrer Hermann Kobs geprägt. Während des zweiten Weltkrieges saß er in Haft und musste Zwangsarbeit leisten, weil er sich aktiv für einen Juden eingesetzt hatte. In seinem Unterricht wies er wiederholt auf den Bericht in Daniel 3 hin. Dort wird von drei jüdischen Männern berichtet, die nach Babylon deportiert worden waren und durch Gottes Fügung in führende Ämter berufen wurden (siehe Daniel 2,49). Bei einem Staatsakt erging an sie der Befehl, gemeinsam mit allen Würdenträgern des Reiches dem babylonischen König gegenüber ihre Loyalität zu bezeugen. Beweis dafür sollte die kniefällige Verehrung vor einem Standbild sein, das man im Tal Dura auf Weisung des Königs aufgestellt hatte (siehe Daniel 3,1-5). Hermann Kobs formulierte aus diesem Geschehen vor über 2500 Jahren folgende These für die Gegenwart: „Ins Tal Dura gehen wir, wenn wir dazu genötigt werden, aber vor den babylonischen Götzen beugen wir uns nicht." Mit anderen Worten: Wir haben zu lernen, worauf es im Bekenntnis des Glaubens ankommt.

Der von Gott verordnete Raum der Bewährung

Jesus ordnete sich der römischen Obrigkeit unter, bezeugte aber vor dem Statthalter Pilatus: „Du hättest keine Macht über mich, wenn sie dir nicht von oben gegeben wäre." (Johannes 19,11) Auch an anderen Stellen erklärt das Neue Testament, dass alle irdischen Mächte letztlich der Herrschaft Christi unterworfen sind. „In [Christus] ist alles erschaffen worden, was im Himmel und auf der Erde lebt ... die Thronenden, die Herrschenden, die Mächte, die Gewalten." (Kolosser 1,16 GNB) Christus ist das Haupt der Gemeinde wie auch der Herr jeder *Obrigkeit*. Selbst wo eine *Obrigkeit* fragwürdig ist, hat sie die Macht letztlich von Gott empfangen. Sie ist die „Anord-

---

[6] *Aus der Schatzkammer der Zeugnisse*, Bd. 3, Hamburg [1968/88], S. 37.
[7] In der DDR wurden auch Schüler von Fachschulen als Studenten bezeichnet.

nung Gottes" (Römer 13,2) in ihrem Sein, aber nicht in ihrem Entstehen, auch nicht unbedingt in ihrem gesetzgeberischen und verwaltenden Handeln. Und wo eine *Obrigkeit* sich weigert, Gott zu dienen und ihre Macht womöglich willkürlich gegen Nachfolger Christi einsetzt, muss sie auch gegen ihren Willen durch das Leiden der Gemeinde letztlich dem Zeugnis Christi dienen.

Als Gemeinschaft der Siebenten-Tags-Adventisten in Ostdeutschland kamen wir zu der Überzeugung, dass die Deutsche Demokratische Republik der uns von Gott zugewiesene Bewährungsraum für das Zeugnis des Evangeliums ist.

Von 1960 bis über das Ende der DDR hinaus war ich in verschiedenen Aufgaben Mitglied des Verbandsausschusses. Nie wurde – auch nicht andeutungsweise – in Beratungen der Gedanke geäußert, wir müssten vorsichtiger sein oder gar den Machthabern willfährig sein, um die Existenz der Gemeinschaft zu sichern. Dagegen bewegte uns in den halbjährlichen Sitzungen und auch darüber hinaus immer wieder das Anliegen: Wie können wir unseren Auftrag unter den politischen Gegebenheiten in der DDR verwirklichen? Grundlage dafür war der Auftrag in der dreifachen Engelsbotschaft, das „ewige Evangelium zu verkünden denen, die auf Erden wohnen, allen Nationen" (Offenbarung 14,6), also unsererseits den Menschen in der DDR.

Das Zeugnis des Glaubens, zu dem wir uns verpflichtet fühlten, verlangte von uns, von offener oder verdeckter Opposition Abstand zu nehmen. Aus unserer Sicht konnten wir zu keiner Zeit gemeinsame Sache mit denen machen, die die DDR als Ordnungsmacht ablehnten oder gar ihren Sturz herbeiführen wollten. Wie hätten wir dann bei Gott Fürbitte einlegen können „für alle Obrigkeit", wie es der Apostel Paulus in 1. Timotheus 2,1.2 von Christen fordert?

Da es im Verhältnis zum DDR-Staat nicht selten Probleme gab, die nur mündlich mitgeteilt werden konnten, kam der Verbandsausschuss mitunter bis zu viermal im Jahr zu Beratungen zusammen. Auch die Vereinigungen waren deshalb gut beraten, dass sie ihre Prediger bis zu sechsmal im Jahr zu Tagungen zusammenriefen, um ihnen unter anderem vertrauliche Informationen weiterzugeben. In

jener Zeit haben wir jedoch nie erlebt, dass einer unserer Mitarbeiter im Predigtamt dieses Vertrauen in irgendeiner Weise zum Schaden der Gemeinschaft missbraucht hätte. In diesen Predigerberatungen setzten wir uns auch theologisch grundlegend mit dem Verhältnis zum DDR-Staat und unseren Pflichten gegenüber der Gesellschaft auseinander. Einige Sätze aus einem meiner Referate:
„Selbst in härtester antichristlicher Bedrückung haben wir kein Recht, eine ‚christliche Revolution' zu predigen. Der Herr verwehrt es uns, in solchen Situationen zum Schwert, d. h. zu menschlichen Machtmitteln, zu greifen, fordert uns aber auf, ‚Geduld und Glauben' zu üben (Offb 13,10) ... Die Aufgabe der Gemeinde besteht also nicht darin, die Gesellschaft zu rekonstruieren, sondern Menschen für das Reich Gottes zuzurichten (Lk 1,17)...

Der Christ trägt nicht nur soziale Verantwortung gegenüber dem Nächsten, der in irgendeiner Weise hilfsbedürftig ist, sondern auch gegenüber der Gesellschaft, der er angehört. Darin liegt eine gewisse Problematik. Der Nachfolger Jesu gehört zur Gemeinde Gottes, ist aber auch Angehöriger einer Nation. Er ist Bürger des Reiches Gottes wie auch eines Reiches dieser Welt. Gerade aus dieser doppelten Zugehörigkeit ergeben sich Spannungen, die bis zum Konflikt zwischen göttlicher und menschlicher Autorität führen können. Weil wir von Gott leben – aber auch von den Vorteilen der Zugehörigkeit zu unserem jeweiligen Staat –, fordert uns Jesus auf: ‚Gebt dem Kaiser, was des Kaiser's ist, und Gott, was Gottes ist.' (Lk 22,25) ... Wir haben vom Neuen Testament her kein Recht, uns von Pflichten zu distanzieren, die wir gegenüber Staat und Gesellschaft haben und deren Beachtung von allen Bürgern erwartet werden darf ...

Für Paulus steht die Obrigkeit unter Gott, d. h. unter Gottes Zulassung. Daher können wir uns nicht pharisäerhaft vom Staat distanzieren oder ihn gar negieren mit der Begründung, dass wir Gottes Kinder und Bürger des Reiches Gottes sind. Christenpflicht ist es auch, den Staat in seiner Ordnungsfunktion zu unterstützen."[8]

Die Stellung der Adventisten zum DDR-Staat

Grundsätzlich pflichteten unsere Prediger – ob jünger oder älter – diesen Ausführungen bei. Sie wussten, dass die DDR der uns von Gott verordnete Raum der Bewährung war.

Adventisten hatten da zu sein für die Menschen in diesem Staat, wobei sich keiner genau vorstellen konnte, wie sich das im persönlichen Leben und im Verhältnis der Gemeinschaft zum Staat auswirken würde. Wir wussten auch nie, welche Folgen die sich ergebenden Spannungen nach sich ziehen könnten.

Keiner von uns hatte es sich ausgesucht, in der DDR zu leben, aber nun waren wir gefordert, uns in einer atheistischen Gesellschaft zu Jesus Christus zu bekennen und ein glaubwürdiges Zeugnis unserer Hoffnung zu geben. Jesu Zusage in Matthäus 16,18 galt nach unserer Überzeugung auch für die Adventgemeinde in der DDR: „[Selbst] die Pforten der Hölle sollen [die Gemeinde Jesu] nicht überwältigen."

Konsequenzen aus der Unvereinbarkeit von Marxismus und christlichem Glauben

Die marxistische Weltanschauung und der christliche Glaube schließen einander aus. Das galt für die Adventgemeinde in der DDR noch mehr als für andere Kirchen, denn das adventistische Bekenntnis zum biblischen Schöpfungsbericht schließt jeden Kompromiss mit der Evolutionstheorie aus, die aber eine wesentliche Grundlage für die Philosophie des Marxismus-Leninismus war.

Eine andere Frage bestand darin, ob die Mitarbeit von Christen in einer Massenorganisation der DDR zulässig war, weil diese mehr oder minder aus marxistischer Sicht gelenkt wurden. Konnte ein Marxist als Partner für Gespräche und gemeinsame Aktionen überhaupt infrage kommen? Ging es zum Beispiel in einem Wohngebiet um kommunale Anliegen wie die Anlage eines Parks, zu denen die „Nationale Front" – eine von der SED gesteuerte Massenorganisation – die Bürger um Mitarbeit aufrief, dann war das für uns ein

---

[8] Manuskript, hinterlegt im Historischen Archiv der STA, Sitz Friedensau.

reines Sachanliegen ohne weltanschauliche Auseinandersetzung. An solchen Einsätzen beteiligten sich Gemeindeglieder wie Prediger. Diese Aktionen erwiesen sich mitunter sogar als Türöffner, um bei Behörden Verständnis und sogar Hilfe für Anliegen der Adventgemeinde zu finden. So gelang es an einigen Orten durch die Mitarbeit von Gemeindegliedern bei solchen Einsätzen, schließlich doch eine Baugenehmigung für eine Kapelle oder ein Gemeindehaus zu bekommen.

Unsere Verantwortung der Gesellschaft gegenüber

Die Kirchengeschichte zeigt, dass es christlichen Gemeinden selten gelungen ist, die Spannung zwischen dem Reich Gottes und den Reichen dieser Welt in die rechte Balance zu bringen. „Sie hat sich vielmehr immer wieder in schwärmerischer staatlicher Feindlichkeit wie geordneter Staatshörigkeit gezeigt."[9]

Jesus fordert seine Nachfolger zwar auf: „Trachtet zuerst nach dem Reich Gottes und seiner Gerechtigkeit" (Matthäus 6,33), aber das bedeutet nicht, dass wir keinerlei Verantwortung der Gesellschaft oder dem Staat gegenüber hätten. Als Bürger des Reiches Gottes dürfen wir uns nicht der Pflicht entziehen, für die Welt zu arbeiten und an der Lösung von Gegenwartsproblemen mitzuwirken. Mitunter aber haben Nachfolger Jesu Schwierigkeiten, dieser Aufforderung nachzukommen, besonders Adventisten, die in der Erwartung des kommenden Reiches Gottes leben.

Das ist verständlich, weil es oft so aussieht, als stehe der Einzelne dem Geschehen in der Völkerwelt und den Problemen der Gegenwart machtlos gegenüber. Dennoch: Der Standpunkt, sich einfach gegenüber Staat, Politik und Gesellschaft abzugrenzen, nichts damit zu tun haben zu wollen, lässt sich zwar begründen und mag auch verständlich sein, war aber nach unserer Auffassung falsch.

Mit der Aufforderung des Apostels Paulus: „Betet besonders für alle, die in Regierung und Staat Verantwortung tragen, damit wir in

---

[9] Paul Jacobs: *Grundlinien christlicher Ethik*, Witten 1959, S. 184.

Die Stellung der Adventisten zum DDR-Staat

Ruhe und Frieden leben können, ehrfürchtig vor Gott und aufrichtig unseren Mitmenschen gegenüber" (1. Timotheus 2,2 Hfa), ist für Christen ein Stück Verantwortung dem Staat gegenüber gegeben.

Deshalb wurde auch in den Gottesdiensten der Adventgemeinden in der DDR für die Regierenden gebetet, obwohl es Situationen gab, in denen das nicht leicht fiel. Das war die Konsequenz aus dem Wissen, dass die DDR der uns von Gott zugeordnete Platz war, an dem wir uns als Adventisten zu bewähren hatten.

Es gab keine Patentrezepte für Entscheidungen

Die vier Jahrzehnte DDR-Geschichte haben uns gelehrt, dass es im Hinblick auf Spannungen zwischen der Gemeinde und dem Staat keine Patentrezepte für die Entscheidungen gab. Es musste vielmehr je nach Sachlage unterschiedlich reagiert werden. Wie jeder einzelne Adventist hatte auch die Gemeinschaftsleitung ihrer Verantwortung gemäß zu handeln.

Solch ein Ja zur vorgegebenen Situation durfte aber nicht aus Resignation erwachsen. Es verlangte vielmehr, die Gegebenheiten als Herausforderung Gottes anzunehmen, um sich als Nachfolger Jesu zu bewähren. Mit dem Ringen um das Ja zu einer Situation war stets die Frage nach dem Willen Gottes verbunden. Den zu erkennen, war manchmal nicht leicht. Wer dann Mitbeter zur Seite hatte, konnte dankbar sein. In Leitungsgremien wie dem Verbandsausschuss wurden Beratungen oft unterbrochen, um für die anstehende Entscheidung in einer Gebetsgemeinschaft Klarheit zu gewinnen.

Wir mussten auch erkennen, dass Entscheidungen in einer bestimmten Situation nicht einfach in eine andere übernommen werden konnten. So wird es verständlich, dass ein Adventist, der sich einer bestimmten Herausforderung gestellt hatte, sich einer anderen verweigerte. Das gilt ebenso für Entscheidungen, die von der Gemeinschaftsleitung getroffen werden mussten. Ob sie immer richtig waren, mag dahingestellt bleiben. Das letzte Urteil kann nur die Instanz treffen, vor der alle Beweggründe offenbar sind. Eines aber möchte ich im Blick auf die Entscheidungen der Gemeinschaftsleitung bezeugen: Sie wurden nie spontan oder leichtfertig getroffen. Es wurde mitunter hart darum gerungen, wobei man sich stets der Abhängigkeit von Gott und der Verantwortung ihm gegenüber bewusst war.

Kapitel 5

Unser Zeugnisauftrag in der sozialistischen Gesellschaft

Von allen Staaten Europas, die unter sowjetischer Herrschaft standen, hatte die DDR die am stärksten entchristlichte Gesellschaft. Das kann nicht allein der SED angelastet werden, wie es heute mitunter geschieht. Bereits im 19. Jahrhundert und während der Weimarer Republik erfolgte vor allem in der Arbeiterschaft eine fortschreitende Entfremdung vom christlichen Glauben. Zwar hielt man im Bürgertum an gewissen christlichen Formen sowie am Beachten kirchlicher Feiertage fest, aber überwiegend aus Gründen der Tradition. Der fortschreitende Säkularisierungsprozess verminderte die Anziehungskraft des christlichen Glaubens.

Wohl gab es nach dem Zweiten Weltkrieg ein kurzes Aufblühen der Kirchen, doch das welkte schnell dahin – im Westen Deutschlands vor allem durch das Wirtschaftswunder, im Osten durch die weltanschauliche Agitation der SED. Zudem gab sich der Marxismus-Leninismus einen wissenschaftlichen Anstrich. Wer sich dem verschloss, wurde als rückständig angesehen.

Offene weltanschauliche Auseinandersetzung unmöglich

Die Möglichkeit zur weltanschaulichen Auseinandersetzung mit der SED hat es nie gegeben. Die Partei war die staatstragende Macht und konnte ihre atheistische Philosophie uneingeschränkt verbreiten. In der Öffentlichkeit konnten Kirchen darauf kaum etwas erwidern, weil die Voraussetzungen dafür infolge der eingeschränkten Pressefreiheit nicht gegeben waren. Die wichtigsten Zeitungen und Zeitschriften der DDR waren alle in der Hand der SED. Was sich gegen die marxistische Weltanschauung richtete, durfte weder gedruckt noch vervielfältigt werden. Jeder Versuch, die Lehre der Partei öffentlich in Frage zu stellen, wurde als Gegnerschaft zur staatlichen Ordnung interpretiert und von der SED im Keim erstickt. Rechtliche Mittel, sich zu wehren, gab es nicht.

Andererseits muss man sich fragen, was eine öffentliche weltanschauliche Auseinandersetzung in einer säkularisierten Gesellschaft hätte bewirken können. Die Erfahrung lehrt, dass man in Diskussionen wohl gewisse Pluspunkte sammeln, aber kaum Menschen für die christliche Botschaft gewinnen kann.

Anfangs war die SED zum Miteinander von Christen und Marxisten beim Aufbau des jungen Staates bereit. Sehr bald aber wurde klar, dass die Partei – bedingt durch ihre weltanschaulichen Ziele – eine klare Distanzierung vom christlichen Glauben forderte. Die SED verlangte von ihren Mitgliedern und von denen, die in verantwortlichen Positionen im öffentlichen Leben standen, den Austritt aus der Kirche.

Das führte über die Jahre zu einer Welle von Kirchenaustritten. Der Rückgang der Mitgliedschaft in den Kirchen verlief jedoch nicht überall gleich. In den mehr pietistisch geprägten Gebieten in Sachsen und Thüringen war er nicht so stark wie in den größeren Städten der DDR.

Der SED gehörten Ende 1989 etwa 2,3 Millionen Mitglieder und 50 000 Kandidaten an. Viele waren nur wegen des beruflichen Fortkommens, des Studiums oder aus ähnlichen Gründen der Partei beigetreten. Vermutlich waren viele, vielleicht sogar die meisten DDR-Bürger weder Christen noch Marxisten. Das war eine Herausforderung für alle, die sich ungeachtet der daraus resultierenden Nachteile zu Jesus Christus bekannten.

Unser Zeugnisauftrag in der sozialistischen Gesellschaft

Das Selbstverständnis der Adventgemeinde

Es gehört von ihren Anfängen an zum Selbstverständnis der Adventgemeinde, dass Gott ihr die Aufgabe übertragen hat, „allen Menschen auf der Erde, allen Stämmen und Völkern, den Menschen aller Sprachen und Nationen eine ewig gültige rettende Botschaft zu verkünden." (Offenbarung 14,6 Hfa) Das verlangt vom einzelnen Adventisten wie von der Gemeinschaft aktives Handeln – und zwar auch denen gegenüber, die sich einer atheistischen Ideologie verpflichtet wissen. Adventisten in der DDR konnten sich daher nicht in die innere Emigration zurückziehen oder gar angesichts der Feindseligkeiten in einer religiösen Nische zu überleben versuchen.

In den vierzig Jahren des SED-Staates, in denen ich Prediger war, habe ich nie etwas von Überlegungen gehört, wie die Gemeinschaft ihre Existenz in dem atheistischen Staat sichern könnte. Weder in den örtlichen Gemeinden noch in der Gemeinschaftsleitung kam man auf die Idee einer möglichen Anpassung oder Anbiederung. Die Adventgemeinde hätte ihre Daseinsberechtigung verloren, hätte sie nur als Selbstbetreuungsinstitut in der DDR existieren wollen.

Sicherlich wäre das denkbar gewesen, denn es gab in den vier Jahrzehnten keinen offenen Kirchenkampf. Jeder konnte seinen Glauben für sich behalten – keiner hätte etwas dagegen einzuwenden gehabt, solange man sich auf das innergemeindliche Leben beschränkte und keine „religiöse Propaganda" betrieb.

Aber die DDR mit ihrer Bevölkerung war kein „weißer Fleck" auf der Landkarte Gottes. Darum war es unumgänglich, die Menschen mit den Augen Christi zu sehen – unabhängig von ihrer Weltanschauung. Er hat sein Opfer für alle Menschen – für die ganze Welt – gebracht. Das bedeutete für uns, für die Menschen in der DDR da zu sein, auch für die SED-Funktionäre. Der einzige Weg dazu war: Gottes Liebe zu bezeugen und durch das eigene Leben glaubhaft zu machen. Sich von der „Welt" zu distanzieren, wäre Untreue dem Auftrag Jesu gegenüber gewesen. Von daher gab es keinen Zweifel, dass Adventisten in der DDR einen Zeugnis- und Dienstauftrag hatten.

Ältere und jüngere Prediger wussten sehr wohl, dass sie im SED-Staat vor zwei Herausforderungen standen. Zum Einen, die Gemeindeglieder in ihrer Glaubensüberzeugung zu festigen und ihnen ein gesundes adventistisches Selbstbewusstsein zu vermitteln, und zum anderen, sie zu ermutigen, den Glauben in ihrer Umgebung zu bezeugen und selbst praktisch umzusetzen.

Adventisten waren zum Bekenntnis gefordert

Für einen Adventisten war es in der DDR kaum möglich, seinen Glauben zu verheimlichen. Er fiel schon durch das Beachten des göttlichen Sabbatgebotes auf: Statt zur Arbeit ging er zum Gottesdienst. Oft war er gefordert, auf Grund seines Glaubens Rede und Antwort zu stehen, denn die Nachbarn und Arbeitskollegen wunderten sich und wollten eine Begründung haben.

Vor Einführung der Fünftagewoche in der DDR waren Adventisten häufig genötigt, den Vorgesetzten im Betrieb, oft auch der Betriebs-Parteileitung oder dem Arbeitskollektiv Erklärungen für ihre Überzeugungen zu geben. Mancher erlebte dabei, dass die durch den Glauben ausgelöste Konfliktsituation nicht in erster Linie durch bessere Argumente entschieden wurde, sondern durch eine klare Begründung mit dem Wort Gottes – besonders durch die Zehn Gebote.

Wenn es auch mitunter in Betrieben harte Auseinandersetzungen gab und einem erklärt wurde, dass es töricht sei, an solchem „religiösen Aberglauben" festzuhalten, fand man meistens eine Lösung, denn Adventisten waren in der Regel wegen ihrer Zuverlässigkeit und ihres Fleißes am Arbeitsplatz geschätzt. Manche Gemeindeglieder wechselten aus Glaubensgründen den Arbeitsplatz oder traten eine Stelle nicht an, weil sie die Sabbatfreiheit nicht gewährleistet sahen.

Auch Eltern, die sich bemühten, ihre Kinder vom Schulunterricht am Sabbat befreit zu bekommen, um mit ihnen den Gottesdienst zu besuchen, waren genötigt, ihren Glauben vor Lehrern und Direktoren zu bekennen. Oft waren Adventistenkinder die einzigen Christen in ihrer Klasse. Deshalb gab es immer wieder Fragen, mitunter auch Sticheleien oder Spott.

In der DDR-Zeit, in der viele aus begreiflichen Gründen darauf bedacht waren, nicht aufzufallen, standen aktive Christen durch ihr Bekenntnis häufig wie ein Leuchtturm in ihrer Umgebung. Mancher mochte sich erinnern an die Worte im Neuen Testament: „Seid allezeit bereit zur Verantwortung vor jedermann, der von euch Rechenschaft fordert über die Hoffnung, die in euch ist." (1. Petrus 3,15) Viele Adventisten in der DDR sahen in dieser Herausforderung geradezu eine Chance, ihren Glauben zu bezeugen.

Bibelstunden und öffentliche Evangelisationen

Bald nach Kriegsende, als Gottesdienste von der Besatzungsmacht wieder erlaubt waren, haben Prediger sowohl die Glieder ihrer Gemeinden als auch Gäste zu Vorträgen über biblische Themen eingeladen, die meist am Sonntagnachmittag oder -abend, vereinzelt auch an anderen Wochentagen in Gemeinderäumen stattfanden. Wo es sich ermöglichen ließ, kam man auch in Hauskreisen zu Bibelstunden zusammen, zu denen Freunde und Bekannte eingeladen wurden. Die Verkündigung war inhaltlich besonders auf Glaubensfreunde zugeschnitten. In größeren Gemeinden fanden Vorträge statt. Der Zuspruch war in den ersten Nachkriegsjahren beachtlich – vor allem von Flüchtlingen und denen, die Angehörige oder ihren Besitz verloren hatten. Durch praktische Hilfe und den seelsorgerlichen Beistand, den sie erfuhren, gewannen sie Vertrauen zur Adventgemeinde und öffneten sich für Gottes Wort.

Leider waren dieser Arbeit dadurch Grenzen gesetzt, dass viele Gemeinden durch die Kriegseinwirkung keine Gottesdiensträume mehr hatten. Zwar konnten Sabbatgottesdienste gehalten werden, anfangs sogar noch in kleinen Gasthaussälen oder Vereinszimmern, die man für den Vormittag mietete, mancherorts auch in kirchlichen Räumlichkeiten. Wo aber eine Gemeinde nur Räume für Gottesdienste am Sabbatvormittag hatte, fehlte es an Möglichkeiten zur umfassenden Verkündigung des Evangeliums. Man suchte also

Räumlichkeiten zu mieten, selbst wenn sie im Hinterhof lagen und der Zugang nicht gerade einladend war. Hauptsache war, dass ein Raum ständig zur Verfügung stand, wo man sich zu Hause fühlte und Gäste einladen konnte. Es wurde auch versucht, durch den Krieg beschädigte Gebäude zu erwerben und zu Gemeindezentren auszubauen. An einigen Orten gelang das.

Als junge Prediger, die wir 1950 vom Missionsseminar Friedensau gekommen waren, probierten wir, statt wöchentlicher Bibelvorträge Kurzevangelisationen zu halten – drei Abende hintereinander, entweder an einem Wochenende oder mitten in der Woche. Wir waren überrascht, wie gut das von Gemeindegliedern und Gästen angenommen wurde. Unterstützt wurden wir dabei von Wilhelm Czembor[1], der ab 1952 als Evangelist im Ostdeutschen Verband arbeitete.

Nach der Wahl von Walter Eberhardt zum Verbandsvorsteher im Jahr 1961 wurde durch Wilhelm Czembors Initiative eine Arbeitsgemeinschaft für Evangelisation gebildet, die jährlich einmal zusammenkam. Zu ihr gehörten einige der jüngeren Prediger, die neue Wege in der Evangelisation erprobt hatten, darunter Johannes Mager[2], der nach seinen Erfahrungen in der Berliner Vereinigung 1964 zum Evangelisten im Verband berufen worden war und fortan die Arbeitsgemeinschaft für Evangelisation leitete. Durch ihn wurde die Evangelisation im Gebiet der DDR nachhaltig geprägt. Er gab Anleitungen zur Vorbereitung, Durchführung und Nacharbeit. Auch Vortragsmanuskripte wurden ausgearbeitet und durch Johannes Magers Erfahrungen aktualisiert, denn er hielt selbst jedes Jahr wenigstens an zwei Orten mehrwöchige Evangelisationen. Daran nahmen Friedensauer Absolventen und junge Prediger teil, um Erfahrungen zu sammeln.

---

[1] Wilhelm Czembor (1904-1984), Prediger im polnischen Oberschlesien ab 1923; Vorsteher der westpolnischen Vereinigung 1932-1934; Vorsteher des polnischen Verbands 1934-1944; Gemeindepastor in Chemnitz 1947-1952; Verbandsevangelist 1952-1964; Leiter der Einrichtung „Friedensauer Bibellehrbriefe" 1965-1974.

[2] Johannes Mager (geb. 1929); D. Min.; Gemeindepastor in Berlin ab 1950; Abteilungsleiter in Berlin-Ost 1954-1964; Evangelist und Leiter der Predigtamtsabteilung des Verbands 1964-1974; Dozent am Theologischen Seminar Friedensau 1974-1981; Evangelist und Leiter der Predigtamtsabteilung der Euro-Afrika-Division 1981-1995; seitdem im Ruhestand.

Unser Zeugnisauftrag in der sozialistischen Gesellschaft

Johannes Mager und sein beispielhafter Einsatz ermutigten die Prediger in der DDR, sodass sich nach und nach fast alle an der Evangelisationsarbeit beteiligten. Selbst kleine Gemeinden mit kaum 20 Gliedern wagten Evangelisationen, die so zu einem festen Bestandteil des Gemeindelebens wurden. Ziel war es, in den Gemeinden jährlich eine Evangelisation durchzuführen. Auch die Prediger im Verwaltungsdienst der Vereinigungen und des Verbands beteiligten sich und hielten jedes Jahr ein bis zwei Evangelisationen.

Um den Zuhörerkreis über den Rahmen der Freunde und Bekannten von Gemeindegliedern hinaus zu erweitern, gehörte zur Vorbereitung einer Evangelisation bald auch eine Art Haus-zu-Haus-Arbeit. Im Gottesdienst wurde dazu ermutigt, und wer zu solch einem Dienst bereit war, wurde zu weiteren Informationen am Nachmittag eingeladen. Der Prediger gab Anleitungen für die Gespräche an der Wohnungstür und erklärte auch, wie man sich verhalten sollte, wenn es Probleme durch kritische Fragen von Parteimitgliedern oder der Polizei gab. Nach Gebetsgemeinschaft und Planung der Einsatzgebiete ging man an die Arbeit. Meist liefen solche Aktionen an den drei Sabbaten vor Beginn einer Evangelisation.

In den von Predigern gehaltenen Evangelisationsreihen ging es in der Regel auch in einem Thema um eine gesunde Lebensweise aus Sicht der Bibel. An einigen Orten wurden mit Unterstützung adventistischer Ärzte entweder vor oder nach der Evangelisation sogenannte „Fünf-Tage-Pläne" abgehalten, um Menschen zu helfen, vom Rauchen freizukommen. Das registrierte auch das Staatssekretariat für Kirchenfragen. Es entbehrt nicht einer gewissen Komik, wenn diese Behörde zwar wohlwollend feststellte, dass sich die Adventisten Menschen in Krisensituationen zuwenden, man aber zugleich befürchtete, dass gesundheitspolitische Maßnahmen für missionarische Zwecke missbraucht würden. So hieß es in einer Einschätzung des Staatssekretariats: „Außerdem versuchen die Adventisten ständig, ihr Wirkungsfeld auszudehnen, indem sie mit ihrem glaubensmäßig bedingten Kampf gegen Nikotin und Alkohol geschickt die staatlichen Konzeptionen zur Gesundheitserziehung ausnutzen und in Betrieben und Institutionen mit Vorträgen über Nikotinmissbrauch auftreten."[3]

Der Suchtgefährdetendienst für Alkoholkranke

In den ersten beiden Jahrzehnten der DDR wurde der Eindruck erweckt, als seien Alkoholismus und Drogensucht nur Probleme des kapitalistischen Westens. Man verschloss die Augen vor der Wirklichkeit. Daher gab es vonseiten des Staates weder Fürsorge noch Betreuung für Suchtkranke.

Der Prediger Hartmut Sensenschmidt[4] wurde 1973 in einer Magdeburger Straßenbahn auf einen Betrunkenen aufmerksam und fühlte sich gedrungen, ihm zu helfen. Dabei wurde ihm bewusst, wie bedrückend die Probleme für Alkoholkranke und deren Familien sind. Er suchte Kontakt zur Evangelischen Arbeitsgemeinschaft zur Abwehr von Suchtgefahren (AGAS). Dort erfuhr er von der Tätigkeit dieser Leute, die sich um die von der Gesellschaft Verachteten bemühten und damit einen unverzichtbaren Dienst leisteten. Derartige Aktivitäten waren damals kaum bekannt.

Fortan erhielten ehrenamtliche Helfer der Adventgemeinde wie auch einige Prediger durch die AGAS eine Anleitung zum Umgang mit Alkoholkranken. Die Arbeitsgemeinschaft entsandte Fachkräfte aus ihrem Kreis, als von Adventisten die ersten „Besinnungswochen" – so die Bezeichnung der zehntägigen Kurztherapien, in denen man sich um Alkoholkranke bemühte – durchgeführt wurden. Anfangs bildete die AGAS interessierte Adventisten zu Suchtkrankenhelfern aus, später wurde dies von Hartmut Sensenschmidt übernommen. Wer vom Alkohol frei geworden war, setzte sich fortan oft selbst dafür ein, anderen zu helfen.

---

[3] Einschätzung des Staatssekretariats für Kirchenfragen vom 15. August 1975; archiviert im Institut für die Geschichte der Arbeiterbewegung – Zentrales Parteiarchiv, Bestand IV, B2/14/169.
[4] Hartmut Sensenschmidt (geb. 1937), Gemeindepastor in Erfurt ab 1958; Jugendabteilungsleiter der Sachsen-Anhalt-Vereinigung 1969-1976; Leiter des Suchtgefährdetendienstes der Gemeinschaft 1978-1990; Vereinigungsvorsteher in Sachsen 1990-1994; Geschäftsführer des Fachkrankenhauses für Alkoholkranke „Haus Niedersachsen" 1994-1999; seitdem im Ruhestand.

Mitunter war es auch notwendig, für Suchtkranke bei Behörden oder am Arbeitsplatz einzutreten. Deshalb wurde 1978 von der Gemeinschaft der „Suchtgefährdetendienst" unter Leitung von Hartmut Sensenschmidt gegründet. Für Mitarbeiter und Helfer war es unter dieser Bezeichnung möglich, sich bei Behörden oder am Arbeitsplatz für Alkoholkranke zu verwenden.

In dieser Zeit entstanden an verschiedenen Orten der DDR Suchtgefährdetengruppen (insgesamt zwischen 15 und 20), einige bestehen heute noch. Mancher Betroffene fand dadurch einen Neuanfang in seinem Leben; auch zerbrochene Familien wurden wieder zusammengeführt.

Diese Erfahrungen befähigten Hartmut Sensenschmidt, durch Referate und Filmvorführungen Mitarbeiter der AGAS für die Durchführung von Besinnungswochen anzuleiten. Später berief man ihn in den Koordinierungsausschuss der Suchtkrankenhilfe der Inneren Mission (Diakonisches Werk) in Berlin, zu dem auch Vertreter der Inneren Mission, des Blauen Kreuzes und der Caritas gehörten. So führte unsere Arbeit für Suchtkranke zu einem interkonfessionellen Dialog ganz besonderer Art.

Dieser Dienst hatte aber noch weitreichendere Folgen: Dem einjährigen Diakonlehrgang, den das Theologische Seminar in Friedensau anbot, wurde ein Zweig für junge Adventisten angegliedert, die sich zu ehrenamtlichen Helfern für Suchtgefährdete ausbilden lassen wollten. Nach der Wiedervereinigung Deutschlands war das ein Anstoß, an der nun staatlich anerkannten Theologischen Hochschule einen Studiengang für Christliches Sozialwesen einzurichten.

Die Teestuben – ein Freiraum für junge Leute

Heute lässt sich nicht mehr mit Sicherheit sagen, wer in der Gemeinschaft der Siebenten-Tags-Adventisten in der DDR den ersten Anstoß zur Einrichtung von Teestuben gegeben hat. In der Bundesrepublik waren sie bereits um 1970 entstanden. Am Ende der siebziger Jahre kam man in der Jugendgruppe der Gemeinde Berlin-

Köpenick auf den Gedanken, in einem ausgebauten Kellerraum des Gemeindehauses eine Teestube für junge Leute einzurichten. Dort sollte es gemütlich und zugleich „fetzig" sein, wie man damals sagte. Der Gedanke war, junge Leute an einem Abend der Woche von der Straße zu holen, ihnen Tee und Gebäck anzubieten und mit ihnen ganz zwanglos über Gott und die Welt zu sprechen. In der Regel boten Andachten über einen Bibeltext dazu den Einstieg. Viele junge Leute, die kaum oder nie etwas von Jesus gehört hatten, fühlten sich in dieser Atmosphäre wohl. Im Gegensatz zu den Zusammenkünften der Freien Deutschen Jugend (FDJ) konnten sie in der Teestube offen über das sprechen, was sie wirklich bewegte.

Es war wie ein Wunder, als Teestuben in vielen Gemeinden der DDR wie Pilze aus dem Boden wuchsen, ohne dass dies organisiert worden war. Als Frucht der Teestubenarbeit fanden junge Leute, die keinen christlichen Hintergrund hatten, den Weg in die Gemeinde. Einige von ihnen gingen nach Friedensau und ließen sich dort auf den Gemeinde- oder Predigerdienst vorbereiten. Nach der Wende ebbte das Interesse an den Teestuben bald ab, weil ein wichtiger Anreiz fehlte, denn nun konnte man überall frei reden und brauchte dazu keinen geschützten Raum mehr.

Jugendevangelisationen

Im letzten Jahrzehnt der DDR, als die Behörden etwas großzügiger waren, wagten einige Prediger auch Jugendevangelisationen. Man ging gegen Abend auf die Straße, sprach Jugendliche an, übergab ihnen handgeschriebene Zettel mit den Themen und lud sie noch für denselben Abend zu der Veranstaltung ein. Wenn dann einer Ja sagte, zog er mitunter eine ganze Clique hinter sich her.

Im Gemeindezentrum ging der Prediger – salopp in Kleidung und Auftreten – auf aktuelle Fragen der jungen Leute in der DDR ein. Zwischendurch verließen zwar einige den Gemeindesaal, um sich draußen eine Zigarette anzustecken, doch kamen sie meist wieder zurück und hörten weiter zu. Am Ende blieb man meist noch im

Gemeindesaal beisammen. Wo es bereits eine Teestube gab, war es leichter, die Jugendlichen von der Straße aufzufangen.

Alle Bemühungen, Menschen mit dem Evangelium bekannt zu machen, stärkten den Zusammenhalt in der Gemeinde und machten Mut, zumal auch die Taufzahlen stiegen.

Wesentlicher aber war, dass an vielen Orten der DDR die Botschaft von der Erlösung durch Jesus Christus und seiner Wiederkunft verkündigt wurde. Selbst Menschen, die bis dahin Marxisten waren, fanden den Weg in die Gemeinde. Es gehörte zu solch einer Entscheidung Mut, denn mancher verlor in der Folge seine bisherige berufliche Stellung.

Die Versorgung mit adventistische Literatur

Seit ihren Anfängen wussten Siebenten-Tags-Adventisten um den Wert des gedruckten Wortes als Literatur für die Gemeinde wie auch als Mittel, um den Glauben und die Hoffnung der Adventgemeinde bekannt zu machen.

Die sowjetischen Besatzungsbehörden hatten jedoch nach Kriegsende unter Androhung von Strafe den Druck oder die Vervielfältigung aller nicht genehmigten Literatur untersagt. Das betraf selbst Druckerzeugnisse von nur einer Seite Umfang. So hielten es später auch die Behörden der DDR. Die Herausgabe von Zeitschriften und Büchern war nur über Verlage möglich, die vom Ministerium für Kultur dafür eine Lizenz erhalten hatten. Sie konnten dann für ihre Veröffentlichungen zur Rechenschaft gezogen werden. Für den Druck gab es jeweils ein begrenztes Papierkontingent, das von den Behörden festgesetzt war.

Für die evangelische und die katholische Kirche war die Ausgangsposition günstiger als für die Freikirchen; denn sie hatten noch aus der Vorkriegszeit eigene Verlage und Druckereien auf dem Gebiet der DDR. Die Adventisten in Deutschland hatten zwar ein eigenes Verlagshaus in Hamburg, das bereits 1889 gegründet worden war. Die Gemeinschaftsleitung hoffte in den ersten Jahren der sowjetischen Besatzung noch darauf, dass es möglich sein würde, adventistische Literatur aus Hamburg zu beziehen. Man ging damals davon aus, dass es den Alliierten Kontrollrat für ganz Deutschland gab und es deshalb möglich sein müsste, die Gemeinden in Ostdeutschland mit den Druckerzeugnissen des Advent-Verlags in Hamburg zu versorgen. Das erwies sich jedoch als Irrtum. Ein akutes Problem war die Beschaffung der Studienhefte für die Sabbatschule im Gottesdienst. In den ersten beiden Nachkriegsjahren konnte man sich in den Gemeinden lediglich auf das Studium einzelner biblischer Bücher festlegen und befasste sich im Bibelgespräch jeweils mit dem vorgegebenen Kapitel. Noch vor Gründung der DDR gelang es dank der Initiative des Predigers Herbert Laue, über die Druckgenehmigungsstelle der Stadt Leipzig die vierteljährlichen Sabbatschulbetrachtungen der Generalkonferenz in gekürzter Form herauszugeben. In einem kleinen privaten Betrieb mit drei bis vier Beschäftigten in der Nähe von Leipzig wurde der Druck vorgenommen.

Leipziger Gemeindeglieder setzten sich ein, um gemeinsam mit Prediger Herbert Laue den Versand der Bibelbetrachtungen für die Gemeinden in der Sowjetischen Besatzungszone zu besorgen. Das war aber nur kurze Zeit möglich. Die Behörden in Berlin-Ost erfuhren davon und erklärten, das sei unzulässig, denn die Leipziger Genehmigungsstelle sei nicht zur Lizenzierung überregionaler Druckerzeugnisse befugt. Dennoch war es erstmals in der Nachkriegszeit gelungen, auf diesem Wege wenigstens eine kleine Broschüre mit dem Titel „Gottes unvergängliche Wahrheit" – wenn auch nur in geringer Auflage – drucken zu lassen, die auch zum Weitergeben geeignet war.

Wie sollte es aber nun weitergehen, nachdem die Tür in Leipzig zugeschlagen worden war? Intensive Bemühungen führten schließlich zu konkreten Verhandlungen mit dem Union Verlag, der der Ost-CDU gehörte. Anfänglich gestaltete sich die Zusammenarbeit mit dem Union Verlag überwiegend auf einer Basis des Entgegenkommens. Dort erklärte man sich zunächst bereit, für uns als Adventisten die vierteljährlichen Bibelschulbetrachtungen und die alljährlichen Gebetslesungen zu drucken. Mitunter konnten jedoch keine festen Auslieferungstermine eingehalten werden. So kam es auch vor, dass die Hefte für die Sabbatschule erst einige Wochen nach Beginn des neuen Quartals in die Gemeinden kamen. Als es die Kapazitätsauslastung der zum Verlag gehörenden Druckereien erlaubten, konnte erstmalig 1961 ein Adventabreißkalender hergestellt werden.

Zwei Jahre später wurde eine Vereinbarung des Ministeriums für Kultur und des Staatssekretärs für Kirchenfragen mit den Freikirchen getroffen. Adventisten, Baptisten, Methodisten und anderen kleineren Gemeinschaften wurde offiziell die Möglichkeit eingeräumt, Literatur in begrenzter Auflage über den Union Verlag herauszugeben. Der war zur Edition bereit und stellte jeweils beim Ministerium für Kultur die Anträge zum Druck. Genehmigungen dafür wurden oft erst nach Monaten erteilt. In der Regel verging von der Antragstellung bis zur Auslieferung eines Druckerzeugnisses ein ganzes Jahr. Der Union Verlag besorgte die Herstellung wie auch die Auslieferung an die Gemeindebezirke. Dem Ministerium gegenüber wurden alle Druckvorhaben als gemeindeintern deklariert. Die vierteljährlichen Sabbatschulbetrachtungen, die Lesungen für die Gebetswoche und der Andachtskalender erschienen fortan in einer Auflage von 10 000 bis 12 000 Exemplaren.

Anfangs erledigten die Mitarbeiter in der Dienststelle des Verbands in Ost-Berlin die notwendigen Vorbereitungen zur Herausgabe von Literatur für den gemeindeinternen Gebrauch. Das konnte aber keine Dauerlösung sein. Doch wo sollten Fachkräfte herkommen? Von außen war es nicht möglich, und innerhalb der Gemeinschaft hatte bis dahin niemand im Verlagswesen gearbeitet. 1966 wurde Renate Poller[5] vom Predigerseminar in Friedensau als Lektorin nach Berlin berufen. Ihr zur Seite stand ab 1974 Günther Hampel,[6] der als Prediger bereits auf verschiedenen Gebieten Erfahrun-

---

[5] Renate Poller (geb. 1926); Gymnasiallehrerin in Leipzig 1949-1958; Dozentin am Predigerseminar Friedensau 1958-1966; Lektorin der Gemeinschaft in Berlin 1966-1986.
[6] Günther Hampel (geb. 1936); Gemeindepastor in Erfurt, Jena und Greiz 1957-1963; Abteilungsleiter der Thüringischen Vereinigung 1963-1969, der Nordostsächsischen Vereinigung 1969-1974; Leiter der Verlagsabteilung des Verbands 1974-1987; Gemeindepastor in Leipzig

gen gesammelt hatte. Mit ihm entstand die Verlagsabteilung der Gemeinschaft in der DDR, die bis zu ihrem Ende beispielhafte Arbeit geleistet hat. Abgesehen vom Schrifttum für die Gemeinde ging es der Gemeinschaftsleitung vorrangig darum, Literatur für diejenigen Menschen herauszugeben, die sich für den christlichen Glauben interessierten. Nachdrucke des Advent-Verlages waren in der Regel nicht gestattet. Außerdem konnten Autoren, die im Westen lebten, kaum den richtigen Ton treffen, der für die Druckgenehmigung notwendig war. Inhaltlich mussten die Manuskripte den Gegebenheiten der DDR angepasst sein. Schon deshalb war es nicht geraten, Bücher aus dem Westen zu veröffentlichen.

So musste sich die Gemeinschaftsleitung im Kreis der Prediger und Gemeindeglieder nach geeigneten Autoren umsehen. Um sie zu schulen, wurden in regelmäßigen Abständen Autorenrüstzeiten durchgeführt. Es sollten Broschüren im Umfang von 30 bis 40 Seiten entstehen. Der Leser, der keine oder kaum Beziehung zum christlichen Glauben hatte, sollte über die Bibel wie auch über grundlegende Glaubenslehren der Adventisten informiert werden.

Diesen Vorgaben entsprechend wurde eine Schriftenreihe mit dem Titel „Bibelinformation" herausgegeben. Die Idee kam von Konrad Edel, dem Verfasser dieser Reihe.[7] Nach intensiven Vorbereitungen erschien Jahr für Jahr eine neue Broschüre in größerer Auflage – einige sogar als Nachdruck. Ein Titel dieser Reihe lautete „Was ist Gott?", ein anderer „Glauben – wie macht man das?" Nach und nach gelang es, neben den vorwiegend an Gemeindeglieder gerichteten Veröffentlichungen, jährlich zwei bis drei Broschüren herauszugeben, die vor allem für Leser gedacht waren, die dem christlichen Glauben fern standen.

1987-1991; Redakteur im Advent-Verlag Hamburg bzw. Lüneburg 1991-1999; seitdem im Ruhestand.

[7] Konrad Edel (geb. 1931); ab 1954 Gemeindepastor in Leipzig, Oschatz, Radeberg, Stralsund, Schwerin und Dessau; Leiter der „Friedensauer Bibellehrbriefe" 1978-1987; Leiter der Verlagsabteilung der Gemeinschaft 1987-1990; anschließend Gemeindepastor in Berlin; seit 1993 im Ruhestand.

Unser Zeugnisauftrag in der sozialistischen Gesellschaft

Im Buchhandel durften diese Schriften nicht angeboten werden, sondern nur an den Büchertischen der Gemeinden. Manche Gemeindeglieder erwarben von den jeweiligen Neuerscheinungen mehrere Exemplare, um sie an Freunde, Nachbarn oder Arbeitskollegen weiterzugeben. Wo sich Gemeindeglieder in einer atheistischen Umwelt selber zum Glauben bekannten, konnte durch die Weitergabe der Broschüren Interesse geweckt werden.

Die durch das Schrifttum ausgestreute Saat ging auf. Manche fanden den Weg zum Glauben an Jesus Christus, andere gaben ihre Vorurteile auf, die durch die massive atheistische Beeinflussung gegenüber der christlichen Botschaft entstanden waren.

Offiziell gab es in der DDR keine Zensur, doch ein vom Ministerium bestellter Gutachter – in der Regel ein Mitglied der SED, manchmal auch ein CDU-Mitglied, das sich als linientreu erwiesen hatte – war verpflichtet, dem Ministerium für Kultur eine ausführliche Beurteilung des Manuskripts zu geben. Dabei ergab es sich, dass Passagen gestrichen werden mussten und mitunter auch ein ganzes Manuskript keine Druckgenehmigung bekam. Doch unsere Mitarbeiter in der Verlagsabteilung lernten, die Vokabeln zu meiden, die es im Sprachgebrauch der DDR nicht geben durfte. Für den Begriff „Gottlose" wurde beispielsweise das Wort „Heilsverächter" erfunden. Seltsamerweise stießen sich die Gutachter daran nicht; wogegen sie den Begriff „Gottlose" als Diskriminierung von Atheisten deuteten. Auch das Wort „Angst" musste vermieden werden, wenn es beispielsweise im Sinn von Zukunftsangst gebraucht wurde, denn DDR-Bürger brauchten angeblich keine Angst zu haben. Ausführungen, in denen vom „Ende der Welt" die Rede war, wären sofort gestrichen worden. Also war stattdessen von „Christi Wiederkunft am Ende der Heilsgeschichte" die Rede. Bilder und Beispiele durften nicht aus der westlichen Welt stammen – es sei denn, sie belegten den Verfall des Kapitalismus. Zitate durften nur angeführt werden, wenn sie aus Sicht des Gutachters positiv für die sozialistische Gesellschaft interpretiert werden konnten.

Mit der Zeit gelang es sogar, die Namen einiger Gutachter herauszufinden; mitunter wurde es möglich, Verbindung mit ihnen aufzunehmen. Dann ließen sich zuweilen Einwände des Gutachters entkräften. Die Anpassung an den Sprachgebrauch der DDR war allerdings nur ein Kunstgriff im Sinne der Aussage Jesu „Seid klug wie die Schlangen und ohne Falsch wie die Tauben". (Matthäus 10,16) Das hatte nichts mit der Preisgabe von sachlicher oder theologischer Substanz zu tun.

Als der Druck von Büchern für die biblische Unterweisung von Kindern erwogen und diesbezüglich beim Ministerium vorgefühlt wurde, sagte der zuständige Referent, erst müsste ein Manuskript vorliegen, dann könnte darüber geredet werden. Daraufhin ging ich, damals Sekretär im Verband, an die Arbeit und verfasste nacheinander vier Manuskripte in der Hoffnung auf eine Druckgenehmigung. Die Mühe war nicht umsonst. Schließlich konnten ab 1964 vier Bücher für die biblische Unterweisung der Kinder herausgegeben werden – jeweils eins im Jahr.[8] Die Auflage war beträchtlich höher als die Zahl der Kinder in den Gemeinden. Es sollten damit auch Familien erreicht werden, deren Kinder keine religiöse Unterweisung erhielten. Später zeigte sich, dass diese Bücher häufig auch von Erwachsenen gelesen wurden, die bis dahin nicht die geringste Vorstellung von biblischen Inhalten hatten.

Die Verlagsarbeit der Gemeinschaft in der DDR war spannend für alle, die daran beteiligt waren. Nur zwei Personen waren dafür voll angestellt; vieles geschah ehrenamtlich. Weil die Literatur der Adventgemeinde nicht über den Buchhandel verkauft werden durfte, konnte sie zum Selbstkostenpreis, also relativ preiswert abgegeben werden. Viele, die in den beiden letzten Jahrzehnten der DDR den Weg in die Adventgemeinde fanden, erhielten den Anstoß dazu durch diese Literatur.

1976 gelang es uns, eine kleine Offsetdruckmaschine zu erwerben. Sie wurde in einem Raum im Hintergebäude des Adventhauses in Leipzig aufgestellt. Mit ihr wurden innergemeindliches Studien-

---

[8] *Wir wollten Jesus gerne sehen* (Das Leben und die Lehren Jesu), *Ihr sollt meine Zeugen sein* (Das Wirken und die Botschaft der ersten Christen); *Unter Gottes Verheißung* (Die Geschichten des Alten Testaments von der Schöpfung bis zum Tode Moses); *Gott und sein Volk* (Die Geschichte des Volkes Israel von der Einnahme Kanaans bis zum Kommen Jesu).

material (z. B. für Sabbatschulhelfer) und Arbeitshilfen für Prediger und Gemeindehelfer gedruckt – jedoch mit dem Vermerk „Nur für den innerkirchlichen Gebrauch" und das stets mit einer laufenden Nummer versehen. Damit wollten wir gegebenenfalls nachweisen können, dass diese Materialien von uns hergestellt worden waren und wir selber und nicht andere dafür verantwortlich waren.

Der Bibelfernkurs „Friedensauer Bibellehrbriefe"

Es steht außer Frage, dass das persönliche Zeugnis des Christen der wirksamste Weg ist, Menschen mit dem Evangelium bekannt zu machen. Das schloss jedoch nicht aus, darüber nachzudenken, wie man unter den Gegebenheiten der DDR darüber hinaus evangelistisch wirken könnte.

In jener Zeit wurde die berufliche Qualifikation von Staats wegen vielfach über ein Fernstudium gefördert. Viele nahmen diese Möglichkeit wahr, nicht nur, um mehr Chancen am Arbeitsplatz zu haben, sondern auch um ungeliebten gesellschaftlichen Verpflichtungen zu entgehen. Man brauchte ja die Zeit für das Fernstudium.

Der Gemeinschaftsleitung war bekannt, dass in anderen Ländern in Verbindung mit adventistischen Rundfunksendungen Bibellehrbriefe anboten wurden. Allerdings wusste von uns niemand, wie das im Einzelnen organisiert war. Im Übrigen war es ausgeschlossen, dass solch eine Radioarbeit in der DDR möglich war. Dennoch wurde bei Beratungen im Arbeitskreis Evangelisation des Verbands überlegt, ob nicht ein Fernstudium anderer Art angeboten werden sollte. Das Ziel war, die Lehren des christlichen Glaubens aus adventistischer Sicht darzustellen. Wie aber sollte das verwirklicht werden?

Die Gemeinschaft konnte nicht der Träger einer solchen Einrichtung sein, denn das wäre vermutlich sehr bald mit der Begründung unterbunden worden, eine Kirche sei dafür nicht zuständig. Da es sich dabei nicht um eine berufliche Fortbildung handelte, wäre keine Genehmigung zur Vervielfältigung von Lehrbriefen erteilt worden.

Die Adventgemeinde in der DDR

Irgendwann kam der Gedanke auf, dass das Predigerseminar in Friedensau Träger solch eines Bibelfernkurses sein könnte. Es war als Ausbildungsstätte der Adventgemeinde anerkannt. Es sollte also versucht werden, von dort aus das Vorhaben zu realisieren. Im Herbst 1965 wurde die Genehmigung zur Vervielfältigung von zunächst acht „Friedensauer Bibellehrbriefen" für Gemeindeglieder erteilt. Mit dem Aufbau dieser neuen Abteilung wurde der langjährige Verbandsevangelist Wilhelm Czembor beauftragt, denn seine langjährige Erfahrung und seine einfühlsame Seelsorge boten gute Voraussetzungen für diese Arbeit. Er wurde nach Friedensau versetzt und zum Leiter der Einrichtung „Friedensauer Bibellehrbriefe" ernannt. Die ersten acht Lehrbriefe erschienen in einer Auflage von je 300 Stück.

Die Gemeinden waren über das Vorhaben rechtzeitig informiert worden. Die Gemeinschaft der Siebenten-Tags-Adventisten in der DDR war damals organisatorisch in sieben Vereinigungen aufgeteilt. Informationen konnten daher mündlich von Berlin aus bis in die letzte Gemeinde zügig weitergegeben werden. Um das Projekt der Bibellehrbriefe nicht zu gefährden, waren die Gemeindeglieder nachdrücklich darauf hingewiesen worden, dass Teilnehmer am Fernstudium nur persönlich geworben werden durften und sich schriftlich für eine Teilnahme anmelden mussten. Diese Hürde war hoch, aber es musste unter allen Umständen der Eindruck, es handle sich um eine adventistische Mitgliederwerbung, vermieden werden.

Viele begleiteten dieses Vorhaben im Gebet. Die Überraschung war groß, als es nach einem Jahr mehr als 100 Teilnehmer gab. Nennenswerte Konflikte mit den Behörden gab es nicht. Im Frühjahr 1966 konnte die Genehmigung für zehn weitere Lehrbriefe erlangt werden. Im Herbst 1966 gab es bereits 600 Teilnehmer; 40 davon hatten den 18 Lehrbriefe umfassenden Lehrgang schon zum Jahresende abgeschlossen.

Bei der Korrespondenz mit den Lehrgangsteilnehmern ging Wilhelm Czembor auch auf persönliche Fragen und seelsorgerliche Anliegen ein. Allein schon deswegen waren die „Friedensauer

Bibellehrbriefe" sehr geschätzt. Auch unter den nachfolgenden Leitern dieser Einrichtung behielt man diese Praxis bei.

Als die Teilnehmerzahl weiter stieg und zwei weitere Kurse hinkamen, wurde es nötig, mehrere Mitarbeiter einzusetzen. Da nun die Räumlichkeiten nicht mehr ausreichten, musste die Einrichtung im Sommer 1975 von Friedensau nach Leipzig verlegt werden. In der ehemaligen Holzkapelle auf dem gemeindeeigenen Grundstück im Stadtteil Plagwitz konnten notwendige Büroräume ausgebaut werden. Der Name „Friedensauer Bibellehrbriefe" aber blieb; denn alles Neue wurde von den DDR-Behörden argwöhnisch beäugt. In der Zeit gelang es auch, die Lehrbriefe in äußerlich ansprechender Form herauszugeben – ebenso die Antwortblätter.

Durch dieses Kommunikationsmittel wurden Freunde, Bekannte, Nachbarn und Arbeitskollegen mit den Lehren der Adventisten bekannt. Selbst Pastoren anderer Konfessionen nahmen an diesem Fernkurs teil, um sich aus erster Hand zu informieren. Den Berichten ist zu entnehmen, dass es bis zum Ende der DDR jährlich um die 1300 aktive „Bibelfernstudenten" gab.[9] Jedem blieb die Freiheit, die Teilnahme abzubrechen, keiner wurde genötigt weiterzumachen. Dennoch beendeten jährlich rund 500 Personen diesen Lehrgang – und manche von ihnen fanden dadurch den Weg in die Adventgemeinde.

Schaukästen als stumme Verkündiger

Wenn es darum ging, neue Wege zu finden, um den Glauben zu bezeugen, kamen auch Vorschläge von Gemeindegliedern oder Predigern. Wohl gab es an allen Gemeindehäusern – oft auch an den Gebäuden, in denen Gottesdiensträume gemietet oder ausgebaut waren – Tafeln, die ein einheitliches Logo hatten und auf die Gottesdienste hinwiesen. Ein Gemeindeglied aber war überzeugt, das sei zu wenig! Wer vorübergeht, sollte auch eine kurze Botschaft ver-

---

[9] Siehe die Tätigkeitsberichte der Einrichtung „Friedensauer Bibellehrbriefe" im Historischen Archiv der STA, Sitz Friedensau.

mittelt bekommen. Erkundigungen ergaben, dass es behördliche Richtlinien für Schaukästen gab. Falls die Sichtfläche nicht größer als 70 mal 50 cm war, konnten Schaukästen am eigenen Grundstück ohne besondere Genehmigung angebracht werden. Eine Idee war geboren worden und wurde bald in die Tat umgesetzt.

Zu den Friedensauer Betrieben gehörte auch eine Tischlerei, zuständig für Instandsetzungsarbeiten und die Herstellung von Einrichtungsgegenständen für das Internat. Holz war zwar in der DDR rationiert, aber da Friedensau etwa 70 Hektar eigenen Forst besaß, konnte das nötige Material leichter beschafft werden. Nach und nach wurden etwa 250 Schaukästen in einheitlicher Ausführung angefertigt und an die Gemeinden geliefert.

Grafisch begabte Prediger machten Entwürfe zu ihrer Gestaltung. Gemeindegliedern, die sich für Schaukastenarbeit interessierten und eigneten, wurde in Wochenendseminaren das nötige Wissen für die Gestaltung vermittelt. In regelmäßigen Abständen sollte ein neues Plakat in den Schaukasten kommen. Benachbarte Gemeinden tauschten Plakate untereinander aus. Nicht selten blieben Vorübergehende vor den Schaukästen stehen, wurden neugierig und fanden den Weg in den Gottesdienst der Adventgemeinde.

Für die Adventgemeinde zeigt sich im Rückblick auf die Zeit von 1945 bis 1990, dass sich nicht nur Türen geschlossen hatten, sondern auch immer wieder neue Türen öffneten, die es nur zu entdecken galt. Das machte Mut, schenkte Freude und stärkte das Bewusstsein, dass Jesus Christus seine Gemeinde erhält und führt.

Kapitel 6

Spannungsfelder für Adventisten in der DDR

Kirchen und Glaubensgemeinschaften in der DDR existierten in einem Staat, in dem alle Macht in den Händen der kommunistischen Partei lag, die auf den Marxismus-Leninismus als ideologische Grundlage verpflichtet war. In der DDR aber gab es nie einen Kirchenkampf wie in einigen anderen Ostblockstaaten, die ebenfalls unter sowjetische Oberherrschaft geraten waren. Partei und Behörden versuchten jedoch massiv, die Kirche ideologisch zu diskreditieren und ihr die Mitglieder durch Beeinflussung oder auch durch Druck abspenstig zu machen.

Die Rahmenbedingungen der SED-Herrschaft waren für alle Kirchen in der DDR annähernd gleich. Jedoch gab es unterschiedliche Vorgehensweisen in der Kirchenpolitik. Beide Großkirchen wie auch die Freikirchen und Religionsgemeinschaften versuchten dennoch, unter den gegebenen Bedingungen optimal zu arbeiten.

In der DDR waren neben den beiden großen Kirchen und der Jüdischen Gemeinde etwa 35 kleinere Religionsgemeinschaften registriert, die zusammen etwa 215 000 Mitglieder besaßen. Die SED ging in ihren Untersuchungen von etwa 500 000 Mitgliedern, Freunden und Sympathisanten aus.[1]

Die Freikirchen fielen mit ihrer geringeren Gliederzahl in der Öffentlichkeit nicht so auf wie die beiden Großkirchen. Daraus ergaben sich gewisse Vorteile, die sie zu nutzen verstanden. Ande-

---

[1] Institut für die Geschichte der Arbeiterbewegung, Zentrales Parteiarchiv der SED, Bestand IV B2/14/173.

rerseits brachte das in den Freikirchen entschiedener vertretene Glaubensbekenntnis deren Glieder stärker in eine Konfrontation zu den Doktrinen des wissenschaftlichen Atheismus, den die SED vertrat. Adventisten teilten gewisse Spannungen gleichermaßen mit anderen bekennenden Christen, aber es gab auch Bereiche, in denen sie stärker in Auseinandersetzungen mit DDR-Behörden verwickelt waren als andere Christen.

Weltanschauliche Beeinflussung

Ziel des SED-Staates war es, die sozialistische Weltanschauung durchzusetzen. Dabei sollte das Glück aller Menschen in einer friedlichen, klassenlosen Gesellschaft unter Führung der Partei der Arbeiterklasse herbeigeführt werden. Ein häufig gebrauchtes Mittel der Beeinflussung war das Feindbild vom „menschenverachtenden Imperialismus", der sich dem Ziel von jeher entgegenstellte.

Die Erziehung zum Hass gegenüber den Erzfeinden des Kommunismus wurde überall organisiert, angefangen in Kindergärten und Schulen, an Fach- und Hochschulen, bis hin zu den obligatorischen Parteischulungen für SED-Genossen in der wöchentlichen „Rotlichtbestrahlung" – so nannte man im Volksmund spöttisch die Pflichtveranstaltungen in Betrieben und Behörden, die von Parteifunktionären durchgeführt wurden. Alle hatten daran teilzunehmen, selbst Rentner in der Betreuung der Volkssolidarität.

Mit intensiver Agitation versuchte der SED-Staat, jegliche Religion zu verunglimpfen – vor allem der Jugend gegenüber. Die „Junge Gemeinde", die Jugendkreise der Evangelischen Kirche, wurde in der kommunistischen Presse als „Tarnorganisation für Kriegshetze, Spionage und Sabotage im Auftrag der westdeutschen und amerikanischen Imperialisten" hingestellt.[2]

In einer Einschätzung der Hochschule für Staatssicherheit hieß es: „Die junge Generation unseres Landes ist eine wichtige Ziel-

---

[2] Zeitschrift der FDJ *Junge Welt*, 27. Januar 1953.

gruppe der politisch-ideologischen Diversion des Gegners. Er bedient sich dabei seiner personellen Stützpunkte in den Kirchen der DDR ... um die Erziehung und das Engagement der Jugend zur bewussten Mitgestaltung der sozialistischen Gesellschaft zu verhindern."[3] In einer Schrift, die 1953 von der FDJ, der staatlichen Jugendorganisation, massenweise verbreitet worden war, hieß es: „Die Religion ist die Quelle der Heuchelei und der Lüge. Alles, was die Religion predigt, ist bewusst falsch und enthält kein Körnchen Wahrheit. Die Diener der Kirche treiben, sofern sie den Glauben an Gott predigen, ein schändliches Handwerk. Sie säen auf Unwissenheit beruhende Vorstellungen in das Bewusstsein der Gläubigen."[4]

Die Veröffentlichungen, die damals von Verfechtern der marxistischen Weltanschauung herausgegeben wurden, wie auch deren Reden bewiesen jedoch, dass sie gegen eine mittelalterliche Gottesvorstellung agitierten. Ihre Einschätzung von Religion wurzelte in einer Zeit, als die Kirche – beginnend im frühen Mittelalter – die Vormachtstellung im Staat innehatte. In der orthodoxen Kirche Russlands hatte sich ein solch dominierendes Verhalten noch bis 1917 gehalten und wurde erst durch die kommunistische Revolution beendet.

Die vorgebrachten Argumente der kommunistischen Agitatoren fußten auf völliger Unkenntnis der Botschaft von Jesus Christus, aber die Bevölkerung der DDR war meist gar nicht in der Lage, das zu durchschauen. So ließen sich viele einschüchtern.

Abzulehnen war nicht etwa, dass Organisationen und Parteien in der DDR ihre materialistische Weltanschauung verfochten. Als eine Freikirche, die seit ihren Anfängen für die Glaubens- und Gewissensfreiheit aller Menschen eingetreten ist und für das Recht aller, ihre Meinung öffentlich zu äußern, musste die Adventgemeinde das gleiche Recht auch dem SED-Staat zubilligen.

Höchst fragwürdig war allerdings, dass sich das DDR-Regime bei seinen Angriffen auf den christlichen Glauben staatlicher Macht-

---

[3] Bundesbeauftragter für die Unterlagen des Staatssicherheitsdienstes der ehemaligen DDR, Berlin, Ministerium für Staatssicherheit JHS Nr. 21941, S. 399.
[4] P. Kolonitzki, *Kommunistische und religiöse Moral*, Berlin 1952.

mittel bediente und obendrein eine Flut von Agitationsmaterial unter das Volk brachte, das mit Unwahrheiten, Verleumdung und Hetze gespickt war. Kirchen und Glaubensgemeinschaften dagegen hatten keinerlei Möglichkeiten, dem mit eigenen Veröffentlichungen entgegenzutreten. Dazu hätte man entsprechende Druckgenehmigungen gebraucht, die jedoch von den Behörden nicht erteilt wurden. Gegen den Marxismus-Leninismus in der Öffentlichkeit zu argumentieren wurde zudem als Vergehen gegen die DDR geahndet.

Jeder DDR-Bürger konnte sich der Verkündigung der Kirchen und Freikirchen entziehen, denn er musste keine Gottesdienste besuchen und konnte jederzeit aus einer Kirche austreten. Aber aus dem Staat austreten konnte man nicht – es sei denn durch Republikflucht. Alle, angefangen von den Schulkindern, waren einer ständigen weltanschaulichen Beeinflussung ausgesetzt.

Die Schule verlangte von christlichen Schülern, in politischen Aufsätzen etwas zu schreiben, was ihrer Überzeugung nicht entsprach. Um sich nicht den Zugang zur Erweiterten Oberschule, zu Fachschulen und Universitäten zu verbauen, machten viele Zugeständnisse. Damit wurde die innere Wahrhaftigkeit systematisch untergraben. Das aber haben die DDR-Behörden nie begriffen.

Auf ihrem IV. Parteitag im Jahre 1954 forderte die SED, die „wissenschaftliche Weltanschauung" (den Marxismus-Leninismus) zu verbreiten und die „reaktionäre bürgerliche Ideologie" zu entlarven. Vier Jahre später verankerte man im Parteiprogramm die „Zehn Gebote der sozialistischen Moral und Ethik",[5] zusammengestellt

---

[5] Sie lauteten:
1. Du sollst dich stets für die internationale Solidarität der Arbeiterklasse und aller Werktätigen sowie für die unverbrüchliche Verbundenheit aller sozialistischen Länder einsetzen.
2. Du sollst dein Vaterland lieben und stets bereit sein, deine ganze Kraft und Fähigkeit für die Verteidigung der Arbeiter- und Bauernmacht einzusetzen.
3. Du sollst helfen, die Ausbeutung des Menschen durch den Menschen zu beseitigen.
4. Du sollst gute Taten für den Sozialismus vollbringen, denn der Sozialismus führt zu einem besseren Leben für alle Werktätigen.
5. Du sollst beim Aufbau des Sozialismus im Geiste der gegenseitigen Hilfe und der kameradschaftlichen Zusammenarbeit handeln, das Kollektiv achten und seine Kritik beherzigen.

vom Generalsekretär der Partei, Walter Ulbricht. Sie sollten fortan die „kapitalistische Moral" ablösen. Weiterhin wurde beschlossen: „Die oberste Aufgabe der Gesellschaft ist die Verbreitung des dialektischen Materialismus mit Hilfe naturwissenschaftlicher und gesellschaftswissenschaftlicher Vorträge und Publikationen unter allen Schichten der Gesellschaft."[6]

Das sind nur einige Beispiele für die ideologische Auseinandersetzung, denen Christen, vor allem aber deren Kinder, in den Schulen, in ihrer beruflichen Ausbildung oder im Studium ausgesetzt waren.

Die Schulpolitik der SED

Von Anfang an sah die SED in der Schul- und Bildungspolitik das Fundament ihrer Macht- und Zukunftssicherung. Das Volksbildungswesen der DDR wurde deshalb besonders zuverlässigen Funktionären übertragen. Den umfassenden Anspruch des Regimes auf Erziehung und Bildung begründete man mit dem rechtlich abgesicherten Grundsatz der Trennung von Staat und Kirche. „Die schulische Erziehung der Jugend ist ausschließlich Angelegenheit des Staates. Der Religionsunterricht ist Angelegenheit der Religionsgemeinschaften."[7]

Die Vorstellungen von einer christlichen und der kommunistischen Erziehung verhielten sich jedoch zueinander wie Feuer und Wasser. Die kommunistische Erziehung verlangte zwar kein verbales atheistisches Bekenntnis, aber das Erziehungsziel war an solche

---

6. Du sollst das Volkseigentum schützen und mehren.
7. Du sollst stets nach Verbesserung deiner Leistungen streben, sparsam sein und die sozialistische Arbeitsdisziplin festigen.
8. Du sollst deine Kinder im Geiste des Friedens und des Sozialismus zu allseitig gebildeten, charakterfesten und körperlich gestählten Menschen erziehen.
9. Du sollst sauber und anständig leben und deine Familie achten.
10. Du sollst Solidarität mit den um ihre nationale Befreiung kämpfenden und den ihre nationale Unabhängigkeit verteidigenden Völkern üben."
Protokolle der Verhandlungen des V. Parteitages der SED, Bd. 2, Berlin 1959, S. 1329f.
[6] Ebenda.
[7] Angeführt im „Gesetz zur Demokratisierung der Deutschen Schule", § 2, 1946.

Inhalte geknüpft, die von christlich denkenden Menschen schwer oder überhaupt nicht mitgetragen werden konnten. Durch die strikte Ausrichtung des Bildungswesens an der marxistischen Ideologie musste es zwangsläufig zu Spannungen mit dem SED-Regime kommen. So hatte die Volkskammer 1965 das „Gesetz über das einheitliche sozialistische Bildungssystem" beschlossen, das die gesamte pädagogische Tätigkeit von der Vorschulerziehung bis zur Hochschulbildung auf die Erziehung zur „sozialistischen Persönlichkeit" ausrichtete.[8] Legitimiert wurde das durch die Verfassung von 1968, in der die DDR als sozialistischer Staat unter der Führung der Arbeiterklasse und der marxistisch-leninistischen Partei hingestellt wurde. Zwar waren laut Artikel 20 Glaubens- und Gewissensfreiheit gewährleistet, aber nach dem Verständnis der staatstragenden SED sollten die „noch religiös gebundenen Bürger" die Pflicht haben, am Aufbau des Sozialismus teilzunehmen. Zugleich aber beanspruchte die Partei für sich selbst das Recht, „die wissenschaftliche Weltanschauung, den Marxismus-Leninismus, ungehindert zu propagieren".[9] In allen pädagogischen Einrichtungen, vom Kindergarten bis zu den Universitäten, gab es eine zentral gelenkte atheistische Agitation.

Aus Sorge vor möglichen negativen Auswirkungen der Entspannungspolitik in den 70er-Jahren wurde in der Innenpolitik ein politisch-ideologisch verschärfter Kurs gefahren. Der IX. Parteitag der SED (1976) forderte, den sozialistischen Staat zu festigen und bezeichnete die kommunistische Erziehung als Ziel der gesamten Pädagogik.

Wer das biblische Gebot der Nächstenliebe sowie der Liebe zum Feind bejahte, konnte niemals die Erziehung zum Hass gegen die sogenannten Feinde des Friedens und des Arbeiter- und Bauernstaates akzeptieren. Das aber wurde in der Schule gefordert. Kin-

---

[8] Im § 5 hieß es, „die Schüler, Lehrlinge und Studenten sind zur Liebe zur DDR, zum Stolz auf die Errungenschaften des Sozialismus zu erziehen, um bereit zu sein, alle ihre Kräfte der Gesellschaft zur Verfügung zu stellen, den Staat zu stärken und zu verteidigen".
[9] Georg Klaus und Manfred Buhr, *Philosophisches Wörterbuch*, Bd. 2, Leipzig 1976, S. 944f.

der, die christlich erzogen wurden, gerieten damit in einen offensichtlichen Zwiespalt. Viele Eltern waren gar nicht in der Lage, diese Forderungen mit ihren Kindern in angemessener Weise zu besprechen. Auf keinen Fall wollten sie die weltanschauliche Auseinandersetzung auf dem Rücken der Kinder austragen, deshalb suchten sie stillschweigend Möglichkeiten für eine zurückhaltend-kritische Anpassung. Die Erziehungswirklichkeit in den DDR-Schulen hat das Verfassungsrecht auf Glaubens- und Gewissensfreiheit unterlaufen. Auf Einwände der Kirchen antwortete Hans Seigewasser, der Staatssekretär für Kirchenfragen: „Es ist das souveräne Recht des sozialistischen Staates jenseits jeder Verhandlungsmöglichkeit, gesetzliche Bestimmungen zu erlassen. Die Schulpolitik ist ausschließlich Sache des Staates." [10]

Wo jedoch adventistische Eltern auf eine eindeutige Glaubenserziehung Wert legten, wo Kinder an der Betreuung im Sabbatgottesdienst teilnahmen und erfuhren, dass sie von der Gemeinde angenommen waren, erwies sich die „Rundum"-Beeinflussung durch die Schule als wenig wirksam. Die Heranwachsenden lernten mit der Zeit, ideologische Phrasen zu erkennen und zu durchschauen. Nur so gelang es, die weltanschaulichen Spannungen zu bewältigen.

Das vorherrschende Postulat der Evolution

Zum Marxismus-Leninismus gehörte untrennbar das Bekenntnis zur Wissenschaft von der Evolution, denn ohne sie ließ sich die gesellschaftliche Entwicklung zum Sozialismus nicht erklären. Bereits im Juli 1953 forderte Walter Ulbricht auf dem 15. Plenum des Zentralkomitees der SED: „Gegenüber den reaktionären Einflüssen der Kirche und Geistlichkeit ist es notwendig, eine systematische, grundsätzliche, politische und wissenschaftliche Aufklärungs- und

---

[10] Bundesbeauftragter für die Unterlagen des Staatssicherheitsdienstes der ehemaligen DDR, Berlin, HA XX/4-1097, S. 96-102, S. 101.

Kulturarbeit besonders über Fragen der Naturwissenschaften unter der Jugend durchzuführen." [11] Deshalb wurde im Bildungskonzept der DDR – angefangen im ersten Schuljahr bis hin zur Universität – die biblische Schöpfungslehre als unwissenschaftlich abgetan.

Glücklicherweise gab es auch tolerante Lehrer, die sich damit begnügten, wenn Schüler Kenntnisse aus dem Bereich der Entwicklungslehre vorweisen konnten und dann in Arbeiten beispielsweise schrieben „Die Evolutionslehre besagt, dass ..."

Da Adventisten an die Schöpfung aller Lebensformen durch Gott glauben, lebten Adventistenkinder in der DDR zwangsläufig in einem Spannungsfeld zweier einander ausschließender Wahrheiten. Die Kraft, sich offen zu den Aussagen der Bibel zu bekennen, konnten sie nur aufbringen, wenn sie von Eltern oder anderen Bezugspersonen unterstützt wurden. Prediger bemühten sich darum in dem Religionsunterricht und boten Veranstaltungen für Eltern an, damit sie mit entsprechendem Faktenwissen ausgestattet wurden. Dazu dienten auch die in den 60er-Jahren von der Gemeinschaftsleitung angebotenen Familienbibelwochen in Friedensau, die regen Zuspruch fanden.

Einen wesentlichen Beitrag leisteten ferner die Kinderbibelwochen. Sie sind vielen Gemeindegliedern noch in guter Erinnerung. Soweit mir bekannt, begann Walter Eberhardt damit Mitte der 50er-Jahre in der Sachsen-Anhalt-Vereinigung. In den Sommerferien fuhr er mit 10 bis 12 Kindern im Alter von 10 bis 14 Jahren in eine der Adventgemeinden im Ostharz. Dort wurden die Kinder bei Gemeindegliedern untergebracht, wo sie auch Frühstück, ein warmes Abendessen und ein Päckchen mit Tagesverpflegung bekamen. Am Vormittag wurden sie in Glaubenslehren unterrichtet, es wurde gesungen oder gespielt. Am Nachmittag wanderte Walter Eberhardt mit ihnen. Diese Kinder waren an ihrem Heimatort oft die einzigen Adventisten oder Christen in ihrer Schulklasse oder der Schule; daher wurden sie durch das Gemeinschaftserlebnis einer Bibelwoche ermutigt und nachhaltig geprägt.

---

[11] Zitiert in: Martin G. Goerner, *Die Kirche als Problem der SED*, Berlin 1997, S. 133.

Dieses Beispiel wirkte wie eine Initialzündung. Fortan hielten fast alle jüngeren Prediger ein oder zwei solcher Kinderbibelwochen in den Sommerferien ab. Die Teilnehmer wurden in Gemeindehäusern untergebracht, schliefen auf Luftmatratzen, und wurden von der Frau des Predigers oder von Helfern aus der Gemeinde beköstigt. Auf diese Weise wurden fortan Jahr um Jahr bis zu 500 Kinder in kleinen Gruppen betreut.

Wichtig war, dass Adventistenkinder lernten, ihre Überzeugung zu vertreten oder als Lehre aus der Bibel zu begründen. Sie lernten auch zu vermeiden, ihr Bekenntnis als Auffassung der Eltern oder ihres Predigers zu deklarieren. In den Bibelwochen ging es um eine umfassende Glaubensvermittlung, nicht lediglich um Argumente für die ideologische Auseinandersetzung. Vor allem sollten die Heranwachsenden begreifen, was ein Leben mit Jesus bedeutet.

Die Jugendweihe als Bekenntnis zur DDR

1954 entwarf die SED-Führung eine neue Strategie, um christliche Einflüsse auf Kinder und Jugendliche auszuschalten. Mit großer Sorgfalt bereitete sie die Jugendweihe vor. In dem Grundsatzdokument „Die Politik der Partei in Kirchenfragen" vom 14. März 1954 wurde festgestellt, dass Konfirmation und Kommunion so viel Zulauf haben, „da keine andere Einrichtung der Kinder in dem neuen Abschnitt ihres Lebens nach dem Verlassen der Grundschule vorhanden ist".[12]

Die Einführung der Jugendweihe wurde intensiv betrieben, weil damit die Konfirmation ersetzt werden sollte, an der viele Jugendliche aus evangelischen Familien noch immer teilnahmen. Am 24. November 1954 trat ein „Zentraler Ausschuss für Jugendweihen in der DDR" an die Öffentlichkeit. Er erklärte seine politische Unabhängigkeit und distanzierte sich von freidenkerischen Positionen mit antikirchlicher Haltung. Vielmehr betonte er, die Jugendweihe habe das Ziel, ein modernes, wissenschaftlich fundiertes

---

[12] Zitiert in: Peter Maser, *Die Kirche in der DDR*, Bonn 2000, S. 113.

Weltbild und eine zeitgemäße Lebensorientierung zu vermitteln.[13] Bedenken gegen die Jugendweihe suchte man zu zerstreuen. So hieß es in These 7 des Zentralen Ausschusses: „An der Jugendweihe können alle Jugendlichen, ungeachtet der Weltanschauung, teilnehmen. Die Konfirmation wird von ihr nicht berührt; es besteht volle Glaubens- und Gewissensfreiheit. Die Teilnahme ist freiwillig."[14]

In Wirklichkeit aber schuf die DDR mit der Jugendweihe ein zusätzliches Instrument der ideologischen Erziehung. Das belegen die Themen der vorbereitenden Stunden: 1. Die Welt im All; 2. Die Entstehung des Lebens auf der Erde; 3. Das Werden des Menschen; 4. Von der Beherrschung der Natur durch den Menschen; 5. Die Entwicklung der menschlichen Gesellschaft. Diese Themen gründeten sämtlich auf der dialektisch-marxistischen Weltanschauung. Nicht Lehrer, sondern ausgewählte Referenten aus dem öffentlichen Leben hielten die Referate. Im Widerspruch zur angeblichen Neutralität warben Lehrer und Funktionäre massiv für die Jugendweihe, von Betrieben und vom Staat durch ideologischen und ökonomischen Druck gestützt.

Am Tag der Jugendweihe erhielten die Teilnehmer das Buch „Weltall – Erde – Mensch". Darin stand unter anderem: „Alle Materie und Bewegung verändern und bewegen sich ewig ... Eine solche wissenschaftliche Auffassung lässt kein Märchen vom Schöpfer, Weltgeist oder Lenker der Welt zu."[15]

Der Staat deutete die Teilnahme an der Jugendweihe als Beweis für die Bejahung der sozialistischen Gesellschaft und versuchte sogar, die berufliche Zukunft der Kinder davon abhängig zu machen. Teilnahme oder Nichtteilnahme an der Jugendweihe entschieden vielfach über die Zulassung zur Oberschule.[16]

---

[13] Horst Dähn (Hg.), *Die Rolle der Kirchen in der DDR*, München 1993, S. 178.
[14] Zitiert in: Günther Köhler (Hg.), *Kirche und Staat in der DDR von 1949 bis 1958*, Stuttgart 1974, S. 134.
[15] *Weltall, Erde, Mensch*, Berlin 1963, S. 362. Auf einer der ersten Seiten stand: „Zur Erinnerung an die Jugendweihe gewidmet vom Zentralen Ausschuss für die Jugendweihe in der Deutschen Demokratischen Republik".
[16] Auf den Einwand, dass laut Verfassung alle die gleichen Bildungsmöglichkeiten haben sollen,

Spannungsfelder für Adventisten in der DDR

Bereits 1958 musste die evangelische Kirchenleitung erkennen, dass sich die Mehrheit der Gemeindeglieder für die Teilnahme ihrer Kinder an der Jugendweihe entschied. Im Blick auf die große Bedeutung, die die Sicherung der wirtschaftlichen Existenz damals hatte, war diese Entscheidung verständlich. Da die Evangelische Kirche die Konfirmation für unvereinbar mit der Teilnahme an der Jugendweihe hielt, gingen die Konfirmationszahlen drastisch zurück. Das bewirkte zugleich einen starken Rückgang der Beteiligung an der Christenlehre, denn die war eine Voraussetzung für die Konfirmation.

Wenige Jahre nach Einführung der Jugendweihe nahmen bereits 90 Prozent aller Schüler nach Beendigung der achten Klasse daran teil. Die Anzahl stieg bis auf etwa 97 Prozent.[17]

Da es in der Adventgemeinde keine Konfirmation gibt, war die Jugendweihe für Adventisten kein ganz so großes Problem wie für evangelische Christen. Doch sowohl die Bezeichnung als auch die Realität einer „Weihe", verbunden mit dem Inhalt des Gelöbnisses,[18] machte auch für adventistischen Eltern die Teilnahme ihrer Kinder an der Jugendweihe schwer vereinbar mit ihrer Glaubensüberzeugung. Prediger unterstützten die Eltern in dieser Haltung.

Die Gemeinschaftsleitung selbst hat keine offizielle Stellungnahme zur Jugendweihe abgegeben. Ihr war bewusst, dass in Sachen Jugendweihe den Familien die Entscheidung überlassen bleiben musste. Dessen ungeachtet waren die Prediger gehalten, Eltern und Jugendlichen begleitend und beratend zur Seite zu stehen. Die meisten Eltern akzeptierten das und begründeten ihre ablehnende Haltung zur Jugendweihe mit ihrer persönlichen Glaubensüberzeugung. Schwierig wurde es allerdings dort, wo nur ein Elternteil der Gemeinde angehörte und der andere auf einer Teilnahme bestand.

---

wurde oft so geantwortet: Alle haben bis zum zehnten Schuljahr die gleichen Möglichkeiten, aber die darauf aufbauenden Bildungswege sind Anerkennung für diejenigen, die den sozialistischen Staat mittragen.

[17] Dietmar Linke, *DDR-Kirche zwischen Kanzel und Konspiration*, Berlin 1993, S. 20.

[18] „Seid ihr bereit, als treue Söhne und Töchter unseres Arbeiter- und Bauernstaates für ein glückliches Leben des ganzen deutschen Volkes zu kämpfen, so antwortet: Ja, das geloben wir! Seid ihr bereit, eure ganze Kraft für die große und edle Sache des Sozialismus einzusetzen, so antwortet: Ja, das geloben wir! ..." *Deutsche Lehrerzeitung*, Berlin 11. Januar 1958.

Ähnliches galt auch für die Mitgliedschaft bei den „Jungen Pionieren"[19] und in der „Freien Deutschen Jugend" (FDJ).[20] Damit waren Konsequenzen für den Lebensweg von Kindern und Jugendlichen verbunden. Studium und Ausbildung in begehrten Berufen blieben denen weitgehend verschlossen, die sich weigerten, Mitglied der FDJ zu sein. Die wenigen, die keine Mitglieder waren, wurden in der Klasse und Schule zu Außenseitern gemacht. Manche Kinder litten darunter – einige bekamen sogar seelische Störungen – und die Eltern litten mit ihren Kindern.

Eltern wie Kinder mussten sich in solchen Situationen ernstlich fragen: Welche Beweggründe bestimmen die Entscheidung für oder gegen eine Mitgliedschaft in diesen Organisationen? Welche Konsequenzen ergeben sich daraus, dass die FDJ unter Führung der SED arbeitet und die Pionierorganisation im Auftrag der SED von der FDJ geleitet wird? An welchen Stellen und inwiefern wird die Nachfolge Christi dadurch in Frage gestellt? Wichtig war, die Kinder selbst am Entscheidungsprozess zu beteiligen und sie danach zu begleiten.

Andererseits soll nicht verschwiegen werden, dass seitens des Staates den Kindern an den „Pioniernachmittagen" auch gute Angebote gemacht wurden. Dies geschah insbesondere in Musik- und Malzirkeln, Gymnastik- und Sportgruppen. Je nach Interesse konnten auch Kinder, die nicht zu den „Jungen Pionieren" gehörten, daran teilnehmen.

---

[19] In der Präambel des Statuts der „Jungen Pioniere" hieß es: „Unsere Pionierorganisation ‚Ernst Thälmann' ist die sozialistische Massenorganisation der Kinder in der DDR ... Wir wollen und wirken mit, dass alle Jungen Pioniere zu aufrechten sozialistischen Patrioten und proletarischen Internationalisten heranwachsen, die aktiv an der Gestaltung des gesellschaftlichen Lebens in unserer Deutschen Demokratischen Republik teilnehmen."
[20] Im FDJ-Statut hieß es: „Die Freie Deutsche Jugend ist die einheitliche sozialistische Massenorganisation der Jugend der DDR ... Sie verkörpert die politische Einheit der jungen Generation der DDR ... Die FDJ arbeitet unter der Führung der Sozialistischen Einheitspartei Deutschlands und betrachtet sich als deren aktiver Helfer und Kampfreserve. Grundlage für ihre gesamte Tätigkeit sind das Programm und die Beschlüsse der SED ... Die FDJ trägt eine hohe Verantwortung dafür, dass ihre Mitglieder und alle Jugendlichen eine unerschütterliche sozialistische Klassenposition erwerben und vertreten."

Wehrkunde im Schulunterricht

Die Einführung des Fachs Wehrkunde in den 9. und 10. Klassen der Allgemeinbildenden Oberschule gründete sich auf die am 1. Februar 1978 ausgegebenen Direktive Nr. 3 des Ministeriums für Volksbildung, die von Ministerin Margot Honecker unterzeichnet wurde.[21] Damit ergaben sich im Herbst 1978 neue Spannungen. Im jeweiligen Schuljahr gehörten fortan 4 Doppelstunden Wehrkundeunterricht zum Lehrplan. Abgeschlossen wurde dieser Fachunterricht mit einem 12-tägigen Wehrerziehungslager. Folgende Themen wurden dabei abgehandelt: Warum entstehen Kriege? Welche Waffengattungen gibt es? Wie kann „Erste Hilfe" geleistet werden? Wie hat man sich bei Katastrophen zu verhalten?

Begründet wurde die Einführung dieses Fachs damit, dass es in allen sozialistischen Ländern seit Jahren gute Erfolge mit Wehrkunde in den Schulen gäbe. Mit 18 Jahren würden Jugendliche zur Armee eingezogen und durch den Wehrkundeunterricht sei eine gute Vorbereitung für die Erfüllung der Wehrpflicht gegeben. Da viele Jugendliche dem Dienst in der Nationalen Volksarmee nicht gerade mit Begeisterung entgegensahen, sollte offensichtlich mit dem Wehrkundeunterricht eine positivere Haltung erzeugt werden.

Als die Gemeinschaftsleitung von der bevorstehenden Einführung des Wehrkundeunterrichtes hörte, bat sie um einen Gesprächstermin bei der Dienststelle des Staatssekretärs für Kirchenfragen gebeten. Dabei wurde gleich zu Beginn der Unterredung von staatlicher Seite klargestellt, dass an dieser mit Gesetzeskraft vollzogenen Entscheidung für die Schüler der 9. und 10. Klasse festgehalten werde. Als von Seiten der Gemeinschaft die Sorge geäußert wurde, dass durch dieses Fach Feindbilder aufgebaut würden und Hass gegenüber kapitalistischen Staaten geschürt würde, wurde das entschieden zurückgewiesen. Es wurde jedoch zugesi-

---

[21] Darin hieß es u. a.: „Der Wehrkundeunterricht dient der sozialistischen Wehrerziehung der Jugend und ist fester Bestandteil des Bildungs- und Erziehungsprozesses an der Schule. Er fördert die Entwicklung der Wehrbereitschaft und Wehrfähigkeit der Schüler." Bundesarchiv, Abt. Potsdam, O-4, 425.

chert, dass der Umgang mit Schusswaffen im Vorbereitungslager auf freiwilliger Basis erfolgt. Die Adventgemeinden wurden über ihre Prediger von diesem Gespräch unterrichtet, zugleich wurde der Rat gegeben, sich soweit wie möglich, als „Junge Sanitäter" zu melden. Auch die anderen Kirchen und Religionsgemeinschaften mussten sich damit abfinden, dass trotz aller Einwände an der Durchführung des Wehrkundeunterrichts nicht zu rütteln war. Der Staatssekretär für Kirchenfragen lehnte alle Einsprüche mit der Begründung ab: „Es ist das souveräne Recht des sozialistischen Staates jenseits jeder Verhandlungsmöglichkeit, gesetzliche Bestimmungen zu erlassen."[22]

Dass sich das Regime bereits zwei Monate nach Einführung des Wehrkundeunterrichts in seinem Vorgehen bestätigt sah, dokumentiert eine vertrauliche Information der Abteilung Volksbildung. Von 190 000 betroffenen Schülern beteiligten sich demzufolge nur 101 nicht am Wehrkundeunterricht.[23] Wer diesen Unterricht verweigerte, musste einschneidende Nachteile für seine weitere schulische und berufliche Ausbildung in Kauf nehmen. Die Volksbildungsministerin Margot Honecker ließ der Dienststelle des Staatssekretärs für Kirchenfragen am 16. Juli 1980 durch ihren Staatssekretär Lorenz mitteilen: „Wer nicht zum Wehrunterricht geht, kommt jetzt schon nicht zur Erweiterten Oberschule und das wird konsequent weitergeführt."[24]

Die Wahlen in der DDR

Alle zwei Jahre wurde in der DDR gewählt, einmal die Gemeinde-, Stadt- und Kreisvertretungen, dann die Bezirkstage und die Volks-

---

[22] Bundesbeauftragter für die Unterlagen des Staatssicherheitsdienstes der ehemaligen DDR, Berlin, HA XX/4-1097, S. 101.
[23] Abteilung Volksbildung, Sektor 1, Information vom 13. Novmeber 1978 zu Problemen des Wehrkundeunterrichtes. Stiftung Archiv der Parteien und Massenorganisationen der DDR im Bundesarchiv ZPA, IV B2/14/52. Angesichts der Tatsache, dass es in der DDR üblich war, möglichst positive Angaben an übergeordnete Dienststellen weiterzugeben, erscheint mir diese Zahl „geschönt" zu sein.
[24] Vertrauliche Mitteilung von Wilke an Gysi vom 17. Juli 1980, Bundesarchiv, Abt. Potsdam, O-4, Altreg. 00-10-00.

kammer – das DDR-Parlament. Begonnen hatte es mit den Wahlen zum Volkskongress Mitte Mai 1949, noch vor Gründung der DDR. Alle Parteien und Massenorganisationen stellten sich auf einer Einheitsliste zur Wahl. Auf ihr waren nach dem Verteilungsschlüssel die SED und deren Massenorganisationen mit 55 Prozent sowie die Blockparteien zusammen mit 45 Prozent der Kandidaten vertreten. Die Abstimmung war mit der Frage verbunden: „Bist du für die Einheit Deutschlands und einen gerechten Frieden?" Wer sein Kreuz in dem JA-Kreis machte, entschied sich damit für die Kandidaten der Einheitsliste. Der Wahlkreisleiter in Mecklenburg hatte kurz vor der Wahl in einem geheimen Blitzfernschreiben verfügt: „Alle weiß abgegebenen Stimmzettel sind als Ja-Stimmen zu zählen, das gilt auch für Wahlzettel, die durchgestrichen sind, wenn sie im Ja-Feld angekreuzt sind."[25]

Im Wahlgesetz vom 9. August 1950 hieß es: „Aus nationaler Verantwortung und zur Sicherung des Aufbauwerkes der Republik hat der Block der antifaschistisch-demokratischen Parteien und Organisationen beschlossen, die Wahlen auf der Grundlage eines gemeinsamen Wahlprogramms mit gemeinsamen Kandidatenlisten der Nationalen Front des demokratischen Deutschlands durchzuführen. Frei von kleinlichem Hader eigensüchtiger Interessengruppen werden die Wahlen am 15. Oktober 1950 so zu wahrhaft freien Volkswahlen."[26]

Bei allen Wahlen in der DDR gab es nur die Einheitslisten der „Nationalen Front". Dies versuchte der DDR-Verfassungsrechtler Eberhard Poppe mit dem Hinweis zu rechtfertigen: „Kein kräftezehrender Wahlkampf gegeneinander, sondern ein kräftesteigernder Wahlkampf miteinander."[27] Demokratische Wahlen gab es also nicht.

Für die Einheitslisten wurden bei allen Wahlen über 99 Prozent der Stimmen abgegeben. Da überwacht wurde, ob man zur Wahl

---

[25] Henning Frank, „Wahlen in der SBZ/DDR", eine Sendung des Deutschlandfunks.
[26] Gesetzblatt der DDR vom 8.8.1950.
[27] Eberhard Poppe, *Volkssouveränität und Abgeordnetenstellung*, Universität Halle-Wittenberg, 1958, S. 128.

ging und man mit Repressalien rechnen musste, wenn man es nicht tat, lag die Wahlbeteiligung (offiziell) zwischen 98,48 Prozent und 99,74 Prozent.

Die Wahlen in der DDR lösten wiederholt Fragen und Konflikte unter Christen aus: Verstieß die Abgabe des Wahlzettels, der letztlich keiner war, gegen das Gebot der Wahrhaftigkeit? Aber die meisten DDR-Bürger wussten, dass sie es mit einem betrügerischen System zu tun hatten. Mit Wahlmanipulationen musste gerechnet werden. Was änderte es dann, wenn man nicht zur Wahl ging? Wer nicht wählen ging, wurde jedoch am Wahltag unter Umständen mehrmals in der Wohnung aufgesucht und zur Stimmabgabe aufgefordert. Es gab Bürger, die den Gang zum Wahllokal davon abhängig machten, endlich eine dringend benötigte Wohnung für ihre Familie von der kommunalen Wohnungsverwaltung zugewiesen zu bekommen. Es gab auch vereinzelt Adventgemeinden, die im Vorfeld einer Wahl erklärten, dass sie nicht wählen würden, wenn ihnen zum Beispiel nicht die bereits mehrfach abgelehnte Baugenehmigung für ein Gemeindehaus erteilt oder ein anderes dringendes Problem gelöst würde. In einigen Fällen half das sogar.

Die DDR-Behörden beobachteten das Wahlverhalten sehr genau, vor allem das der Verantwortlichen der örtlichen Kirchengemeinden sowie der Kirchenleitungen. So hatte beispielsweise der Staatssekretär für Kirchenfragen eine genaue Analyse über die Beteiligung von Vertretern der Kirche bei den Wahlen im Jahre 1957 anfertigen lassen. Danach beteiligten sich von der „höheren evangelischen Geistlichkeit ca. 25 %, von der niederen und mittleren evangelischen Geistlichkeit ca. 45 % an der Wahl. Von der höheren katholischen Geistlichkeit wählten ca. 35 % und von der niederen und mittleren Geistlichkeit ca. 70 %. Die Prediger und Geistlichen der kleineren Religionsgemeinschaften kamen zu 90 % ihrer Wahlpflicht nach ... [Sie] zeigten in weitaus überwiegendem Maße eine positive Haltung ... Diese Haltung der kleinen Religionsgemeinschaften ist mit darauf zurückzuführen, dass sie in unserem Staat als Gleichberechtigte neben den großen Konfessionen behandelt werden."²⁸ Sicher nicht unbegründet bewertete die Volkspolizei das Verhalten von Gliedern der Freikirchen folgendermaßen: „Sie haben sich den Deckmantel der Loyalität umgehängt, um ungehindert ihren Interessen nachgehen zu können."²⁹

Das Problem des Schulbesuchs am Sabbat

Das Regime war bestrebt, der DDR das Image des „wahren Deutschlands der Arbeiter und Bauern" zu verleihen. Das verschärfte die ideologische Auseinandersetzung mit den Kirchen und Glaubensgemeinschaften, vor allem im Bereich der Erziehung und Volksbildung.

Adventistische Eltern bemühten sich, ihre schulpflichtigen Kinder sabbats mit zum Gottesdienst zu nehmen, und begründeten das mit dem Recht auf Glaubens- und Gewissensfreiheit.³⁰

Zunächst gab es die Möglichkeit einer behördlichen Duldung der Befreiung vom Schulbesuch am Sabbat auf unterer Ebene. Doch das wurde mit dem neuen Schulgesetz von 1960 dadurch erschwert, dass nun der Schulbesuch von Montag bis Samstag gesetzlich gefordert war. Während bisherige Vereinbarungen mit den örtlichen Schulbehörden mitunter nicht angetastet wurden, kam es nun häufig zu Konfrontationen mit der Schulleitung, vor allem bei Neueinschulungen, Schulwechsel oder wenn Schuldirektoren ihre Verantwortung neu übernommen hatten.

Es kam auch vor, dass der Parteisekretär der Schule auf strikte Einhaltung des Gesetzes pochte. Wenn Eltern ihre Kinder dann weiterhin samstags nicht zur Schule schickten, wurden mitunter Geldstrafen verhängt. Andernorts versuchte man, Eltern „in die Knie zu zwingen", indem man ihre Kinder trotz guter schulischer

---

[28] Institut für die Geschichte der Arbeiterbewegung, Zentrales Parteiarchiv IV 2/14/18.
[29] Bundesarchiv, DO-4720 vom 17. Juli 1961.
[30] Sie beriefen sich dabei auch auf Artikel 48 der Verfassung von 1949, der aber in den Verfassungen von 1968 und 1974 nicht mehr enthalten war. Er lautete: „Die Entscheidung über die Zugehörigkeit von Kindern zu einer Religionsgemeinschaft steht bis zu deren vollendetem 14. Lebensjahr den Erziehungsberechtigten zu. Von da ab entscheidet das Kind selbst über seine Zugehörigkeit zu einer Religions- oder Weltanschauungsgemeinschaft."

Leistungen benachteiligte. Es gab auch vereinzelt Fälle, in denen Lehrer die ganze Klasse gegen Adventistenkinder aufstachelten, die dann mitunter auf dem Schulhof von anderen Schülern tätlich angegriffen wurden, während die Aufsicht geflissentlich wegschaute.

Die grundsätzliche Haltung der DDR-Schulbehörden kam in Mitteilungen an die Eltern zum Ausdruck, in denen betont wurde: „Staatsgesetz geht vor Religionsgebot. Was die Staatsgesetze als staatsgefährlich, sicherheits- oder sittenwidrig, ordnungswidrig oder aus einem sonstigen Grund verbieten, wird nicht dadurch erlaubt, dass es in Ausübung einer Religion geschieht." Das führte zwischen der Gemeinschaftsleitung und den Behörden auf Regierungsebene fortlaufend zu Spannungen.

Auseinandersetzungen dieser Art mussten meist mit der Dienststelle des Staatssekretärs für Kirchenfragen ausgetragen werden. Sie sollte angeblich eine einheitliche Behandlung aller Kirchen und Religionsgemeinschaften in der DDR und ihrer Anliegen gewährleisten. Doch andererseits versuchte man ständig, eine Kirche gegen die andere auszuspielen, die Freikirchen gegen die großen Kirchen und umgekehrt, um die Ziele der SED-Kirchenpolitik zu erreichen.

In Gesprächen wurde adventistischen Vertretern mehrfach vorgehalten, im Gegensatz zu den Adventisten gäbe es mit der Jüdischen Gemeinde keine Probleme mit dem Schulbesuch am Sabbat. Jüdische Eltern würden ihre Kinder samstags selbstverständlich zur Schule schicken. Unsere Nachfrage beim Landesrabbiner ergab, dass es in der DDR nur ganz wenige Familien mit schulpflichtigen Kindern gab und nach ihrer Meinung der Schulbesuch am Sabbat für sie kein Problem darstellte.

Unter dem Staatssekretär Hans Seigewasser, der ab 1960 amtierte und eine rigorosere Kirchenpolitik des DDR-Regimes vertrat, kam es zu vielfältigen Spannungen zwischen den Kirchen und dem Staat. 1978 wurde ich als Verbandsvorsteher erneut wegen der Schulfreiheit am Sabbat für adventistische Kinder in die Dienststelle des Staatssekretärs geladen. Bei solchen Anlässen gingen wir

Spannungsfelder für Adventisten in der DDR

nach Möglichkeit zu zweit zu den staatlichen Stellen, um für den Verlauf des Gesprächs einen Zeugen zu haben. Lothar Reiche, damals Jugendabteilungsleiter des Verbandes, begleitete mich.

Gleich zu Beginn wurde uns erklärt, die Auseinandersetzungen in der Schulfrage am Sonnabend seien unerträglich geworden und man werde das fortan nicht mehr tolerieren. Dann wurde im Auftrag des Ministeriums für Volksbildung von uns kategorisch verlangt, die adventistischen Eltern aufzufordern, ihre Kinder an Sonnabenden in die Schule zu schicken.

Bislang war von Seiten der Gemeinschaftsleitung immer argumentiert worden, dass die Heiligung des Sabbats eine Glaubens- und Gewissensangelegenheit des Einzelnen sei und in persönlicher Entscheidung vor Gott getroffen werde. Doch das griff in dieser Situation nicht mehr. So blieb mir nichts anderes übrig, als sinngemäß zu erklären: „Ich werde morgen den Gemeinden schreiben, dass wir zu dieser Information genötigt worden sind – und zugleich mitteilen, dass ich mich unter diesen Umständen gezwungen sehe, meine Verantwortung als Präsident der Gemeinschaft der Siebenten-Tags-Adventisten niederzulegen. Ich werde dafür die nötige Erklärung geben." Daraufhin warf man mir erregt vor, dass wir einen offenen Kirchenkampf provozieren wollten. Doch dann – völlig unerwartet – lenkte man ein und zog die Forderung zurück.

In der Folgezeit entspannte sich die Situation in der Schulfrage allmählich. Die Auseinandersetzungen um den Schulbesuch am Sonnabend nahmen kurz danach ein Ende, als 1979 Klaus Gysi, der Vater des späteren PDS-Politikers Gregor Gysi, zum Staatssekretär für Kirchenfragen berufen wurde. Durch seine Bildung und geistige Beweglichkeit hob er sich vom normalen Typ des SED-Funktionärs wohltuend ab. Er trat für eine Tolerierung der adventistischen Haltung ein, ohne jedoch eine gesetzliche Grundlage dafür bieten zu können. Es gab also kein Recht auf die Befreiung vom Schulbesuch, um am Gottesdienst teilzunehmen, doch man sah fortan darüber hinweg, wenn Eltern ihre Kindern an den Sonnabenden nicht zur Schule schickten – vorausgesetzt, dass die schulischen Leistungen keinen Einbruch erlitten.

Ungeachtet aller Behinderungen oder Schikanen während der Schulzeit haben sich viele Adventistenkinder als Heranwachsende für die Adventgemeinde entschieden und sind aktive Gemeindeglieder geworden.[31]

Adventisten als Bausoldaten in der Nationalen Volksarmee

Nachdem es in der DDR zunächst nur eine freiwillige Armee in Gestalt der kasernierten Volkspolizei gab, wurde Anfang 1962 das Gesetz zur Einführung der allgemeinen Wehrpflicht verabschiedet. Bald darauf machte die Leitung der Gemeinschaft eine Eingabe, die dem Staatssekretär für Kirchenfragen zur Weiterleitung an den Ministerrat übergeben wurde. Darin wurde darum gebeten, den Gewissensbedenken wehrpflichtiger Adventisten Rechnung zu tragen und ihnen einen Sanitätsdienst oder einen anderen waffenlosen Dienst zu ermöglichen. Eine Antwort darauf ist weder mündlich noch schriftlich ergangen.

Um die Problematik des Wehrdienstes zu entschärfen, machte ich als Vorsteher der Gemeinschaft 1972 den Versuch, mit dem Ministerium für Nationale Verteidigung Kontakt aufzunehmen, um für wehrpflichtige Adventisten den Sanitätsdienst in der Armee zu ermöglichen. Es gelang mir auch, Verbindung mit Vizeadmiral Verner aufzunehmen, dem Stellvertreter des Ministers für Nationale Verteidigung. Wir hatten das Empfinden, dass für dieses Anliegen eine gewisse Aufgeschlossenheit bestand.

Als es zur Unterredung mit einem Stabsoffizier aus dem betreffenden Ministerium kam, war dazu jedoch ohne vorherige Ankündigung der zuständige Abteilungsleiter des Staatssekretärs für Kirchenfragen eingeladen worden. Dieser lehnte unser Ansinnen ganz entschieden mit zwei Begründungen ab: Man wollte keine Ausnahmeregelung für eine der Freikirchen schaffen. Vor allem

---

[31] Obwohl sich ein genauer Prozentsatz nicht ermitteln lässt, geht aus Gemeindeberichten hervor, dass durchschnittlich etwa 50 Prozent der Adventistenkinder nicht nur getauft wurden, sondern auch bis zum 30. Lebensjahr noch der Gemeinde angehörten.

aber könnte dadurch eine konfessionelle „Überfremdung" des Sanitätsdienstes erfolgen.

Bald nach Einführung der Wehrpflicht setzte sich die evangelische Kirchenleitung nachhaltig dafür ein, dass eine Art Zivildienst eingerichtet würde. Der damalige Thüringische Bischof Moritz Mitzenheim nutzte dabei seine persönlichen Kontakte zum Staatsratsvorsitzenden Walter Ulbricht. 1964 wurde von der Nationalen Volksarmee eine Verordnung erlassen, die zwar weder einen Zivildienst noch die Möglichkeit zum waffenlosen Sanitätsdienst enthielt, aber die Aufstellung sogenannter Baueinheiten vorsah. Der Dienst darin sollte ohne Waffe verrichtet werden und deshalb war auch keine Ausbildung an Waffen vorgesehen. Das war einmalig in den Ostblockstaaten.

Zu diesem „Wehrersatzdienst" in den Baueinheiten sollten „solche Wehrpflichtige herangezogen werden, die aus religiösen Anschauungen oder aus ähnlichen Gründen den Wehrdienst mit der Waffe ablehnen".[32] Die Angehörigen der Baueinheiten waren zwar von einem Fahneneid entbunden, wurden aber genötigt, ein Gelöbnis abzulegen.[33] Wegen des darin geforderten „unbedingten Gehorsams", versuchten mitunter Adventisten wie auch andere Christen, sich diesem Teil des Gelöbnisses dadurch zu entziehen, dass sie die diesbezüglichen Sätze nicht mitsprachen.

Die Baueinheiten waren zunächst Pionierbataillonen der nationalen Volksarmee unterstellt. Sie wurden zu Bauarbeiten, auch zum Straßenbau innerhalb militärischer Objekte, eingesetzt. Erhebliche Gewissenskonflikte bereitete es jungen Christen, wenn sie zur Errichtung militärischer Anlagen herangezogen wurden.

Der Einsatz der Bausoldaten änderte sich jedoch im Verlauf der Jahre. Später zog man es vor, kleinere Gruppen in verschiedenen

---

[32] „Anordnung über die Aufstellung von Baueinheiten", Gesetzblatt der DDR vom 16.9.1964.
[33] Darin hieß es u. a.: „Ich gelobe, der Deutschen Demokratischen Republik, meinem Vaterland, allzeit treu zu dienen und meine Kraft für die Erhöhung ihrer Verteidigungsbereitschaft einzusetzen. Ich gelobe, als Angehöriger der Baueinheiten durch gute Arbeitsleistungen aktiv dazu beizutragen, dass die Nationale Volksarmee an der Seite der Sowjetarmee und der Armeen der mit uns verbündeten sozialistischen Länder den sozialistischen Staat gegen alle Feinde verteidigen und den Sieg erringen kann ..."

Bereichen einzusetzen – möglichst getrennt von den Waffen tragenden Einheiten. Die Bausoldaten mussten Dienstleistungsaufgaben wahrnehmen wie Reinigungsarbeiten, Küchendienste oder Arbeit in der Wäscherei. Ihre Zahl war relativ klein, denn der Dienst war häufig mit Diskriminierungen verbunden. Vor allem wurden durch ihn spätere berufliche Fortbildungsmöglichkeiten wie Meisterlehrgänge oder ein Hochschulstudium meistens ausgeschlossen. Man begründete es damit, dass diejenigen, die das Privileg eines Studiums auf Kosten der Gesellschaft anstrebten, auch bereit sein müssten, die DDR mit der Waffe zu verteidigen, sollte es erforderlich sein. Es waren überwiegend Angehörige von Freikirchen und evangelische Christen, die diesen Dienst wählten – kaum junge Katholiken. Die meisten wehrpflichtigen Adventisten entschieden sich dafür, auch wenn sie noch nicht getauft waren – trotz der späteren Nachteile in der Berufswahl und -ausbildung.

Vor ihrer Einberufung wurden die künftigen Bausoldaten in von der Jugendabteilung der Gemeinschaft organisierten Zusammenkünften auf mögliche Diskriminierungen vorbereitet. Sie sollten sich vor allem nicht provozieren lassen, denn das wurde in den ersten Jahren nach Einführung des Wehrersatzdienstes nicht selten von den vorgesetzten Offizieren versucht. Manchmal kam es zu unberechenbaren Schikanen – vor allem wegen des Gottesdienstbesuchs am Sabbat, auf dem die Adventisten bestanden. Man forderte in Einzelfällen, dass sie bereits mittags um 12 Uhr wieder in der Kaserne oder der Unterkunft sein müssten. Das war aber selten möglich, wenn der adventistische Bausoldat den Gottesdienst nicht vorzeitig verließ. Wenn ihm deshalb disziplinarische Maßnahmen angedroht wurden, mussten sich die unteren Dienststellen jedoch nicht selten von übergeordneten korrigieren lassen.

Dennoch wurde die Zeit als „Bausoldat" für viele Adventisten zu einer unschätzbaren Erfahrung. Sie lebten nicht nur 18 Monate auf engstem Raum mit anderen Christen zusammen, sondern arbeiteten Seite an Seite und erfuhren so echte Bruderschaft. „Wir stellten das Verbindende in den Vordergrund. Es gab auch Diskussionen, aber keinen Streit" – dies galt für die meisten Bausoldaten. Ihnen war es wichtig, den Vorgesetzten deutlich zu machen, dass sie als Christen – ungeachtet konfessioneller Unterschiede – zueinander standen.

Gemeinsame Andachten und Bibelkreise, Gebetsgemeinschaften und Gesprächsrunden gab es zwar offiziell nicht, denn religiöse Zusammenkünfte waren in der Kaserne oder in der Unterkunft untersagt. Zuweilen aber kam man in Kellerräumen zusammen, um Vorgesetzte nicht zu provozieren. In einer Gruppe hielt man in den letzten fünf Monaten der Dienstzeit allabendlich eine Andacht und wählte als Bibelabschnitte die 150 Psalmen.

Hier einige Aussagen von ehemaligen adventistischen Bausoldaten:[34] „Nie habe ich bei den normalen Soldaten eine ähnliche Gemeinschaft und einen vergleichbaren Zusammenhalt beobachtet ... Der enge Kontakt hat den Horizont erweitert. Auch habe ich andere Christen bzw. Konfessionen mehr achten und schätzen gelernt. Vorurteile wurden abgebaut."

Ein anderer Bausoldat schrieb: „Während der Bausoldatenzeit war ich das erste Mal außerhalb der bis dahin schützenden Grenzen der Familie und der Gemeinde und musste – ohne die ‚Sprache Kanaans' benutzen zu können – erklären, warum ich so und nicht anders glaube und lebe ... So wurden mir sowohl über den eigenen als auch den Glauben der anderen einige Dinge klar, die vorher gar keine oder eine schwarz-weiß-Relevanz besaßen ... Viele ökumenische Kontakte in späterer Zeit sind wesentlich auf frühere gemeinsame Erfahrungen als Bausoldat zurückzuführen ... Ich denke, wir waren es gewohnt, zuzuhören ohne abzustempeln, ohne rechthaberisch nur unsere Positionen zu vertreten und voneinander zu lernen, ohne uns selber grundsätzlich in Frage zu stellen bzw. stellen zu lassen."

Adventistische Bausoldaten haben in ihren Einheiten ein beachtliches Zeugnis ihres Glaubens gegeben, das weit über die Dienstzeit in der Nationalen Volksarmee hinaus wirkte.

---

[34] Aus Antworten auf eine schriftliche Anfrage bei etwa 20 Bausoldaten, archiviert im Historischen Archiv der STA in Europa, Sitz Friedensau. Die angeführten sind beispielhaft für viele ähnliche Aussagen.

Anders als in der Bundesrepublik musssten in der DDR auch angehende Prediger den Wehrdienst leisten. Ihre Erfahrung als Bausoldaten wirkte sich positiv auf das verständnisvolle Miteinander zwischen Predigern und Gemeindegliedern in der DDR aus.

Schwierige Bedingungen für kirchliche Baumaßnahmen

Am Ende des Zweiten Weltkriegs besaß die Adventgemeinde im Osten Deutschlands nur noch in drei Städten eigene Gemeindezentren, die zudem arg gelitten hatten. Die meisten Gemeinden versammelten sich in gemieteten Räumen oder in Gebäuden anderer Kirchen oder Freikirchen zum Gottesdienst.

Grundsätzlich gab es seitens der Behörden keine Genehmigung für kirchliche Neubauten. Daher suchte man seitens der Gemeinschaftsleitung nach Möglichkeiten, durch eine angestrebte Rekonstruktion baufälliger Gebäude Versammlungsmöglichkeiten zu schaffen. Vor allem, als in der DDR eine Aktion „Unsere Städte und Gemeinden werden schöner" begann, benutzte man dieses Argument als Türöffner bei Baubehörden. Mit der Begründung, dass Bauruinen kein Aushängeschild für den Ort seien, stellte man einen Antrag auf Rekonstruktion oder Wiederaufbau.

Da in jener Zeit vom Gesetz her die Behörden grundsätzlich das Vorkaufsrecht hatten, wurden Anträge oft mit der Begründung abgelehnt, dass man eigene Wiederaufbaupläne habe. Dann suchte die örtliche Gemeinde weiter, denn es gab viele Gebäude in baufälligem Zustand. Oft gelang es erst nach wiederholten Versuchen, eine Genehmigung für den Erwerb und die Instandsetzung eines Objektes zu erhalten. Manche Gemeinde musste erleben, dass Jahre darüber hingingen, aber man gab nicht auf. Häufig wurde die Bearbeitung eines Antrags davon abhängig gemacht, dass sich das Objekt „harmonisch" in das Stadtbild einfügen würde. Verschlüsselt hieß das, es durfte äußerlich nicht als kirchlicher Bau zu erkennen sein.

War schließlich die erforderliche Genehmigung für einen Ausbau oder eine Renovierung erwirkt, war die nächste Hürde die Materialbeschaffung. Kirchen bekamen keine „Planziffer", denn alles zur Verfügung stehende Material wurde für Wohnungs- und Industriebauten benötigt und war dafür verplant. Für Instandsetzungsarbeiten an privaten Häusern gab es von Zeit zu Zeit einige Zentner Zement und anderes Baumaterial in geringen Mengen. Oft mussten sich Gemeindeglieder frühmorgens bei den staatlichen Verkaufsstellen für den privaten Baubedarf anstellen – häufig auch vergeblich. Es grenzte an Wunder, dass die erforderlichen Materialien immer irgendwie beschafft werden konnten.

Da derartige Bauten in der Regel als „Initiativvorhaben" eingeordnet waren, gab es auch keine Firma, die mit den Bauarbeiten beauftragt werden konnte. Die Gemeindeglieder mussten selbst Hand anlegen. Das konnten sie aber meist nur nach Feierabend oder an Sonntagen. Ungeachtet dieser Schwierigkeiten blieb kein Bauvorhaben der Adventgemeinde unvollendet!

Wenn es um Ausbauarbeiten ging, gelang es mitunter, private Handwerksbetriebe zu gewinnen, die zwei bis drei Arbeiter beschäftigten und in der Hand von Christen waren. Nicht selten erlebte man, dass ein Handwerker, der bereit war zu helfen, sich selber als heimlicher Christ bezeichnete. Unterschiedliche Konfessionen waren so gut wie nie hinderlich. Zuweilen war ein Handwerker auch SED-Mitglied, aber dennoch bereit, Adventisten zu unterstützen, natürlich ohne dass es bekannt werden durfte. Angesichts solcher Probleme zog sich ein Bau oft über Jahre hin. Umso dankbarer war dann die Gemeinde, wenn sie endlich ihr eigenes Haus beziehen konnte. Jedes in dieser Zeit neu gebaute Gemeindezentrum war ein Wunder. Man war dankbar für die Hilfe, die auch von anderen Christen geleistet wurde, und zugleich bereit, dort anderen zu helfen, wo es möglich war.

Um Gemeinden, die keine oder nur wenige Handwerker unter ihren Gliedern hatten, bei notwendigen Bauvorhaben zu unterstützen, aber auch, um größere Objekte bewältigen zu können, stellten die zuständigen Vereinigungen eigene Baubrigaden mit 5 bis 8 Beschäftigten auf. Außerdem stellte der Verband einen erfahrenen Bauingenieur ein, der die notwendige fachliche Beratung und Kontrolle ausübte sowie die Bauvorhaben koordinierte.

Heute kann sich kaum noch jemand vorstellen, wie es trotz der vielfachen Behinderungen möglich war, dass während der DDR-Zeit durch den Umbau und Ausbau von beschädigten Gebäuden oder durch Neubauten mehr als 50 neue Gemeindehäuser entstanden.

Da die Wirtschaft der DDR zunehmend auf Devisen angewiesen war, versuchte man staatlicherseits immer neue Quellen anzuzapfen. So wurde im Jahr 1981 in einer Anordnung verfügt, dass alle kirchlichen Bauvorhaben und Baumaßnahmen, die einen Wert von 50 000 Mark überschreiten, in Valuta zu bezahlen seien. Bislang waren alle Neubauten, Reparaturen und Ausstattungen ausschließlich durch Mittel der Gemeinschaft in der DDR finanziert worden.

Als die Gemeinschaftsleitung durch die Dienststelle des Staatssekretärs für Kirchenfragen über diese Regelung informiert wurde, erhob sie dagegen sogleich Einspruch. Zur Begründung verwiesen wir darauf, dass die Adventgemeinde durch Bildung einer eigenständigen Verwaltung für das Territorium der DDR bereits bald nach Gründung der DDR den politischen Realitäten Rechnung getragen hatte. Darum sei es ausgeschlossen, die adventistischen Gremien außerhalb der DDR um finanzielle Beihilfe für Kirchenbauten in der DDR zu bitten. Abgesehen davon könne dadurch die organisatorische Eigenständigkeit untergraben werden.

Der Einspruch wurde weder schriftlich noch mündlich beantwortet, es konnten aber weiterhin bis zum Ende der DDR alle Bauvorhaben mit DDR-Währung finanziert werden.

Kapitel 7

Die Bedeutung Friedensaus für die Adventgemeinden in der DDR

Friedensau besteht bereits seit über 100 Jahren. Es war ein Wagnis des Glaubens, als 1899 die Leitung der etwa 2000 Adventisten in Deutschland 35 Kilometer östlich von Magdeburg ein Anwesen von 35 Hektar Größe kaufte, das damals „Klappermühle" genannt wurde, um eine Ausbildungsstätte für Prediger und Missionare für die Gemeinden in Mittel- und Osteuropa zu schaffen. Noch im gleichen Jahr wählte man als Ortsnamen „Friedensau".

Zu Friedensau gehörte eine Landwirtschaft, eine Gärtnerei und Handwerksbetriebe. Die Arbeit in diesen Bereichen bot den Schülern die Möglichkeit, die Kosten für ihre Ausbildung und ihren Unterhalt zu verdienen. Zudem erlangten sie Fähigkeiten, die ihnen für ihre Persönlichkeitsentwicklung und für ihren späteren Dienst nützlich waren.

Friedensau entwickelte sich so rasch, dass bereits 1910 mehr als 200 junge Leute aus Europa dort ihre Ausbildung erhielten. Der erste Weltkrieg brachte alledings eine Unterbrechung mit sich, denn in den Friedensauer Gebäuden wurde ein Lazarett eingerichtet. 1919 wurde ein neuer Anfang gewagt. Am 1. Oktober wurde der reguläre Lehrbetrieb mit 60 Schülern im Missionsseminar wieder aufgenommen.

Das schnelle Wachstum der Adventgemeinden in Deutschland nach dem ersten Weltkrieg gab den Anstoß dafür, dass weitere Ausbildungsprogramme angeboten werden konnten, unter anderem ein hauswirtschaftlicher und ein kaufmännischer Lehrgang, eine

Die Adventgemeinde in der DDR

Krankenschwesternvorschule sowie eine sechsjährige Lehrerausbildung. 1925/26 erreichten die Friedensauer Ausbildungsstätten mit 240 Schülern den höchsten Stand.

Friedensau gehörte verwaltungsmäßig zur Stadt Möckern. Der zuständige Landrat regte 1922 an, Friedensau sollte ein eigenständiger kommunaler Ort im Kreis Burg werden. Dies wurde verwirklicht.

Die nationalsozialistische Herrschaft ab 1933 brachte auch für Friedensau einschneidende Veränderungen. Man wollte mit allen Mitteln Friedensau für sich nutzen und versuchte unter anderem mittels einer Prüfung durch die Finanzbehörden, die 14 Tage dauerte, einen Vorwand zu finden, um Friedensau zu enteignen. Die Gemeinschaft setzte alles daran, um diesen Ort mit den für sie wichtigen Ausbildungsstätten zu erhalten.

Als 1939 der Zweite Weltkrieg ausbrach, wurden etwa die Hälfte der Predigerschüler, mehrere Lehrkräfte und Angestellte sofort einberufen. 1943 beschlagnahmte die Wehrmacht die Hauptgebäude Friedensaus und richtete dort ein Lazarett ein. Jeglicher Unterricht musste eingestellt werden.

Um notwendige Arbeiten in der Landwirtschaft und den kommunalen Einrichtungen zu verrichten, wurde 1943 auch der Einsatz von Kriegsgefangenen verfügt. Aus dem Lager Altengrabow wurden 15 Holländer nach Friedensau abkommandiert. Die menschenfreundliche Behandlung und gute Versorgung der Kriegsgefangenen war für die Friedensauer eine Selbstverständlichkeit. Man begegnete ihnen offen, und manche Freundlichkeit wurde ihnen unter der Hand erwiesen – was eigentlich strafbar war. Später schrieben einige der ehemaligen Gefangenen nach Friedensau und kamen sogar zu Besuch. Einer von ihnen bekannte: „Wir hätten Deutschland und die Deutschen so gehasst, wie man überhaupt nur hassen kann, wenn wir nicht Friedensau kennengelernt hätten."[1]

---

[1] Angeführt in einem Bericht von Margarethe Undritz und Christa Vogel „Friedensau in den Kriegsjahren", hinterlegt im Historischen Archiv der STA in Europa, Sitz Friedensau.

Friedensau unter der sowjetischen Besatzung

Wenige Tage vor Kriegsende besetzten sowjetische Kampftruppen Friedensau und richteten ein Militärlazarett ein. Die Bewohner des Altersheimes wurden für mehrere Monate nach dem 30 Kilometer entfernten Vogelsang evakuiert. Die Gemeinschaftsleitung bat 1946 die sowjetischen Militärbehörden um die Genehmigung zur Wiederaufnahme des theologischen Lehrbetriebs, jedoch vergeblich. Anders als seine Vorgänger bemühte sich der letzte russische Militärkommandant um ein gutes Verhältnis zu Friedensau. Durch seine Vermittlung gelang es Anfang 1947, Verbindung zu Oberst Tjulpanow in der Kulturabteilung der sowjetischen Militäradministration aufzunehmen. Nach der Auflösung des Lazaretts im April wurde schließlich im Mai 1947 die Genehmigung zur Wiedereröffnung des Missionsseminars erteilt. Sie wurde anschließend von Dr. Hübener, dem ersten Ministerpräsidenten der provisorischen Provinzialregierung von Sachsen-Anhalt, bestätigt.

Damit war Friedensau die erste konfessionelle Bildungseinrichtung nach dem Zweiten Weltkrieg, die von der sowjetischen Administration die Erlaubnis zur Wiederaufnahme der theologischen Ausbildung von Predigern erhielt. Im Rückblick ist es umso erstaunlicher, denn aus den erst vor wenigen Jahren freigegebenen Geheimdokumenten der Militärverwaltung in Berlin-Karlshorst geht hervor, dass diese Entscheidung von Oberst Tjulpanow den Direktiven widersprach, die von Moskau bezüglich der Kirchenpolitik in der Sowjetischen Besatzungszone gegeben worden waren.[2]

Die Genehmigung zur Wiederaufnahme der Predigerausbildung durch die sowjetische Militäradministration vor Gründung der DDR im Oktober 1949 erwies sich später für das Seminar gleichsam als Faustpfand, insbesondere wenn von Seiten des Ministeriums für das Hoch- und Fachschulwesen oder von anderen Behörden versucht wurde, Einfluss auf den Schulbetrieb zu nehmen. Mit dem

---

[2] Siehe den Artikel „Freigabe der Gebäude 1947 war einmalig für die sowjetische Militäradministration"; *Volksstimme*, Magdeburg, 9. Juli 1997.

Hinweis, dass das Seminar durch die Sowjetische Militäradministration genehmigt worden war, konnten vier Jahrzehnte lang alle derartigen Bestrebungen abgewiesen werden.

Durch die russische Besetzung waren die meisten Gebäude in Friedensau in einem verheerenden Zustand. Fast das gesamte Inventar war geplündert oder demoliert worden. Dennoch wurde der Lehrbetrieb bereits am 1. Juli 1947 wieder aufgenommen. Walter Eberhardt wagte als Schulleiter mit fünf Lehrkräften und 18 jungen Erwachsenen, fast ausnahmslos Kriegsteilnehmer, den dritten Neuanfang in der Geschichte Friedensaus. „Das erste Jahr war ein Kampf ums nackte Leben ... Mangel an Lehr- und Lernmitteln, stundenlange Stromsperren, ungenügende Beheizung, spartanisch eingerichtete Zimmer ... und das alles bei einer mageren Kost", berichtet Walter Eberhardt später.[3]

Die Predigerausbildung war für die Gemeinschaft in Ostdeutschland dringend erforderlich. Weil im Krieg viele Prediger gefallen waren, musste ein einzelner nun oft fünf oder mehr Gemeinden betreuen. Prediger, die in den an Polen abgetretenen Ostgebieten gearbeitet hatten, waren zumeist nach Westdeutschland abgewandert, sofern sie den Krieg überlebt hatten.

Der Weitsicht der Verantwortlichen in der Gemeinschaft und am Seminar in Friedensau war es zu verdanken, dass man in dieser Notsituation keine Zuflucht zu einem Schnellkurs nahm, um den Bedarf an Predigern zu decken, sondern von Anfang an das Ziel verfolgte, eine vierjährige Predigerausbildung anzubieten.

Obwohl die kommunale Eigenständigkeit Friedensaus Vorteile mit sich brachte, bereiteten die Direktiven der Besatzungsbehörden auch gewisse Probleme. Für den 27. Januar 1946 wurden kommunale Wahlen angeordnet. Der Gemeindevertretung mussten jedoch Vertreter aus den Arbeiterparteien angehören. Unter denen, die während der Kriegswirren in Friedensau eine Bleibe gefunden hatten, war einer, der 1945 der neu gegründeten KPD, und ein anderer, der der SPD beigetreten war. Beide wurden in den Gemeinderat

---

[3] W. Eberhardt im Tagungsbericht des Verbandsausschusses vom 18.–22. Dezember 1949.

Die Bedeutung Friedensaus für die Adventgemeinden

gewählt, blieben jedoch nur etwa zwei Jahre dessen Mitglieder. Durch die Zwangsvereinigung von KPD und SPD im Sommer 1946 gehörten sie dann der SED an. Der Bürgermeister war parteilos. Nach der Gründung der DDR 1949 gehörte kein SED-Mitglied mehr dem Gemeinderat an.

Die Friedensauer Bürgermeister als Staatsangestellte

Da die Adventisten von Anfang an das Prinzip der strikten Trennung von Kirche und Staat betonten, praktizierten sie es auch in Friedensau. Weder die Gemeinschaftsleitung noch die Leiter der Friedensauer Institutionen oder gar die örtliche Adventgemeinde waren zu irgendeiner Zeit gegenüber der kommunalen Verwaltung in Friedensau weisungsberechtigt. Stets gab es aber ein für beide Seiten nützliches Miteinander.

Selbst unter schwierigen Bedingungen – sowohl in der Nazizeit als auch unter der DDR-Regierung – konnten die Bürgermeister und die Gemeindevertreter von den Friedensauer Bürgern gewählt werden. Klugheit und Weitblick ermöglichten es, sich gegen jede Beeinflussung von außen abzugrenzen.

Normalerweise mussten in der DDR die zu wählenden Gemeindevertreter irgendeiner Partei oder Massenorganisation angehören. In Friedensau aber fand man immer Lösungen auch außerhalb der Zugehörigkeit zur SED und den Blockparteien. So konnten Friedensauer Bürger beispielsweise auf der Liste der „Konsumgenossenschaft" kandidieren, denn in Friedensau gab es eine Konsum-Verkaufsstelle. Andere wählten als Kandidaten die Liste des Freien Deutschen Gewerkschaftsbundes; auch die Gegenseitige Bauernhilfe oder der Kulturbund wurden anerkannt. Es war sogar denkbar, sich als Parteiloser aufstellen zu lassen, sofern genügend Kandidaten da waren, die für eine der Massenorganisationen kandidierten.

In den vierzig Jahren waren die Bürgermeister stets Glieder der Adventgemeinde Friedensau. Keiner von ihnen war Mitglied irgendeiner Partei. Das war einmalig im Bezirk Magdeburg, wahrscheinlich sogar in der ganzen DDR.

Es war aber nicht leicht, Kandidaten für das Bürgermeisteramt zu gewinnen. Keiner bewarb sich um diese Aufgabe auf dem politischen Parkett, denn mit seiner Wahl wurde der Betreffende Staatsangestellter der DDR. Als Adventist aber war er gefordert, zuerst die Interessen der Gemeinschaft zu vertreten. Diese Spannung zu bewältigen, war zuweilen nicht leicht.

In Anbetracht der besonderen Situation Friedensaus räumte die Kreisverwaltung Burg der Gemeinschaftsleitung ein, einen Kandidaten vorzuschlagen. Die Suche nach einer geeigneten Person musste mitunter auf die Adventgemeinden im ganzen Land ausgeweitet werden. In jedem Fall aber prüfte die Kreisverwaltung die politische Zuverlässigkeit des Kandidaten, ehe er von den Friedensauer Bürgern gewählt werden durfte. Wenn niemand gefunden worden wäre, hätte die Kreisverwaltung von sich aus einen Kandidaten aufgestellt, wie es mitunter in anderen Kommunen geschah. Das aber wollte man in Friedensau unter allen Umständen vermeiden.

Friedensauer Bürgermeister bemühten sich stets, einen annehmbaren und respektierten Weg bei den jährlichen Staatsfeiertagen (1. Mai – Tag der Arbeit, 8. Mai – Tag der Befreiung von der Naziherrschaft, 7. Oktober – Tag der Republik) zu finden, besonders, wenn sie auf einen Sabbat fielen. In Friedensau gab es an diesen Feiertagen keinen der obligatorischen Aufmärsche oder Festveranstaltungen mit Parteirednern. Dafür wurden ein Kinderfest, ein Frühlingsfest oder ein Musikprogramm anberaumt. Mitunter war bei solchen Gelegenheiten auch der jeweilige Referent für Kirchenfragen der Kreisverwaltung anwesend, um festzustellen, ob die Friedensauer die Staatsfeiertage auch beachteten. Die Referenten für Kirchenfragen standen Friedensau meist tolerant gegenüber und man hatte den Eindruck, dass sie froh waren, wenn sie einen guten Bericht abliefern konnten. An Staatsfeiertagen war Beflaggung Pflicht. In Friedensau hingen jedoch keine Fahnen an den Häusern, wie sonst überall in der DDR gefordert – außer an drei Stellen: am Bürgermeisteramt, vor dem Seminar und vor dem Altersheim.

Die Bedeutung Friedensaus für die Adventgemeinden

In der DDR lief nichts ohne die Planwirtschaft. Jeder Ort und jeder Betrieb hatte alljährlich Volkswirtschaftspläne und Perspektivpläne an die übergeordnete Dienststelle einzureichen. Diese Pläne waren verbindlich. Auf Grund solcher Planvorgaben wurden von der Planungskommission Materialzuweisungen ausgestellt. Ohne solche Bescheide war es zum Beispiel unmöglich, Baumaterialien, Kunstdünger oder andere Rohstoffe zu bekommen. Die Landwirtschaft in Friedensau mit ihren 75 Hektar Nutzfläche aber war darauf angewiesen – bis zu ihrer Verpachtung an die Landwirtschaftliche Produktionsgenossenschaft Theeßen.

Die Bürgermeister Friedensaus waren stets bemüht, die geforderten Wirtschaftspläne termingerecht einzureichen. Das war nicht sehr arbeitsaufwändig; denn der Ort hatte nur einen Betrieb: die „Friedensauer Anstalten", in denen alle Institutionen wie das Predigerseminar, das Altersheim, das Rüstzeit- und Erholungsheim, die Landwirtschaft, die Gärtnerei und die Handwerksabteilungen zusammengefasst waren.

Rechtsträger für alle Friedensauer Grundstücke und Gebäude war der 1900 gegründete eingetragene „Deutsche Verein für Gesundheitspflege e.V. (DeVauGe). Er wurde nach langwierigen Verhandlungen 1959 in den Verein „Anstalten der Gemeinschaft der Siebenten-Tags-Adventisten in der Deutschen Demokratischen Republik (e.V.)" umgewandelt. Durch die Erweiterung der bisherigen Satzung im Jahre 1959 wurde der Gemeinschaft der Siebenten-Tags-Adventisten in der DDR fortan die Möglichkeit gegeben, Grundstücke und Gebäude zu gottesdienstlichen Zwecken zu erwerben. Wohl hatte der Ostdeutsche Verband bereits 1946 einen Antrag auf Körperschaftsrechte gestellt; jedoch wurden solche Rechte in der DDR Kirchen grundsätzlich nicht mehr neu erteilt, ebenso wurden ihnen keine Vereinsrechte gewährt. So erwies sich diese Satzungserweiterung als brauchbare Interimslösung für die Gemeinschaft, bis sie schließlich 1974 selbst Rechtsträger wurde. (Näheres dazu siehe S. 146.)

Die Wirtschaftspläne waren letztlich alle auf Friedensau in seiner Gesamtstruktur zugeschnitten und brachten obendrein einen ideellen Nutzen: Friedensau galt in den Augen der Kreisverwaltung vorbildlich in Aufstellung und Verwirklichung der Pläne. Als Folge beneideten Bürgermeister aus den Nachbarorten mitunter den Friedensauer Kollegen. Sie meinten, er habe es gut, denn alle seine Bürger seien ja „Glaubensgenossen".

Natürlich hatte die Eigenständigkeit Friedensaus als Kommune auch Nachteile. Nach Auffassung der sozialistischen Behörden waren wir als konfessionelle Institution eine private Einrichtung. So erhielt Friedensau in der Regel nur dann Materialzuweisungen, wenn es Überplanbestände gab. Darunter litten besonders die Einrichtungen der Friedensauer Betriebshandwerker (Schlosserei, Tischlerei, Wäscherei usw.).

Der Dienst Friedensaus an der Gesellschaft

In der DDR waren ständig und überall gesellschaftliche Aktivitäten gefordert. Friedensau bemühte sich, einen angemessenen Beitrag zu leisten. Es gab einen Zug des „Roten Kreuzes", der zeitweise bis zu hundert Mitglieder hatte. Die Freiwillige Feuerwehr rückte auch zu Bränden in Nachbarorte aus, denn sie hatte einen guten Ruf: In Wettbewerben wurde sie dreimal Kreissieger.

Friedensau stellte Räumlichkeiten und Helfer für Kinderferienlager zur Verfügung, die in den 50er-Jahren jeweils im Sommer mit bis zu 50 Teilnehmern von der Gewerkschaft organisiert wurden. Friedensauer Studenten setzten sich im Herbst als Erntehelfer in benachbarten Produktionsgenossenschaften ein.

Das Friedensauer Altersheim, das es seit 1907 gab, wurde nach einer Generalinstandsetzung, die vorwiegend von eigenen Handwerkern ausgeführt wurde, zu einem Vorzeigeobjekt im Kreis. Die Gemeinschaft brachte jährlich beträchtliche finanzielle Zuschüsse dafür auf, da die Aufnahme als Heimbewohner nicht von der Höhe der Rente abhängig gemacht wurde. Nach Verhandlungen mit der Abteilung Sozialwesen beim Bezirk Magdeburg wurden schließlich ab März 1972 auch dem Friedensauer Altersheim die staatlichen Zuschüsse gezahlt, die sonst üblich waren. Zu seinem guten Ruf trugen vor allem die vorbildliche Pflege und die gute Versorgung der etwa 110 Heimbewohner bei.

All das bewirkte, dass die Bewohner Friedensaus im Kreis Burg vornehmlich positiv bekannt waren, wenn auch ihre Glaubensüberzeugung in einer atheistischen Gesellschaft als rückständig eingeschätzt wurde. Allerdings hatte die SED-Kreisparteileitung große Sorgen, dass die positive Bewertung Friedensaus den Ruf der Adventisten fördern könnte. Es dürfe „keine Überbewertung der Leistungen auf den einzelnen Gebieten geben, weil jede Unterstützung eine Förderung der Sekte bedeutete."[4]

Die Entwicklung des Theologischen Seminars

Die Ausbildung von Predigern war unbestritten der wichtigste Beitrag, den Friedensau in der Nachkriegszeit für die Gemeinschaft der Siebenten-Tags-Adventisten in der DDR geleistet hat. Nach dem Studienjahr 1956/57 hatten nahezu 100 dort ausgebildete Prediger ihren Dienst in den ostdeutschen Gemeinden aufgenommen. Annähernd 70 Prozent hatten ihre Schulausbildung in der Nachkriegszeit beendet. Dies hatte eine starke Verjüngung der Predigerschaft in der DDR zur Folge.

Die jungen Prediger zeichneten sich durch Toleranz und Offenheit aus. Trotz eindeutiger Identifikation mit der adventistischen Theologie hatten sie keine Berührungsängste gegenüber Pastoren anderer Konfessionen und auch nicht gegenüber den Vertretern der marxistischen Weltanschauung. Das kam ihnen und den Gemeinden zugute, besonders hinsichtlich der wachsenden interkonfessionellen Kontakte in der DDR.

Um die Prediger in den Gemeinden von der umfangreichen Kinder- und Jugendarbeit zu entlasten, wurde am Seminar von 1968 bis 1974 auch eine dreijährige Ausbildung für Predigtamtshelferinnen eingerichtet. Sie versahen in größeren Gemeinden einige Jahre

---

[4] Auszug aus einer Arbeitsanweisung der SED-Kreisleitung Burg, Landeshauptarchiv Magdeburg, Bestände Rep C28 II Nr. 3299 Bd. I; Rep P SED KL Burg, IV/4/1/58.

lang einen wichtigen Dienst. Fast alle heirateten und konnten dann in der Regel durch die neuen Verpflichtungen in der Familie und Kindererziehung ihre Aufgaben im Predigtdienst nicht weiterführen.

Durch Kontakte zu theologischen Ausbildungsstätten anderer Konfessionen, durch die Fortbildung der Lehrkräfte sowie durch die Neuprofilierung der Lehrpläne am Seminar gelang es, das Ausbildungsniveau zu heben. So konnte das Predigerseminar 1981 in ein Theologisches Seminar umgewandelt werden.

Interkonfessionelle Kontakte der Friedensauer Dozenten bahnten auch den Weg für Einladungen zu Gastvorlesungen. Sie wurden von Professoren der Theologischen Fakultäten der Universitäten, Bischöfe und Präsidenten von Freikirchen und von Wissenschaftlern verwandter Fachgebiete gehalten. Das begann in den 60er-Jahren zunächst gelegentlich und gehörte seit 1983 in der Regel je einmal im Trimester zu den Lehrveranstaltungen. Anschließend fanden Diskussionen statt.

Mit dem Besuch waren am Nachmittag Begegnungen mit Dozenten des Seminars verbunden sowie ein Rundgang durch den Ort. So lernten die Gäste, unter ihnen leitende Geistliche der beiden großen Kirchen, der Freikirchen und Religionsgemeinschaften sowie der Landesrabbiner der Jüdischen Gemeinde Friedensau kennen.

Als im August 1971 Generalkonferenzpräsident Robert Pierson anlässlich seines Besuchs in der DDR auch in Friedensau war, regte er an, auch Studenten aus sozialistischen Staaten und Ländern der Dritten Welt aufzunehmen. Er begründete das unter anderem damit, dass Friedensau räumlich so viele Möglichkeiten habe, sodass es schade wäre, wenn nur die Gemeinden in der DDR davon Nutzen hätten.

An Fachschulen und Universitäten der DDR studierten zunehmend Angehörige osteuropäischer Staaten sowie aus Ländern der Dritten Welt, die mit der DDR diplomatische Beziehungen unterhielten. Diese Studenten belegten vorwiegend technische, naturwissenschaftliche und medizinische Studiengänge. Voraussetzung war, dass sie von ihrem Heimatstaat delegiert wurden. Sie erhielten

Die Bedeutung Friedensaus für die Adventgemeinden

sogar ein Stipendium, das unter dem Motto „Sozialistische Bruderhilfe" lief.

Die Gemeinschaftsleitung begann auszuloten, ob es auch möglich wäre, jungen Adventisten aus dem Ausland ein Theologiestudium anzubieten, sofern sie in ihrer Heimat keine Möglichkeit dazu hatten. Damit würde den Adventgemeinden in osteuropäischen und afrikanischen Ländern geholfen werden. Speziell in diesen Ländern wurden Dozenten beim Aufbau eigener theologischer Ausbildungsstätten sowie Pastoren für leitende Aufgaben dringend gebraucht.

Nach längeren Verhandlungen mit der Dienststelle des Staatssekretärs für Kirchenfragen, wurden die notwendigen Einreisevisa erteilt. Schließlich konnten 1981 die ersten Studenten aus sozialistischen Ländern – zunächst aus der Sowjetunion, aus Angola und Mozambique – ihre Ausbildung in Friedensau aufnehmen. Für die Seminarleitung war das aber auch eine diffizile Angelegenheit, denn einerseits sollten die Behörden so wenig Einblick wie möglich in unsere Lehrpläne erhalten, andererseits wollten sie natürlich wissen, was in Friedensau geschah. Einige Studenten aus sozialistischen Ländern mussten sich in gewissen Abständen bei ihren diplomatischen Vertretungen in Ost-Berlin melden, um neben der Verlängerung ihrer Visa auch über den Fortgang des Studiums zu berichten.

Im letzten Jahrzehnt der DDR konnten jährlich 15 bis 20 ausländische Studenten ein Vollstudium in Friedensau absolvieren. Das war etwas Außergewöhnliches in der DDR. Natürlich benutzten die Behörden dieses Entgegenkommen auch, um zu demonstrieren, wie viel Verständnis der sozialistische Staat den Freikirchen entgegenbrachte.

Die Finanzierung der Ausbildung einschließlich der Stipendien wurde von der Gemeinschaft in der DDR getragen. Um unabhängig zu bleiben, wurde auf alle finanziellen Mittel verzichtet, die der Staat anderwärts für ausländische Studenten in der DDR gewährte.

Die Aufnahme von Studenten im Internat aus anderen Kulturen mit unterschiedlichen Lebensgewohnheiten brachte auch soziale

Probleme mit sich. Doch die nötige Rücksichtnahme sowie die gegenseitige Anpassung erwiesen sich letztlich für beide Seiten als Gewinn.

Mit der Studienreform im Jahr 1983 begann das Theologische Seminar Friedensau unter Beibehaltung der adventistischen Identität, eine Angleichung an das Niveau des Theologiestudiums an den Universitäten anzustreben. Zugleich wurde ein obligatorisches Sozialpraktikum für die Theologiestudenten eingeführt. Während der Ausbildung sollte in der veranstaltungsfreien Sommerzeit mindestens vier Wochen gearbeitet werden, entweder in der Behinderteneinrichtung der Evangelischen Kirche in Neinstedt am Harz oder im Altersheim Friedensau. Auch die ausländischen Studenten waren dazu verpflichtet. Für das abgeleistete Praktikum wurde eine Beurteilung ausgestellt. Dieses Sozialpraktikum erwies sich als wertvolle Ergänzung der Theologieausbildung.

Im Zuge dieser Profilierung wurde das Studienjahr auf Trimester umgestellt. So konnten die Studenten einige Unterrichtsbereiche schneller abschließen; außerdem bot sich für die Dozenten die Möglichkeit, für jeweils ein Trimester vom Lehrbetrieb freigestellt zu werden, um postgraduale Studien aufzunehmen. Sie erfolgten an der Universität Halle, am adventistischen Newbold-College in England oder an der Andrews-Universität in den USA. So wurde die erforderliche Fortbildung des Lehrkörpers gewährleistet.

Vor allem wegen der ausländischen Studenten suchte die Seminarleitung nach Wegen für eine Akkreditierung des Abschlusses der Predigerausbildung. Zu diesem Zweck setzte ich mich als Direktor des Seminars mit der Erziehungsabteilung der Generalkonferenz in Verbindung. Nach weiteren Ergänzungen im Ausbildungskonzept und einer gründlichen Evaluation durch eine Kommission der Generalkonferenz wurde 1984 die Akkreditierung erteilt. Damit war die Predigerausbildung in Friedensau universitär anerkannt und ermöglichte weitere Studien an Universitäten. Unter den damaligen Gegebenheiten war dies etwas Einmaliges, das es nach DDR-Gesetzen eigentlich nicht geben durfte.

Die Bedeutung Friedensaus für die Adventgemeinden

Ausgelöst durch die politische Wende im Herbst 1989 wurde im Frühjahr 1990 von der Übergangsregierung unter Lothar de Maizière die staatliche Anerkennung kirchlicher Bildungseinrichtungen in Aussicht gestellt, die von der DDR zwar toleriert, aber nicht anerkannt waren, sofern die Studiengänge die dafür notwendigen Voraussetzungen erfüllten. Das veranlasste die Seminarleitung im Juni 1990 nach Konsultationen mit der Leitung der Euro-Afrika-Division, einen Antrag auf staatliche Anerkennung zu stellen. Die notwendige fachliche Beratung gab Prof. Dr. Hans Ludwig Schreiber, damals Minister für Kultur und Wissenschaften in Niedersachsen.

Nach eingehender Prüfung durch das Ministerium für Bildung und Wissenschaft der DDR-Übergangsregierung und dem Votum der Hochschulrektoren-Konferenz erhielt das Theologische Seminar Friedensau am 5. September 1990 die staatliche Anerkennung als Theologische Hochschule, die nach der Wiedervereinigung durch die Landesregierung von Sachsen-Anhalt bestätigt wurde.

Um das Vertrauen zwischen dem Theologischen Seminar und den Gemeinden zu fördern, legte die Seminarleitung Wert darauf, dass die Dozenten wie auch Studentengruppen in regelmäßigen Abständen die Gemeinden besuchten. Sie berichteten vom Geschehen in Friedensau und vom Seminar und standen den Gemeindegliedern Rede und Antwort. Jede theologische Ausbildungsstätte, gleich welcher Konfession, muss sich ständig kritischen Fragen aus den Gemeinden stellen.

Da und dort gab es in Gemeinden Stimmen, die befürchteten, dass das adventistische Erbe in Friedensau nicht konsequent bewahrt und adventistische Theologie nicht ihrer Bedeutung entsprechend dargestellt würde. Andere wiederum hielten Friedensau für allzu offen gegenüber anderen Konfessionen. Doch das war stets eine Minderheit. Die große Mehrheit kannte und schätzte Friedensau aus eigenem Erleben als vertrauenswürdige Institution, treu den eigenen Überzeugungen und zugleich weltoffen, wie es der theologischen Ausbildungsstätte einer Freikirche, als die wir uns sahen, zukommt.

Die Pflege der Musik in Friedensau

Schon in den Anfängen Friedensaus wurden Musik und Gesang gepflegt. Man wagte sich auch an größere Chorwerke. Diese Tradition wurde nach der Wiedereröffnung 1947 weitergeführt. Dr. Siegfried Lüpke[6] setzte sich neben seinem Lehrauftrag als Kirchengeschichtler dafür ein. Ein besonderes Erlebnis war 1950 die Aufführung des „Deutsches Requiems" von Johannes Brahms. An die Erstaufführung in Friedensau schlossen sich weitere Aufführungen in Burg, Leipzig und Halle an.

1961 gelang es, mit Wolfgang Kabus[7] einen profilierten Dozenten für Musik einzustellen. Während ihrer Ausbildung sollten die Studenten auch Kenntnisse und Verständnis für alte und neue geistliche Musik gewinnen. Fast ausnahmslos sangen sie im „Großen Chor". Selbst wenn sich mancher nicht für musikalisch hielt, war die Teilnehme am Chor Pflicht. Für Wolfgang Kabus war das eine große Herausforderung, denn von Jahr zu Jahr wechselte die Zusammensetzung des Chores.

Unter seiner Leitung gewann der Chor einen guten Ruf – auch in der Umgebung Friedensaus. Wenn größere Chorwerke mit Orchester aufgeführt wurden, waren das Höhepunkte im Schuljahr – so in der Adventszeit und zum Schuljahresabschluss. Besucher kamen aus umliegenden Orten, außerdem wurden die Chorwerke in den Kreisstädten Burg und Genthin, sogar in Magdeburg und Städten der weiteren Umgebung aufgeführt. Friedensau wurde auch durch diese Chorarbeit über seine Grenzen hinaus bekannt. Mit den Konzertveranstaltungen waren oft Andacht und Verkündigung verbunden. So legte der Chor mit der geistlichen Musik zugleich ein Zeugnis des Glaubens mitten in einer atheistischen Welt ab. Der

---

[5] Siegfried Lüpke (1903-1976), Dr. phil., Studium in Halle; Lehrer für Kirchengeschichte und Geschichte in Friedensau 1928-1934 und 1937-1940 (dazwischen Prediger in Leipzig und Halle); ab 1947 Lehrer für Geschichte, Kirchengeschichte und Englisch; Leiter des Predigerseminars Friedensau 1954-1968.

[6] Wolfgang Kabus (geb. 1936); Studium an der Staatlichen Hochschule für Musik in Leipzig; ab 1961 Dozent für Kirchenmusik am Predigerseminar Friedensau; 1996-2001 Professor für Kirchenmusik und Hymnologie an der Theologischen Hochschule Friedensau.

Einfluss der musikalischen Erziehung in Friedensau blieb auch nicht ohne Wirkung auf die Gemeinden in der DDR.

Einen wichtigen Beitrag zur musischen Erziehung leistete Wolfgang Kabus ebenfalls durch den „Diakonlehrgang Musik". In diesem einjährigen Ausbildungsprogramm erhielten nahezu 100 junge Leute Unterricht am Harmonium oder an der Orgel zur Begleitung des Gemeindegesangs wie auch zur Leitung eines Gemeindechores. Ferner gehörten in den Lehrplan praktische und theoretische Fragen der geistlichen Musik.

Seit Herbst 1955 bis zum Ende der DDR fand in der Friedensauer Aula zweimal im Jahr die „Stunde der Musik" statt, organisiert und veranstaltet von der „Konzert- und Gastspieldirektion" der DDR. Namhafte Künstlern des In- und Auslands boten Solo- und Kammerkonzerte sowie Liederabende. Und das ausgerechnet im kleinsten Ort des Landkreises! Versuche, diese Veranstaltungen in der Kreisstadt durchzuführen, waren wegen zu geringen Zuspruchs aufgegeben worden. Die Friedensauer Bürger dagegen waren sehr aufgeschlossen. Musikfreunde kamen auch aus den Nachbarorten zu diesen Veranstaltungen und spürten etwas von der Friedensauer Atmosphäre.

Diese wenigen Beispielen machen deutlich, dass die musikalische Arbeit in Friedensau eine enorme Breitenwirkung in den Adventgemeinden und in der Öffentlichkeit hatte.

Der Beitrag Friedensaus für die Adventgemeinden

Bereits ein Jahr nach Wiedereröffnung des Seminars begann man, 1948 jeweils im Sommer für die ehrenamtlichen Mitarbeiter in den örtlichen Adventgemeinden 10 bis 14-tägige Diakon-Kurzlehrgänge abzuhalten. Sie boten theologisches Rüstzeug sowie praktische Anleitung für den Dienst in den Gemeinden. Die Teilnehmerzahlen zeigten, dass man damit einem dringenden Bedürfnis entgegenkam. So waren es im Sommer 1952 mehr als 150 Gemeindeglieder, die ihre Urlaubszeit dazu verwendeten, dieses Angebot des Seminars zu nutzen.

Die Adventgemeinde in der DDR

1948 wurden am Missionsseminar auch einjährige Diakonlehrgänge eingeführt. Sie mussten unter dieser Bezeichnung laufen, da es kirchlichen Ausbildungsstätten nicht erlaubt war, berufsbildende Lehrgänge anzubieten. Jahr um Jahr ließen sich dafür 30 bis 40 junge Adventisten einschreiben. Die Teilnehmer konnten sich nicht nur für Bibelfächer entscheiden, die etwa die Hälfte der Lehrveranstaltungen ausmachten, sondern hatten auch die Möglichkeit, weitere Bereiche aus dem Lehrprogramm zu wählen. Das kam sowohl ihrer Mitarbeit in der Ortsgemeinde zugute als auch ihren handwerklichen beziehungsweise beruflichen Kenntnissen. Diese Männer und Frauen wurden nach Beendigung eines solchen Lehrgangs im Laufe der Jahre zum Rückgrat ihrer örtlichen Gemeinden.

1957 ging man das Wagnis ein, eine große Jugendbibelwoche in Friedensau durchzuführen. Zunächst mussten Einwände der Behörden ausgeräumt werden, denn man brauchte ja deren Genehmigung. Einige Fragen ließen sich erst wenige Tage vor Beginn klären, doch im Vertrauen auf Gott waren die Vorbereitungen bereits Monate zuvor angelaufen. Über 700 Teilnehmer kamen und waren zehn Tage beieinander. Am Wochenende waren es fast 1000 Besucher. Für die Versammlungen war ein großes Zelt errichtet worden.

Das Leitwort war: „Treu unserm Gott." Die Bezeichnung „Bibelwoche" sollte nicht bloß Aushängeschild sein. Täglich gab es ein Bibelstudium und ein Thema über Lebensfragen junger Menschen. Es wurde auch auf aktuelle Fragen aus Sicht der Bibel eingegangen. Zum Abschluss fand eine Taufe statt, in der 74 Jugendliche ihre Entscheidung zur Nachfolge Jesu besiegelten.

Natürlich waren in jenen Tagen auch inoffizielle Mitarbeiter des DDR-Staatsicherheitsdienstes präsent, um die Jugendlichen auszuhorchen. Damit war gerechnet worden. Teilnehmer, die von ihnen angesprochen wurden, waren klug genug, sich nicht auf verfängliche Fragen einzulassen. Sie kannten ja die Situation in der DDR.

Diese Jugendbibelwoche machte Mut, ähnliche Veranstaltungen für Jugendliche zu wagen. Die zweite unter dem Motto „Christus – unsere Zukunft!" fand 1972 mit 800 Teilnehmern, eine weitere 1980 mit etwa 1300 Teilnehmern statt.

DIE BEDEUTUNG FRIEDENSAUS FÜR DIE ADVENTGEMEINDEN

Da es in Friedensau auch ein Rüstzeit- und Erholungsheim gab, konnten Jahr für Jahr Tagungen und Lehrgänge für ehrenamtliche Helfer aus den Gemeinden durchgeführt werden. Außerdem wurden Bibelwochen für Familien, Rüstzeiten für Blinde und Fortbildungslehrgänge für Prediger durchgeführt. Vom 3.–13. Juli 1960 fand die erste gemeinsame Tagung aller Prediger der DDR statt. Allerdings waren die politischen Organe misstrauisch hinsichtlich solcher Zusammenkünfte. In einer Arbeitsanweisung der SED-Kreisleitung Burg hieß es: „Sollte im Verlauf der ersten Beratung der Prediger an einem Tage oder in den Gesprächen am Abend auch nur in einer Weise gegen unsere Republik aufgetreten werden, ist die Beratung sofort vom Rat des Kreises zu verbieten und die westdeutschen Prediger sind aus der Republik auszuweisen." [7]

1977 und 1980 fanden sogenannte Bibelkonferenzen mit ausländischen Referenten statt. Bei derartigen Veranstaltungen musste im Voraus ein detailliertes Programm bei den Behörden eingereicht werden. Da wir unsere Themen streng biblisch formulierten, gab es dagegen kaum Einwände. 1977 waren zur Bibelkonferenz auch Prediger aus benachbarten sozialistischen Ländern eingeladen. 1980 nahmen sogar auch Prediger aus Westdeutschland, Österreich und der Schweiz teil. Am Eröffnungsabend war dem Abteilungsleiter aus der Dienststelle des Staatssekretärs für Kirchenfragen, Dr. Wilke, ein Grußwort eingeräumt worden. Dies erwies sich als ein Schlüssel, der die Tür öffnete, auch künftig internationale theologische Konferenzen zu planen und durchzuführen.

1978 wurde ein dreijähriges Fernstudium für Gemeindehelfer und „Diener am Wort" (Laienprediger) eingerichtet. Jeweils drei Friedensauer Lehrkräfte engagierten sich dafür. Damit war ein umfangreicher Briefverkehr zur Durchsicht der Studienaufgaben verbunden. Im Gebiet der Vereinigungen wurden pro Jahr drei Konsultationen jeweils an einem Wochenende durchgeführt. Bei der abschließenden Konsultation in Friedensau am Ende dieses Studi-

---

[7] Landeshauptarchiv Magdeburg, Bestände Rep C28 II Nr. 3299 Bd. I; Rep P SED KL Burg, IV/4/1/58.

ums erhielten die Teilnehmer in einer Feierstunde ein Zeugnis über den erfolgreichen Abschluss dieser Ausbildung. Mehr als 400 Gemeindeglieder absolvierten in diesen Jahren mit erheblichem Zeitaufwand ein solches dreijähriges Fernstudium. Die positive Resonanz führte dazu, dass dieses „Friedensauer Fernstudium" ab 1993 auf ganz Deutschland ausgeweitet wurde. Erst aus der Rückschau ist zu ermessen, wie sehr diese umfassende Bildungstätigkeit die christlich-adventistische Identität der Gemeinden und ihrer Glieder gestärkt und sie dazu befähigt und ermutigt hat, ihre Glaubensüberzeugung im sozialistischen Alltag zu praktizieren. Friedensau war ein geistiges und geistliches Zentrum für die Gemeinden in der DDR. Sein guter Ruf wirkte sich auch positiv auf die rund 300 Adventgemeinden in der DDR aus.

Die Arbeit der Friedensauer Bildstelle

Bereits 1955 war der Anstoß zur Einrichtung einer Bildstelle in Friedensau gegeben worden. Eine Arbeitsgruppe produzierte Jahr für Jahr Farbdiaserien zur Unterstützung der evangelistischen Arbeit in den Gemeinden. Das Fernsehen war damals noch nicht das Massenmedium von heute, deshalb erwiesen sich die Tonbildserien als wirksame Unterstützung in der Evangelisation. Auch in Hauskreisen wurden diese Serien eingesetzt. Später kamen Tonbänder hinzu, die in einem eigens dafür eingerichteten Tonstudio erstellt wurden.

Ferner gab die Bildstelle zweimal jährlich die Serie „Adventgemeinde in Bild und Ton" heraus, die Bildberichte aus Gemeinden enthielt und von der Arbeit einzelner Adventisten berichtete. Jeweils acht Kopien dieser Tonbildserie konnten gemäß einem Vorführungsplan innerhalb von drei bis vier Monaten in allen Gemeinden gezeigt werden. Das war jahrelang ein Ersatz für eine Gemeindezeitschrift, denn erst 1979 wurde der Gemeinschaft dafür eine Lizenz erteilt. Durch diese Tonbildserien wurde unter den damaligen Gegebenheiten die Verbundenheit der Gemeinden untereinander gestärkt und Gemeindeglieder ermutigt.

Friedensaus „Öffentlichkeitsarbeit"

Auf Einladung der Gemeinschaft besuchte im Oktober 1971 der Vorsitzende der CDU Gerald Götting, damals Präsident der Volkskammer der DDR, in Begleitung des stellvertretenden Vorsitzenden der CDU, Wolfgang Heyl, die Friedensauer Einrichtungen. Auch Mitglieder des Verbandsausschusses der Gemeinschaft waren bei dieser Begegnung zugegen, bei der es zu eingehenden Gesprächen kam. Im Bericht einer Tageszeitung hieß es dazu: „Gerald Götting stellte ... mit großer Befriedigung fest, dass die Gemeinschaft der Siebenten-Tags-Adventisten mit ihrem Leben und ihrem Beispiel in überzeugender Weise die Übereinstimmung der christlichen Ethik und dem Bibelverständnis ihrer Gemeinschaft einerseits und unserer auf Frieden und Humanismus gegründeten Politik andererseits demonstriert."[8]

Vom Staatssekretariat für Kirchenfragen wie auch von den Behörden des Bezirks Magdeburg kam hin und wieder die Bitte, Besuchergruppen in Friedensau zu empfangen. Darunter war einmal sogar der Minister eines Landes der Dritten Welt. Man wollte am Beispiel Friedensaus demonstrieren, dass in der DDR durchaus Möglichkeiten für kirchliches Leben bestanden. Dies empfanden wir immer als eine Herausforderung, die beachtliches Fingerspitzengefühl erforderte, denn einerseits wollten wir den Besuchern gegenüber ehrlich bleiben, andererseits aber den Behörden keinen Vorwand geben, gegen Friedensau vorzugehen.

Etwa ein halbes Jahr vor der Wende 1989 führte die Verwaltung des Kreises Burg eine Bürgermeisterversammlung in der Friedensauer Aula durch. In einer Pause lud ich als Seminardirektor die Gäste – sie gehörten zur SED oder den Blockparteien – zu einem kleinen Orgelkonzert in die Kapelle ein. Das war überraschend für alle; denn dieser Plan war zuvor nur mit zwei Mitarbeiterinnen der Kreisverwaltung abgesprochen, die für die Organisation der Tagung verantwortlich waren. Man nahm das für eine Bürgermeisterver-

---

[8] „Geborgen in Glauben und Gesellschaft", *Neue Zeit*, 17. Oktober 1971.

sammlung außergewöhnliche Angebot an und kam in die Kapelle. Nur zwanzig Minuten standen zur Verfügung. Nach einer kurzen Einführung bot Wolfgang Kabus vier Orgelstücke dar, dazwischen gab ich kurze Erklärungen über den Kern des christlichen Glaubens. Für die meisten war das neu. Beeindruckt von diesem „Gottesdienst" verließen die Mitarbeiter der kommunistischen Kreisverwaltung samt ihren Bürgermeistern still die Kapelle.

Friedensau – ein Wunder des Glaubens

Es ist eindeutig, dass viele Aktivitäten der Gemeinschaft der Siebenten-Tags-Adventisten in den vierzig Jahren der DDR ohne Friedensau und seine Einrichtungen nicht denkbar gewesen wären. Bedingt durch die Ortslage in der Abgeschiedenheit der Wälder des Jerichower Landes fürchteten die DDR-Behörden vermutlich nicht, dass das, was in Friedensau geschah, größere Öffentlichkeitswirkung haben könnte.

Der Segen Friedensaus für die Adventgemeinden in der DDR war unübersehbar gewesen. Von höherer Warte aus betrachtet erwies sich Friedensau mitten in einem sozialistischen Staat als ein Wunder des Glaubens, so wie es das von Anfang an war. Friedensau war in den vierzig Jahren des Sozialismus das geistlich-geistig-kulturelle Zentrum der Adventgemeinden in der DDR. Als es 1992 auf beiderseitigen Wunsch zur Vereinigung der Gemeinschaft in der DDR mit dem Westdeutschen Verband kam, brachte der Osten, der nicht allzu reich an materiellen Werten war, ein Juwel mit, das durch Gottes gnädige Bewahrung, aber auch mit viel Liebe und Hingabe durch eine schwere Zeit hindurch gerettet worden war: Friedensau. Als staatlich anerkannte Hochschule mit den Zweigen Theologie, Sozialwissenschaften und Musik und neu geschaffenen Einrichtungen übt es heute weit über die Grenzen der ehemaligen DDR hinaus nicht nur auf die Adventgemeinden einen positiven Einfluss aus.

Kapitel 8

Wechselbäder in der Kirchenpolitik des DDR-Regimes

Im Verhältnis des DDR-Regimes zu den Kirchen sind unterschiedliche Phasen zu erkennen. In den ersten Nachkriegsjahren betrieben die sowjetischen Militärbehörden und auch die aus Moskau zurückgekehrten deutschen Kommunisten eine eher tolerante Kirchenpolitik. Es war ja bekannt, dass nicht nur Kommunisten, sondern auch Christen in den Konzentrationslagern der Nazis gelitten hatten.

So erklärte Wilhelm Pieck, Vorsitzender der SED, im Oktober 1946: „Die SED legt den größten Wert auf eine enge Zusammenarbeit mit den Kirchen im Sinne der Demokratisierung und Wiederherstellung der nationalen Einheit." Man vertrat anfangs die Ansicht, dass der Glaube eine Privatangelegenheit sei und Glaubensfreiheit für alle gelte. „Der christliche Glaube und die Zugehörigkeit zu einer Religionsgemeinschaft sind kein Hinderungsgrund für das Bekenntnis zum Sozialismus und für die Mitgliedschaft in der marxistischen Partei."[1]

Aber spätestens nach der Regierungsübernahme mit dem Ziel einer fortschreitend sozialistischen Umgestaltung der Gesellschaft, wie es ab 1952 offen formuliert wurde, war man in der SED davon überzeugt, dass eine allmähliche Verdrängung der Kirchen aus dem öffentlichen Leben erfolgen sollte. Man meinte sogar, die Existenz der Kirchen erledige sich in überschaubarer Zeit von selbst. „Der

---

[1] Aufruf des Zentralsekretariats der SED zur Frage SED und Christentum, abgedruckt in O. Meier, *Partei und Kirche*, Berlin 1947, S. 46.

Prozess des Absterbens von Religion und Kirche im Sozialismus ist eine gesetzmäßige Folge der gesellschaftlichen Entwicklung im Ganzen, des Reifens der Produktivkräfte und der Produktionsverhältnisse, der sozialen und politischen Verhältnisse, des Fortschritts von Wissenschaft und Kultur."[2]
Die SED musste aber bald feststellen, dass Christen der Partei und damit auch dem DDR-Regime reserviert oder ablehnend gegenüberstanden. Das Volk war mehrheitlich keineswegs für den Kommunismus. Das schrieb man dem Wirken der Kirchen und Freikirchen zu. Deren Einfluss war ja auch erheblich stärker, als die Partei glaubte. Für sie war es ein ständiges Ärgernis, dass Kirchen und Freikirchen in der DDR mehr oder minder starke organisatorische Verflechtungen mit dem Westen hatten – ja man argwöhnte, dass sie von dorther gesteuert wurden. 1955 wies der Sekretär des Zentralkomitees Paul Wandel während eines Seminars für SED-Sekretäre darauf hin, „dass die meisten und stärksten dieser Sekten und Religionsgemeinschaften traditionell ihre Zentren in England und Amerika haben" und zog daraus den Schluss: „Wir müssen überall Stützpunkte und Vertrauensleute in den verschiedenen Religionsgemeinschaften schaffen, mit deren Hilfe wir sie für die Unterstützung unserer Politik gewinnen können."[3]

Häufig kam es zu böswilligen Unterstellungen von Seiten der Partei. So forderte Paul Verner, Mitglied des Politbüros der SED, in einer kirchenpolitischen Grundsatzrede am 11. Februar 1971 eine „politische Standortbestimmung der Kirchen in unserer sozialistischen Gesellschaft ... Die Kirchenvertreter ... sollten Klarheit unter den Amtsträgern und in kirchlichen Organisationen schaffen, dass die Kirchen weder zwischen den Fronten des Kapitalismus und des Sozialismus noch in ‚kritischer Distanz' zu unserem Staatswesen stehen können."[4]

---

[2] Prof. Olaf Klohr, Leiter des „Instituts für wissenschaftlichen Atheismus" 1973 in einem Vortrag vor Lehrkräften der Hoch- und Fachschule in Leipzig, angeführt bei Peter Fischer, *Kirchen und Christen in der DDR*, Berlin 1978, S. 22.
[3] Zitiert nach Frederic Hartweg (Hg.): *SED und Kirche, Eine Dokumentation ihrer Beziehungen*, Bd. 1, 1946-1967, Neukirchen 1995, S. 167f.
[4] Zitiert nach Peter Fischer, *Kirchen und Christen in der DDR*, S. 98.

Wechselbäder in der Kirchenpolitik des DDR-Regimes

Ungeachtet der eindeutigen Zielstellung durch die SED war die Kirchenpolitik der DDR von großer Unsicherheit geprägt. Die Folge: Die Kirchen waren einem dauernden Wechsel zwischen taktisch bedingter Toleranz und starker Behinderung ausgesetzt. Begründet war die sprunghafte Kirchenpolitik meist in der innenpolitischen Situation der DDR, vor allem jedoch in dem intensiven Bemühen der Staatsführung um diplomatische Anerkennung in der westlichen Welt seit Beginn der 70er-Jahre. Schwankungen wurden ferner durch wechselnde Zuständigkeiten verursacht.

Unmittelbar nach Gründung der DDR und der Regierungsbildung unter Otto Grotewohl wurde einer der beiden Stellvertreter, Otto Nuschke, Vorsitzender der CDU, für die Verbindung zu den Kirchen eingesetzt. Von 1957 an war jeweils ein Staatssekretär für Kirchenfragen beim Vorsitzenden des Ministerrates für die Kirchenpolitik verantwortlich. Die eigentlichen Entscheidungen wurden aber in der Abteilung Kirchenfragen beim Zentralkomitee der SED getroffen. So musste bei den Kirchen und Freikirchen der Eindruck mangelnder Koordination in der Kirchenpolitik entstehen.

Auch die weltanschaulichen Angriffe der SED auf Christen waren unterschiedlich stark. Wurden sie stärker, sodass die Spannungen zu eskalieren drohten, versuchten die staatlichen Stellen einzulenken, doch das war meist taktisch bedingt. Die Zielstellung der SED blieb unverändert. Am Ende hatte das Politbüro das letzte Wort. Als sich die DDR aus dem anfänglichen Provisorium zu einem rechtmäßigen Staat konsolidierte, bemüht um internationale Anerkennung, wurde auch die antireligiöse Propaganda etwas zurückgefahren.

Erste Angriffe auf die kirchliche Jugendarbeit

Um die Jahreswende 1952/1953 steigerten sich die Angriffe der staatlichen Jugendorganisation Freie Deutsche Jugend (FDJ) auf die kirchliche Jugendarbeit. Der evangelischen Jugendzeitschrift *Stafette* wurde die Lizenz entzogen; angeblich wegen Papiermangels. Die *Junge Welt*, Tageszeitung der FDJ, behauptete in ihrer Ausgabe vom 9. Januar 1953 mit Hinweis auf die evangelische „Junge Gemeinde", dass „es in der DDR dunkle Kräfte gibt, die unter religiöser Tarnkappe die Jugend irreführen und in die Fänge Adenauers treiben wollen". Weiter hieß es: „Die Feinde müssen entlarvt und von der Jugend isoliert werden." Die Hetze gegen die „Junge Gemeinde" steigerte sich in den folgenden Wochen. So bezeichnete die *Junge Welt* in ihrer Ausgabe vom 27. Januar 1953 die „Junge Gemeinde" sogar als eine „Tarnorganisation für Kriegshetze, Spionage und Sabotage im Auftrag der westdeutschen und amerikanischen Imperialisten".

Der Schwerpunkt dieser Auseinandersetzungen lag in den Erweiterten Oberschulen, wie man in der DDR die Gymnasien nannte. Schüler wurden aufgefordert, sich durch Unterschrift von der „Jungen Gemeinde" zu distanzieren. Wer dazu nicht bereit war, musste damit rechnen, von der Oberschule verwiesen zu werden. Gleichzeitig kam es zu Maßnahmen von DDR-Behörden gegen kirchliche Heime und karitative Einrichtungen. Die *Junge Welt* schrieb von einem „abscheulichem Glaubens- und Gewissenszwang", der in ihnen angeblich herrschte, und von „Erziehungsmaßnahmen, die jeder menschlichen Würde ins Gesicht schlagen". Die Auseinandersetzungen eskalierten und zielten darauf ab, die atheistische Weltanschauung mit aller Macht durchzusetzen und Christen in der Öffentlichkeit zu diskreditieren.

Diese Maßnahmen, die sich Anfang der 50er-Jahre seitens SED und FDJ gegen die „Junge Gemeinde" richteten, wirkten sich rasch negativ auf das Klima in den Beziehungen zwischen dem DDR-Regime und den Kirchen aus. Auch junge Adventisten, die gar nicht der „Jungen Gemeinde" angehörten, wurden ihres religiösen Bekenntnisses wegen von der Erweiterten Oberschule verwiesen oder ihre Aufnahmeanträge wurden gleich abgelehnt. Auch Studienplätze an den Universitäten blieben ihnen verwehrt. Eine größere Zusammenkunft Jugendlicher aus den thüringischen Adventgemeinden in Döhlen war bereits 1952 aufgelöst worden.

Bald erkannte die Partei jedoch, dass sie zu weit gegangen war. Man wurde wieder etwas toleranter gegenüber jungen Christen in der DDR – vor allem nach dem Volksaufstand vom 17. Juni 1953.

Doch bereits 1954 begann erneut ein Kleinkrieg – besonders durch nachgeordnete Stellen. Kirchliche Freizeiten der christlichen Jugend wurden untersagt. Im Sommer 1955 kam es auch bei uns zu Übergriffen bei zwei Jugendbibelwochen, eine auf der adventistischen „Wachtelburg" in Werder, die andere auf einem adventistischen Bauerhof in Groß Stresow, Insel Rügen. Polizeibeamte kamen und schickten die Jugendlichen am zweiten Tag unter fadenscheinigen Begründungen nach Hause. Es handelte sich jedoch nicht um eine generelle Maßnahme; denn andere Bibelwochen konnten in jenem Sommer ungehindert durchgeführt werden.

Phasen der DDR-Kirchenpolitik

Die Kirchenpolitik ist in den vier Jahrzehnten der DDR nicht allein von den weltanschaulichen Zielen der SED sowie dem Aufbau einer sozialistischen Gesellschaft bestimmt worden, sondern auch von der Absicht, den Einfluss der Kirchen weitgehend zu neutralisieren. Darüber hinaus wurde das Vorgehen der DDR-Behörden beeinflusst von der jeweiligen außenpolitischen Situation, den Spannungen zwischen Ost und West, dem NATO-Doppelbeschluss Ende 1979 sowie dem Alleinvertretungsanspruch der Bundesrepublik. Hinzu kamen auch noch innenpolitische und wirtschaftliche Probleme. All das hatte Rückwirkungen auf das Verhältnis der DDR zu den Kirchen und Freikirchen.

So bemühte man sich beispielsweise nach dem Volksaufstand 1953 um mehr Toleranz. Einige restriktive Maßnahmen des Staates wurden zurückgenommen – allerdings nur für kurze Zeit.

Ungeachtet der erneut aufgebrochenen Spannungen, suchte Walter Ulbricht nach außen den Eindruck eines möglichen Miteinanders von Christen und Sozialisten zu erwecken. So enthielt seine „Programmatische Erklärung" vor der Volkskammer am 4. Oktober 1960 den Satz: „Das Christentum und die humanistischen Ziele des Sozialismus sind keine Gegensätze."[5]

---

[5] Zitiert nach: *Der Staatsrat der DDR: Marxisten und Christen wirken gemeinsam für Frieden und Humanismus*, Schriftenreihe des Staatsrates der DDR, 5/1964, S. 51.

Die Adventgemeinde in der DDR

Als mit dem Mauerbau in Berlin 1961 das Fluchtloch zum Westen verschlossen war, herrschte plötzlich bei Gesprächen mit DDR-Behörden ein deutlich rauerer Ton. Offenbar war man sich staatlicherseits seiner Macht wieder sicherer und ließ das die kirchlichen Gesprächspartner auch spüren. Andererseits wurde die Kirchenpolitik, wie sie im Politbüro der SED verbindlich festgelegt worden waren, nicht überall in der DDR gleichermaßen umgesetzt. In der Praxis gab es zwischen einzelnen Bezirken, Kreisen und Gemeinden mitunter beträchtliche Unterschiede. Das hing meist von den einzelnen Partei- und Staatsfunktionären ab. So hatte der Stil des jeweiligen Parteivorsitzenden eines Bezirkes auch Auswirkungen auf die Funktionäre in seinem Bereich. Selbst von Schuldirektor zu Schuldirektor gab es erhebliche Unterschiede.

Das Verhältnis zwischen Staat und Kirche war zu keiner Zeit von Rechtssicherheit geprägt. Es basierte vielmehr auf Vereinbarungen, die zuweilen aus der Situation heraus getroffen wurden und auf die man sich später nicht mehr berufen konnte. Typisch dafür war, dass Regierungsbehörden auf schriftliche Eingaben nur selten eine schriftliche Antwort gaben. Die Folge: Verantwortliche der Kirchen und Freikirchen kamen nicht umhin, anstehende Probleme immer wieder in Gesprächen mit der Dienststelle des Staatssekretärs für Kirchenfragen anzugehen, um Lösungen zu erreichen.

Als Erich Honecker 1971 die Führung von Partei und Staat übernahm, gab es zunächst eine gewisse Entspannung in der Kulturpolitik der DDR, die sich auch auf das Verhältnis zu den Kirchen auswirkte. In der Zeit, als die diplomatische Anerkennung der DDR angestrebt wurde, bemühten sich die Dienststelle des Staatssekretärs sowie Behörden auf der Ebene der Bezirke und Kreise sogar um ein sachliches Verhältnis zu den Freikirchen. Man wusste, dass die meisten von ihnen im westlichen Ausland stark vertreten waren und erhoffte sich dadurch indirekt positive Auswirkungen für den Anerkennungsprozess.

Ende der 70er-Jahre schien es, dass die DDR-Führung – sowohl nach innen als auch nach außen – Konflikte mit den Kirchen und

Freikirchen zu vermeiden suchte. Das bedeutete jedoch keine grundsätzliche Änderung der Kirchenpolitik. Erich Honecker legte nach der diplomatischen Anerkennung durch viele Staaten großen Wert darauf, auch als Staatsoberhaupt der DDR offiziell empfangen zu werden. So machte er Besuche in verschiedenen europäischen, afrikanischen und asiatischen Hauptstädten. Ein besonderer Triumph war für ihn 1987 sein Besuch in der Bundesrepublik. Viele in Ost und West sahen darin eine Verfestigung der Existenz zweier Staaten auf deutschem Boden.

Honeckers Wunsch war es auch, von den USA eingeladen zu werden. Im Vorfeld dieser Bemühungen empfing er im Herbst 1988 eine Gruppe von Vertretern der Mormonen aus den USA. Bereits Anfang der 80er-Jahre war im Rahmen eines größeren Bauprogramms der Mormonen die Genehmigung zum Bau eines Mormonentempels in Freiberg (Sachsen) erteilt worden. 1985 wurde er eingeweiht – damals der einzige in den Staaten des Ostblocks.

Zusammenfassend lässt sich sagen: Der DDR-Staat schwankte in seiner Politik gegenüber den Kirchen zwischen taktisch bedingter Toleranz und der Einengung kirchlicher Aktivitäten. Im letzten Jahrzehnt des Bestehens der DDR wurde von manchem Funktionär der Partei und des Staates mehr oder minder offen die Ansicht vertreten, man solle den „Weltanschauungskampf" nicht mehr betonen, sondern lieber nach Möglichkeiten des Zusammenwirkens mit den Christen suchen. Das war auch das Anliegen von Klaus Gysi, dem Staatssekretär für Kirchenfragen von 1979 bis 1988.

Die spezifische Situation der Evangelischen Kirche

Der Thüringische Landesbischof Mitzenheim vertrat Mitte der 50er-Jahre in den Evangelischen Landeskirchen die Auffassung, dass eine Änderung der politischen Verhältnisse nicht zu erwarten sei. Deshalb sei es vernünftig, sich mit dem SED-Staat zu arrangieren. Er meinte, das würde dann durch kirchenfreundliche Politik honoriert werden. Seine Sicht wurde aber nicht von allen Bischöfen geteilt und seine Erwartungen erfüllten sich letztlich nicht.

Bestimmte Spannungen in der Kirchenpolitik wurden durch Privilegien der beiden großen Kirchen ausgelöst, die noch aus der Weimarer Zeit stammten und auch während der Hitlerzeit kaum angetastet worden waren. Dazu kam, dass die Evangelische Kirche auch ein gewisses Wächteramt gegenüber dem Staat wahrzunehmen versuchte. Das weckte starken Unwillen bei der SED. Paul Verner erklärte auf einem Lehrgang der für Kirchenpolitik Verantwortlichen aus SED und Staatsapparat der DRR am 30.10.1970: „Eines muss jedoch klar sein: Im Gegensatz zu früheren Gesellschaftsformationen ist im Sozialismus kein Platz für eine privilegierte Stellung der Kirche ... Völlig unbegründet und abwegig ist das Festhalten mancher Amtsträger am so genannten Wächteramt der Kirche über die Gesellschaft. Dieses Wächteramt enthält die anmaßende Prämisse, dass die Kirche im Besitz einer höheren Einsicht, einer absoluten Wahrheit, einer vollkommeneren Gerechtigkeit, einer umfassenderen Freiheit sei."[6]

Das DDR-Regime ging dazu über, den Kirchen ihre Privilegien entweder zu verweigern oder sie zumindest durch eine Politik der Nadelstiche infrage zu stellen. Dabei machte man sich die schwindende Popularität der Kirchen zu Nutze. Die Bevölkerung hatte inzwischen kaum noch eine Beziehung zum christlichen Glauben und ein großer Teil von ihr war ebenfalls der Überzeugung, dass diese Privilegien Relikte aus vergangenen Zeiten seien – etwa der kirchliche Religionsunterricht an den Schulen, der Einzug der Kirchensteuer durch die Finanzämter, die Zuschüsse, die der Staat den Kirchen zu zahlen hatte,[7] sowie das Mitspracherecht der Kirchen bei aktuellen Fragen der Gesellschaft. So waren viele DDR-Bürger – auch wenn sie nicht mit der SED sympathisierten – der Ansicht, dass man getrost auf die Kirchen verzichten könnte und dass deren Abschaffung kein Verlust wäre. Auch der staatlich verordnete

---

[6] Stiftung Archiv der Parteien und Massenorganisationen der DDR im Bundesarchiv, ZPA NL 281/36.
[7] Ungeachtet der Spannungen in den Beziehungen hielt sich die DDR-Regierung weiterhin an Abkommen, die auf die preußische Zeit zurückgingen, und zahlte jährlich Subventionen an die Evangelische Kirche.

Ersatz der Konfirmation durch die Jugendweihe wurde von den meisten kaum als Affront gegenüber der Evangelischen Kirche empfunden.

Die schwindende Zahl ihrer Glieder erklärt andererseits, dass die Kirchen deshalb besonders darauf bedacht waren, sich alle institutionellen Vorteile zu sichern, die durch Übereinkünfte in der Weimarer Zeit vertraglich geregelt worden waren. So sahen die Kirchenleitungen die Aufrechterhaltung ihrer gesellschaftlichen Stellung und ihrer organisatorischen Infrastruktur als unerlässlich an, um auf diese Weise in der DDR den Status ihrer Kirche zu wahren.

Die spezifischen Rechte auf Erteilung von Religionsunterricht und den Einzug der Kirchensteuer aus der Weimarer Zeit blieben in Kraft – wenn auch in begrenztem Umfang –, bis die neue Verfassung von 1968 wirksam wurde. Damit schuf die DDR einen veränderten Rahmen für die Kirchenpolitik, die Walter Ulbricht folgendermaßen interpretierte: „Den Kirchen gewährleistet die Verfassung eine gute, aber auch die einzig mögliche Plattform der weiteren Entwicklung zum sozialistischen Staat ... und zeigt jenen kirchenleitenden Kreisen in der DDR, die hin und wieder versuchen, politischen Weisungen der westdeutschen Militärkirche nachzukommen, die Unzulässigkeit solcher Abhängigkeiten."[8]

Die Frage um Krieg und Frieden

Sowohl im deutschen Kaiserreich als auch in der Nazizeit hatten die Kirchen die Entscheidung über Krieg und Frieden allein in die Verantwortung des Staates gestellt. 1939 haben sowohl „Deutsche Christen" als auch Mitglieder der „Bekennenden Kirche" ihre Bereitschaft erklärt, für Führer, Volk und Vaterland in den Krieg zu ziehen. Nach dem Zweiten Weltkrieg haben die Kirchen in Ost- und Westdeutschland in Fragen der Friedensethik jedoch unterschiedliche Standpunkte bezogen. Die von den Kirchen in der DDR unter-

---

[8] *Verfassung der Deutschen Demokratischen Republik, Dokumente/Kommentar*, Berlin (Ost) 1969, Bd. 1, S. 75.

stützte Friedensbewegung wandte sich im Inneren mehr oder weniger verdeckt gegen die Aufrüstung und den Wehrkundeunterricht und in offenen Stellungnahmen gegen die Wiederbewaffnung in der Bundesrepublik. Die Friedensbewegung im Westen und der Protest gegen den Nachrüstungsbeschluss der NATO Anfang der 80er-Jahre gaben somit auch Anstoß zur Kritik an der Militarisierung der eigenen Gesellschaft.

Als plötzlich von kirchlich gebundenen Jugendlichen an der Kleidung Aufnäher mit dem Slogan „Schwerter zu Pflugscharen" auftauchten, wurde die DDR-Regierung hellhörig und nervös. Es kam erneut zu Auseinandersetzungen, zumal es nicht leicht war, nur die Friedensbemühungen einer Seite zu akzeptieren.

Bei Verbandskonferenzen der Gemeinschaft der Siebenten-Tags-Adventisten in der DDR wurden 1982 und 1987 angesichts der atomaren Aufrüstung in Ost und West Resolutionen zur Erhaltung des Weltfriedens verabschiedet – und zwar an beide Seiten gerichtet.[9] Ähnlich war es auch schon vorher von Seiten der Vollversammlung der Generalkonferenz geschehen.

Unbestritten ist, dass aus der Friedensbewegung, an der sich Christen aller Konfessionen beteiligten, eine Demokratiebewegung entstand, die am Ende maßgeblich zum Sturz der DDR beigetragen hat.

Die Situation der Freikirchen

Im Vergleich mit den großen Kirchen war die Situation der Freikirchen in mancher Hinsicht völlig anders. Sie besaßen keine über-

---

[9] Auszug aus der Erklärung der Delegierten der Verbandskonferenz vom 23./24. Juni 1987 in Leipzig: „Wir Adventisten glauben, dass eine Welt des Friedens mit der Wiederkunft Jesu anbrechen wird. Gerade das aber verpflichtet uns als ‚Botschafter an Christi Statt' jetzt und hier Frieden zu stiften und jeder Art von Unfrieden entgegenzutreten ... In der Bergpredigt haben wir eine Überwindung des reaktionären Prinzips von Schlag und Gegenschlag und deswegen einen neuen Ansatzpunkt. An diesem Punkt müssen wir ansetzen, wenn wir ernstlich Frieden wollen. Der Kult mit der Gewalt darf nicht weiter gepflegt werden. Das Wettrüsten muss aufhören! Mit vielen Menschen guten Willens begrüßen wir von ganzem Herzen die Abrüstung der Waffen. Wir sind uns aber bewusst, dass die ABKEHR von Waffen eine UMKEHR der Menschen erfordert; denn es sind die Menschen, die sie ausdenken, herstellen und besitzen."

kommenen Privilegien, die es wert gewesen wären, auf ihnen zu beharren und sie dem Staat gegenüber zu verteidigen. In den Freikirchen kannte man auch keine historisch bedingten territorialen Grenzen, wie es sie in den Landeskirchen oder katholischen Bistümern gab.

Im Vergleich zur nominalen Gliederzahl der beiden Großkirchen waren die Freikirchen relativ klein (insgesamt zählten sie etwa 250 000 getaufte Mitglieder) und auch längst nicht in allen Orten und Regionen vertreten. So war ihre Bedeutung im öffentlichen Leben wesentlich geringer. Hinzu kam, dass ihnen in kirchlichen Kreisen oft noch pauschal ein gewisser „Sektengeruch" anhaftete. Die Wahrnehmung der Freikirchen durch die Öffentlichkeit entsprach in der ostdeutschen Gesellschaft in etwa dem Bild, das man auch in der alten Bundesrepublik hatte.

Weil die Fragen einer Statussicherung für die Freikirchen in der DDR kaum Bedeutung hatten, waren gewisse Probleme im Verhältnis zum DDR-Regime für sie nicht von Belang. Doch von den Einschränkungen und Behinderungen, die es generell in der DDR gab, waren sie gleichermaßen betroffen. Das führte dazu, dass sich – anders als in der Bundesrepublik – im Laufe der Zeit eine Art Gleichberechtigung unter allen christlichen Konfessionen herausbildete.

Auswirkungen auf die Adventgemeinde

Von dem ständigen Wechsel in der DDR-Kirchenpolitik waren die Adventisten stets mit betroffen. Deshalb gab es Zeiten, in denen Verhandlungen hinausgeschoben wurden, weil angesichts der politischen „Großwetterlage" kaum vernünftige Lösungen zu erreichen waren. Zu einem günstigeren Zeitpunkt wiederum gelang es dann zum Beispiel, die wichtige Angelegenheit einer Verfassung der Gemeinschaft der Siebenten-Tags-Adventisten in der DDR aufzugreifen.

Da die Adventgemeinde keinen öffentlich-rechtlichen Status besaß, waren Grundstücke zum Bau oder Ausbau eines Gemeindehauses nach 1945 zwar mit Mitteln der Gemeinschaft, aber auf den

Die Adventgemeinde in der DDR

Namen eines Predigers oder Gemeindeältesten erworben worden. Daraus ergaben sich jedoch im Laufe der Zeit Probleme, vor allem, wenn Grundstücke durch den Tod der betreffenden Personen in den Nachlass einflossen. Deshalb wurden diesbezügliche Fragen zu einem günstigen Zeitpunkt mit der Rechtsstelle beim Staatssekretär besprochen. Dort hatte man Verständnis für diese Situation, sodass schließlich 1974 alle Grundstücke notariell auf die Gemeinschaft überschrieben werden konnten, ohne noch einmal Grunderwerbssteuer zahlen zu müssen.

Damals ließen sich die Eigentumsfragen an solchen Grundstücken meistens in kurzer Zeit klären – ganz im Gegensatz zu den langwierigen Prozeduren nach der Wiedervereinigung. Als die Grundstücke der Gemeinschaft in der DDR auf die nunmehr gemeinsame Grundstücksverwaltung des Norddeutschen Verbandes übertragen werden sollten, sträubten sich manche Registergerichte und Grundbuchämter, die in der DDR-Zeit geltende Rechtsform anzuerkennen. Sie forderten deshalb erneut die Zahlung von Grunderwerbssteuer und das ließ sich erst nach mehreren – oft sogar langen gerichtlichen Auseinandersetzungen – klären.

1979 gelang es in einer etwas ruhigeren Phase der Kirchenpolitik, eine Lizenz für den Druck und die Herausgabe der monatlichen Zeitschrift *Adventgemeinde* zu erhalten. Im Rückblick auf das zehnjährige Bestehen der Zeitschrift ist in der *Adventgemeinde* kein einziger Artikel oder Beitrag veröffentlicht worden, aus dem man auch nur andeutungsweise eine positive Einstellung zum SED-Staat hätte herauslesen können.

Kapitel 9

Vom Umgang mit Regierungsstellen und Behörden

In der Geschichte der Adventgemeinde in Deutschland hat es nach meiner Einschätzung nie so viele Kontakte mit Behörden und Regierungsdienststellen gegeben wie in der DDR-Zeit. Sie ergaben sich zwangsläufig aus der Kirchenpolitik der DDR.

Im Juli 1952 wurden anstelle der föderalen Länderstruktur in der DDR 14 Bezirke gebildet. Sie wurden vom Vorsitzenden des Rates des Bezirks geleitet, der wiederum unmittelbar dem Ministerrat der DDR unterstand. Der Stellvertreter dieses Vorsitzenden war für Innere Angelegenheiten zuständig und damit auch verantwortlich für die Kirchenpolitik im Bezirk. Das „Referat Kirchenfragen" gehörte zu dem ihm unterstellten Geschäftsbereich.

Ging es um Fragen einer Ortsgemeinde, die einer Klärung bedurften, hatte man sich zunächst an den Referenten für Kirchenfragen zu wenden. Er war stets Mitglied der SED, häufig auch ein Informant des Ministeriums für Staatssicherheit.

Sollten zum Beispiel Gemeindeinformationen oder Programme für besondere Veranstaltungen einer Ortsgemeinde vervielfältigt oder gedruckt werden, musste ein schriftlicher Antrag auf Genehmigung gestellt werden. Es erwies sich daher als zweckmäßig, zunächst beim Referenten für Kirchenfragen persönlich vorzusprechen. Gab er nach Überprüfung des Inhaltes seine Zustimmung, konnte man in der Regel mit dem Genehmigungsstempel der Abteilung Druckgenehmigungen rechnen, die für alle Druckerzeugnisse im Kreisgebiet zuständig war. Bestand ein guter Kontakt zum Referenten, ließen sich mögliche Bedenken meistens im Gespräch entkräften. Gegebenenfalls änderte man eine Formulierung. Hatte aber die Stelle für Druckgenehmigungen erst eine negative Entscheidung getroffen, war es schwer, diese wieder aufzuheben.

Die Kirchenreferenten selbst konnten keine bindende Entscheidung treffen, aber ihre Stellungnahme war oft gefordert. Wenn zum Beispiel bewirtschaftetes Material für Sanierungsarbeiten im Gemeindesaal oder Gemeindehaus benötigt wurde, war die Befürwortung durch den Kirchenreferenten nützlich – zuweilen unumgänglich. Das galt auch für die Zuteilung von Brennstoffen zum Beheizen der Gottesdiensträume. Jeder Gemeindeprediger war gut beraten, wenn er den Kontakt zum Referenten für Kirchenfragen pflegte. Aus diesem Grund wurde damals den Predigern empfohlen, sich bei einer Versetzung möglichst bald beim Referenten für Kirchenfragen am neuen Ort vorzustellen.

Ging es um Fragen über den Bereich der örtlichen Gemeinde hinaus – im Falle der Adventgemeinde um Angelegenheiten, die die Vereinigungen betrafen –, musste sich der zuständige Vorsteher an den Referenten für Kirchenfragen beim Rat des Bezirks wenden.

Zwar hatten die Referatsleiter vor allem die Aufgabe, den Vertretern der Kirchen und Freikirchen die Politik des Staates zu erläutern, um deren Zustimmung zu gewinnen, sie sollten aber auch vermittelnd wirken. Das konnte natürlich nur im vorgegebenen Rahmen der Kirchenpolitik der DDR geschehen.

Die Arbeit des Staatssekretariats für Kirchenfragen[1]

Nach der Gründung der DDR 1949 wurde auf Regierungsebene das Amt „Verbindung zu den Kirchen" geschaffen, das vom Stellvertreter des Ministerpräsidenten geleitet wurde. Um die Kirchenpolitik fortan stärker zu straffen und unmittelbar dem Einfluss der Partei unterzuordnen, beschloss das SED-Politbüro die Errichtung einer

---

[1] Es gab eigentlich kein „Staatssekretariat für Kirchenfragen", offiziell hieß es „Dienststelle des Staatssekretärs für Kirchenfragen bei der Regierung der DDR".

zentralen Behörde. Es war kein Kirchenministerium vorgesehen wie in anderen kommunistischen Ländern; vielmehr sollte ein Staatssekretär diese Dienststelle leiten, der seinerseits dem Vorsitzenden des Ministerrats unmittelbar unterstellt war. Letztlich wurde die DDR-Kirchenpolitik allerdings von der Arbeitsgruppe Kirchenfragen beim Zentralkomitee der SED geplant und vom Politbüro beschlossen, wie auch grundsätzliche Entscheidungen in den Bezirken stets von der SED-Bezirksleitung getroffen wurden.

Der Staatssekretär für Kirchenfragen besaß gegenüber den Kirchen und Freikirchen keine Entscheidungsbefugnis und gegenüber anderen DDR-Behörden kein Weisungsrecht. Er war stets SED-Mitglied,[2] sein Stellvertreter gehörte der CDU an. Die Gespräche liefen überwiegend über die zuständigen Sachbearbeiter. Einige von ihnen waren zugleich hauptamtliche Mitarbeiter des Ministeriums für Staatssicherheit, unter anderem der Abteilungsleiter Hans Wilke,[3] mit dem wir als Gemeinschaft häufiger zu tun hatten, sowie Peter Heinrich, der für Rechtsfragen zuständige Hauptabteilungsleiter. Das stellte sich jedoch erst nach der Wende heraus.

Diese Dienststelle des Staatssekretärs für Kirchenfragen wurde zum alleinigen Ansprechpartner für die Vertreter der Kirchen und Freikirchen auf oberster staatlicher Ebene und zugleich ein diplomatischer Puffer zwischen der Partei- und Staatsführung und den Kirchenleitungen. Bei allen Anliegen musste das Schreiben an den Staatssekretär für Kirchenfragen gerichtet sein und wurde dann an die einzelnen Ressorts weitergeleitet.

Aus den Unterlagen des Bundesarchivs ist zu ersehen, wie akribisch genau diese Dienststelle die Tätigkeiten der Kirchen und Freikirchen in der DDR zu überwachen suchte. Interessant ist eine Einschätzung von ihr aus dem Jahre 1975, die in einer vertraulichen Mitteilung über die Situation und Arbeit der Freikirchen in der DDR abgegeben wurde. Darin heißt es über die Adventisten: „Die

---

[2] Es amtierten Werner Eggerath 1957-1960; Hans Seigewasser 1960-1979; Klaus Gysi 1979-1988 und Kurt Löffler 1988-1989.
[3] Angeführt bei Dietmar Linke, *Streicheln bis der Maulkorb fertig ist*, Berlin 1993, S. 47.

Religionsgemeinschaften betreiben eine intensive Gemeindearbeit und aktive individuelle Werbung neuer Mitglieder. Bei der politischen Einschätzung der Gemeindearbeit ist zu beachten, dass sich in den Ausweitungsbestrebungen einiger Gemeinschaften bestimmte Zielrichtungen abzeichnen ... Die Gemeinschaft der Siebenten-Tags-Adventisten tritt häufig bei solchen Bürgern in Erscheinung, die persönlichen Belastungen ausgesetzt sind (Ehekonflikte, Todesfälle, chronisch Kranke, Körperbehinderte). Außerdem versuchen sie ständig, ihr Wirkungsfeld auszudehnen, indem sie mit ihrem glaubensmäßig bedingten Kampf gegen Nikotin und Alkohol geschickt die staatlichen Konzeptionen zur Gesundheitserziehung ausnutzen und in Betrieben und Institutionen in Zusammenarbeit mit dem Gesundheitswesen mit Vorträgen über Nikotinmissbrauch auftreten ... Einen weiteren Schwerpunkt bildet die Jugendarbeit ... Methodisten, Baptisten und Adventisten führen Rüstzeiten mit Jugendlichen durch. Laut Rüstzeitanalyse 1974 liegt an der Spitze der baptistische Jugenddienst mit 24 Rüstzeiten und 499 Jugendlichen, an zweiter Stelle rangiert die Gemeinschaft der Siebenten-Tags-Adventisten mit 19 Rüstzeiten und 352 Jugendlichen, gefolgt von den Methodisten mit nur 3 Rüstzeiten und 58 Jugendlichen."[4]

Es blieb dem Staatssekretariat nicht verborgen, dass sich die Mitgliederzahlen der Evangelischen und der Katholischen Kirche in der Zeit der DDR ständig verringerten, man bemerkte aber auch, dass die Situation in den Freikirchen anders war: „Hingegen sind die Freikirchen und Religionsgemeinschaften, die Teile von weltumspannenden Kirchen sind, wie z. B. Methodisten, Baptisten, Adventisten u. a. relativ stabil. Dabei spielt gewiss eine Rolle, dass diese Kirchen von jeher stark auf Mission ausgerichtet waren."[5]

In dem vom Staatssekretariat für Kirchenfragen Ende 1978 erarbeiteten Schriftstück „Langfristige Konzeption der politischen Einflussnahme auf die Kirchen und Religionsgemeinschaften in der DDR außer der evangelischen und katholischen Kirche" wird unter

---

[4] Aus Information Nr. 9/1975 vom 15.8.1975.
[5] So in einer Verlautbarung des Staatssekretärs für Kirchenfragen „zu einigen Problemen der staatlichen Tätigkeit gegenüber den Religionsgemeinschaften vom 26. September 1977.

anderem ausgeführt: „Ein wesentliches gemeinsames Merkmal besteht darin, dass sie von jeher ihrem Wesen nach sogenannte Freiwilligkeitskirchen sind. Darin unterscheiden sie sich von der Evangelischen und Katholischen Kirche, die in ihrer Jahrhunderte langen Verquickung mit der politischen Macht Volkskirchen waren, in die das Gemeindeglied ‚hineingeboren' wurde, während bei den anderen Kirchen und Religionsgemeinschaften der Gläubige erst als Erwachsener durch Taufe oder entsprechende freiwillige Entscheidung Glied der Kirche wird. Das ist eine wesentliche Ursache dafür, dass diese Kirchen und Religionsgemeinschaften eine andere Qualität aufweisen: Sie sind straff organisiert, enge persönliche Kontakte der Geistlichen zu den Gliedern ihrer Kirche und Gemeinschaft ermöglichen auch heute noch ein reges religiöses Leben und ein festes Zusammengehörigkeitsgefühl, das einen nicht zu unterschätzenden Faktor zur Stabilisierung darstellt."[6]

Selbst positive Verlautbarungen über die Wirksamkeit der Kirchen konnten aber nicht darüber hinwegtäuschen, dass Partnerschaft oder Zusammenarbeit niemals Ziel der DDR-Behörden war.

Die Kontakte der Gemeinschaft zum Staatssekretariat für Kirchenfragen

Für alle Anliegen, die die Gemeinschaft und ihre Institutionen betrafen, war also die Dienststelle des Staatssekretärs für Kirchenfragen zuständig. Der jeweilige Leiter der Gemeinschaft oder dessen Vertreter mussten sich in allen Angelegenheiten, die einer Klärung bedurften, entweder schriftlich an die Dienststelle des Staatssekretärs wenden oder ein Gespräch mit dem zuständigen Sachbearbeiter suchen.[7] Wenn es um grundsätzliche Fragen ging wie beispielsweise die Teilnahme adventistischer Kinder am Sabbatgottesdienst oder den waffenlosen Dienst in der Nationalen Volksarmee, war eine Unterredung mit dem zuständigen Abteilungslei-

---

[6] Zitiert nach Andrea Strübind (Hg.), *Eine offene Flanke zur Welt*, Stuttgart 1997, S. 95.
[7] Josef Haslinger (60er-Jahre); Klaus Boje (1967/68); Annemarie Kuchenbecker (1968-1971); Barbara Janott (1972-1989). Letztere beiden kamen auch zu Gesprächen nach Friedensau.

ter für Evangelische Kirche, Freikirchen und Juden notwendig.[8] Bei speziellen Fragen musste mit der Abteilung für Rechts- und Grundsatzfragen verhandelt werden. Im Gegensatz zu den beiden Großkirchen erhielten die Freikirchen und Religionsgemeinschaften seltener die Gelegenheit zu direkten Unterredungen mit dem Staatssekretär selbst oder dem Hauptabteilungsleiter. Gab es Übergriffe der Partei oder staatlicher Behörden gegenüber Gemeindegliedern oder kam es zu Diskriminierungen, so wurde um der Betroffenen willen ebenfalls beim Staatssekretariat vorgesprochen und um Klärung gebeten. Schwierig wurden die Gespräche, wenn man spürte, dass beim Gegenüber kein Verständnis für die Glaubens- und Gewissensfreiheit vorhanden war oder die Probleme nicht gesehen wurden. Das hat das Gespräch nicht nur erschwert, sondern mich auch oft persönlich belastet, besonders wenn ich im Nachhinein die Auseinandersetzung rekapitulierte und schriftlich festzuhalten versuchte. Die einzige Hilfe in dieser Verantwortung war das Gebet um Gottes Führung.

Klaus Gysi bemühte sich als Staatssekretär für Kirchenfragen im Gegensatz zu seinen Vorgängern um eine größere Offenheit zu Kirchen und Freikirchen. Das zeigte sich auch im Verhältnis zur Adventgemeinde. Im Sommer 1981 kam es außerhalb seiner Dienststelle im gemeindeeigenen Rüstzeit- und Erholungsheim „Waldpark" bei Augustusburg (Sachsen) zu einer zwanglosen, ausführlichen Unterredung mit mir und meinen engsten Mitarbeitern. Gysis Nachfolger, Kurt Löffler, folgte im Juni 1989 einer Einladung nach Friedensau. Dabei kam es zu einer Begegnung mit Lothar Reiche, dem Vorsteher der Gemeinschaft, mir als dem Direktor des Theologischen Seminars und Mitarbeitern des Verbandes. Kurt Löffler zeigte sich damals beeindruckt von Friedensau und unterstrich abschließend seine Offenheit zu allen Fragen mit den Worten: „Ich biete den Dialog an!"[9] Das geschah allerdings zu einer Zeit, da abzusehen war, dass in der DDR Änderungen bevorstanden.

---

[8] Ernst Kusch (1957-1960); Hans Wilke (1960-1989), letzterer war mehrmals in Friedensau.
[9] Bericht in *Adventgemeinde*, Jg. 10, August 1989, S. 6.

Die Teilnahme von Delegierten an der Generalkonferenz

Mit dem Bau der Mauer 1961 waren von einem Tag zum andern die bis dahin bestehenden Reisemöglichkeiten nach Westdeutschland entfallen. Nur selten wurden unter strengen Kriterien Dienstreisen genehmigt, sofern es im Interesse der DDR lag, beispielsweise in Fragen der Wirtschaft und Politik, später auch im Bereich der Kultur. Zu den sogenannten „Reisekadern", die auf Antrag ins westliche Ausland reisen durften, gehörten jedoch nur politisch Zuverlässige.

Als 1966 Verbandsvorsteher Walter Eberhardt beim Staatssekretariat einen Antrag auf Ausreise zur Teilnahme an der Vollversammlung der Generalkonferenz in Detroit stellte, wurde das Ersuchen abgelehnt. Man versicherte, das richte sich nicht gegen seine Person, es herrsche aber die Überzeugung, dass die Teilnahme an einer Konferenz in den USA nicht im Interesse der DDR liege.

Als jüngere Mitarbeiter in der Gemeinschaftsleitung waren wir darauf bedacht, Kontakte zu den Gemeinden in den Ländern Osteuropas herzustellen. Das begann zunächst mit privaten Besuchen in der Tschechoslowakei, in Ungarn und Polen. Auf diese Weise erfuhren wir aus erster Hand, wie es den Glaubensgeschwistern erging, die ebenfalls unter den Gegebenheiten eines sozialistischen Regimes leben mussten.

Nach dem Wechsel in der Gemeinschaftsleitung im Dezember 1968 haben Lothar Reiche und ich zielstrebig daran gearbeitet, offizielle Verbindungen zu Adventgemeinden in den sozialistischen Ländern herzustellen. Die Ausreisegenehmigungen in den Ostblock mussten ebenfalls bei der Dienststelle des Staatssekretärs beantragt werden, anderenfalls wäre dort ein öffentliches Auftreten nicht möglich gewesen. Die Dienststelle konsultierte sich zuvor stets mit den entsprechenden Behörden in den Besuchsländern.

Diese Auslandskontakte zu den „sozialistischen Bruderländern" wirkten sich bei der Antragstellung zur Teilnahme an der Generalkonferenzversammlung 1970 in Atlantic City positiv aus. Gegenüber dem Staatssekretariat für Kirchenfragen argumentierten wir, dass es zum Nutzen unseres Landes wäre, wenn auch Delegierte aus der DDR zu einer Weltkonferenz entsandt würden. Durch die Kontakte zu den Gemeinden in sozialistischen Ländern sei der Beweis erbracht worden, dass Adventisten zu einer Weltkirche gehörten, und nicht zu einer „amerikanischen Sekte". Wir beriefen uns darauf, dass Delegierte aus den Volksrepubliken Polen, Ungarn und der Tschechoslowakei ebenso teilnehmen würden.

Der Verbandsausschuss hatte Ende 1969 der Entsendung von drei Delegierten zugestimmt. Die Befürwortung seitens des Staatssekretärs wurde aber nur mir als dem Präsidenten der Gemeinschaft und Egon Hennig als Sekretär erteilt.[10] So nahmen erstmals nach dem zweiten Weltkrieg wieder Vertreter der Gemeinden Ostdeutschlands an einer Vollversammlung der Generalkonferenz mit Delegierten aus über hundert Ländern teil.

Der Präsident der Generalkonferenz Robert H. Pierson hatte uns gebeten, eine DDR-Fahne mitzubringen, falls wir die Genehmigung zur Teilnahme erhalten würden. Er erklärte uns, dass bei jeder Vollversammlung die Fahnen *aller* Teilnehmerländer aufgestellt und auch beim festlichen Einzug der Delegierten mitgeführt werden. Die DDR-Fahne war damals in den USA nicht vom Organisationsbüro der Generalkonferenz zu beschaffen. Wir hatten uns deshalb vor der Ausreise eine beschafft und in unseren Koffer gepackt.

Für die täglichen Bulletins der Vollversammlung in der Gemeindezeitschrift *Review and Herald* wurden Fotos von dem Einzug der Delegierten mit ihren Nationalfahnen und der Festveranstaltung „Parade der Nationen" gemacht. Wir baten um Abzüge von den Fotos, auf denen die DDR-Fahne deutlich zu sehen war.[11] Nach der

---

[10] Egon Hennig (geb. 1927); Gemeindepastor ab 1950 in Görlitz, Lutherstadt Wittenberg, Senftenberg; Jugendabteilungsleiter der Märkisch-Lausitzer Vereinigung 1958-1962; Evangelist der Westsächsischen Vereinigung 1962-1963; Vereinigungsvorsteher in Thüringen 1963-1967; Verbandssekretär 1967-1975; Vereinigungsvorsteher der Berlin-Märkischen Vereinigung 1975-1985; Gemeindepastor in Halle 1985-1990; seitdem im Ruhestand.

[11] Da die Fahnen der Bundesrepublik und der DDR einander ähnelten, trug irrtümlicherweise Heinz Henning, Schulleiter des Seminars Marienhöhe, die Fahne der DDR, und Egon Hennig die Fahne der Bundesrepublik Deutschland. Das war jedoch auf dem Foto nicht zu erkennen.

Rückkehr aus den USA zeigten wir die Bilder dem Staatssekretär und seinen zuständigen Mitarbeitern. Das machte Eindruck, denn offensichtlich wurde 1970 anlässlich dieser Generalkonferenz erstmals eine DDR-Fahne in den USA öffentlich gezeigt. Einige DDR-Zeitungen berichteten mit Foto darüber – natürlich aus ihrer Sicht.[12] Als die westdeutsche Presse davon erfuhr, kommentierte man es in dem Sinn, dass die Delegierten aus Ostdeutschland die Ausreise nur unter der Bedingung erhalten hätten, dass sie eine DDR-Fahne mitführten.

Der Besuch des Generalkonferenzpräsidenten Robert H. Pierson in der DDR

Der Hinweis darauf, dass es der Präsident der Generalkonferenz gewesen war, der uns ermutigt hatte, eine DDR-Fahne mitzubringen, öffnete ein Jahr später die Türen für einen offiziellen Besuch von Robert H. Pierson in der DDR. Der Termin für die zehntägige Reise vom 3. bis 12. August 1971 war vorsorglich schon in Atlantik-City abgesprochen worden, doch das Beschaffen der Einreisegenehmigung zog sich ungewöhnlich lange hin. Erst nach wiederholtem Nachfragen in der Dienststelle des Staatssekretärs erfuhren wir den Grund: Weil Robert Pierson der oberste Repräsentant der Siebenten-Tags-Adventisten war, war man besorgt, die katholische Kirche könnte sich darauf berufen und ihrerseits den Papst in die DDR einladen. Das aber wollte man unter keinen Umständen! Erst als ich versicherte, dass der Generalkonferenzpräsident nicht mit dem Aufwand eines Papstbesuches auftreten und damit auch kein öffentliches Aufsehen verursachen würde, wurde die Einreise genehmigt.

---

[12] Die Tageszeitung *Neue Zeit* schrieb in ihrer Ausgabe vom 18. Juli 1970 unter der Überschrift „So erfüllten wir unseren Auftrag" unter anderem: „Während ihrer Reise durch die Vereinigten Staat von Amerika hatten die Vertreter der Gemeinschaft nach verschiedenen gottesdienstlichen Veranstaltungen im Gespräch mit Bürgern der USA die Gelegenheit, ein Bild vom Leben ihrer Gläubigen im sozialistischen Staat zu geben. Nicht selten mussten sie dabei das durch die öffentliche Meinungsbildung stark verzerrte Bild über unseren Staat und das Leben unserer christlichen Bürger korrigieren. Es ist zu hoffen, dass dadurch ein guter Beitrag zur Verständigung der Menschen verschiedener Völker geleistet worden ist."

Am Ende des Besuches wurde Robert Pierson vom Staatssekretär für Kirchenfragen empfangen. Während des Festessens in einem Berliner Hotel und bei den anschließenden Gesprächen vermieden es die Regierungsvertreter als Reverenz dem Gast gegenüber, zu rauchen und alkoholische Getränke zu sich zu nehmen. Man respektierte damit die Gepflogenheiten der Adventisten. Diese Begegnung ermöglichte es, dass Robert Pierson fünf Jahre später ein zweites Mal die Gemeinden der DDR besuchen konnte, ebenso sein Nachfolger Neal C. Wilson 1981.

Die Balance bei Dienstreisen und Einladungen

Nach 1970 konnten auch andere Mitglieder der Gemeinschaftsleitung zu Tagungen und Konferenzen ins westliche Ausland reisen. Wir bemühten uns jedoch sowohl bei Ausreisen als auch bei Einladungen, ein Gleichgewicht zwischen Ost und West zu halten, obwohl das keine Bedingung von staatlicher Seite war. Damit konnten wir dem Vorwurf entgegentreten, dass die Adventisten vom Westen her „fremdgesteuert" würden.

Seit den 70er-Jahren war es auch möglich, dass leitende Persönlichkeiten der Adventgemeinde aus sozialistischen und aus westlichen Ländern einschließlich der Bundesrepublik sowie Vertreter der Generalkonferenz aus den USA besondere adventistische Veranstaltungen in der DDR besuchen konnten.

Alle Ein- und Ausreisen mussten über den Sektor Reisefragen beim Staatssekretär abgewickelt werden. Voraussetzung war, dass mit dem schriftlichen Antrag ein detailliertes Programm der jeweiligen Veranstaltung oder Konferenz vorlag. Wenn wir befürchteten, dass Bedenken gegen eine Einreise erhoben werden könnten, versuchten wir vor der schriftlichen Antragstellung in einem Gespräch, die Möglichkeiten auszuloten. Häufig mussten wir eine gewisse Unsicherheit in Kauf nehmen, denn die Visa für die Ein- oder Ausreise wurden meistens erst kurze Zeit vor dem geplanten Termin erteilt. Es kam sogar vor, dass wir die Visa erst am Tag der Einreise bekamen.

Nach und nach gelang es uns, den Kreis derer zu erweitern, die zu Dienstreisen zugelassen wurden. Sogar für Studienaufenthalte von Friedensauer Lehrkräften in England, Frankreich und den USA wurden Genehmigungen erteilt – auch für Gastvorlesungen. Niemals aber ist von Seiten des Staatssekretärs mit einer Ausreise irgendeine Verpflichtung verbunden gewesen; es wurde auch nie die Forderung nach irgendwelchen Berichten erhoben. Für alle Reisenden aber galt die Regel, sich im Ausland jeder negativen Äußerung über die DDR zu enthalten und auch keine positiven Aussagen zu machen, die ausgeschlachtet werden konnten.

Die Einfuhr von Literatur aus dem westlichen Ausland

Die DDR-Regierung fürchtete jede Beeinflussung aus dem westlichen Ausland. Deshalb war die Einfuhr von Zeitungen, Zeitschriften und jedweder Literatur untersagt. Postsendungen aus Westdeutschland wurden grundsätzlich kontrolliert. Wurden Zeitungen oder Bücher in Paketen entdeckt, nahm man sie heraus. Wo man System dahinter vermutete, wurde die ganze Sendung beschlagnahmt.

Das Predigerseminar in Friedensau benötigte jedoch aktuelle Fachliteratur und auch in der Gemeinschaftsleitung wurden Bücher benötigt, die von adventistischen Verlagen in der Bundesrepublik oder in den USA herausgegeben worden waren. Erst Anfang der 70er-Jahre gelang es, dafür Einfuhrgenehmigungen zu erhalten. Entsprechende Anträge dafür mussten über die Abteilung Rechts- und Grundsatzfragen des Staatssekretariats gestellt werden. Jeder einzelne Buchtitel war mit Verfasser, Verlag und Erscheinungsjahr aufzulisten.

Obwohl es bei den Anträgen ausschließlich um theologische Fachliteratur ging, dauerte die Überprüfung oft monatelang. Wiederholt wurden beantragte Titel gestrichen, weil der Verfasser den DDR-Behörden nicht genehm war oder sich irgendwann einmal negativ über die DDR geäußert hatte. Das traf auch zu, wenn der Buchtitel nicht gefiel oder als negative Aussage zur DDR-Politik verstanden werden konnte. Es kam aber vor, dass Titel, die zunächst abgelehnt worden waren, bei einer späteren Antragstellung genehmigt wurden. Wurde schließlich eine Einfuhrgenehmigung erteilt, musste der Absender die Genehmigung obenauf in die Sendung legen und die Genehmigungsnummer sichtbar angeben. Die Bezahlung der Bücher erfolgte stets durch eine Dienststelle der Gemeinschaft in der Bundesrepublik. Schließlich wurde es möglich, eine Genehmigungsnummer zur Einfuhr einiger adventistischer Periodika zu bekommen.

Die Erlangung einer Druckgenehmigung für eine adventistische Gemeindezeitschrift

Gegenüber den Kirchen trat der Staatssekretär für Kirchenfragen als Organ der staatlichen Verwaltung, also des Ministerrats, auf. Er repräsentierte jedoch nur die staatliche Kulisse. Das eigentlich bestimmende Machtzentrum für die Kirchenpolitik war die Arbeitsgruppe Kirchenfragen beim Zentralkomitee der SED; mitunter auch dessen Generalsekretär, meist aber das für Kirchenfragen zuständige Mitglied des Sekretariats des Zentralkomitees. Obwohl dort der verbindliche Kurs für die Kirchenpolitik festgelegt wurde, war es so gut wie unmöglich, mit der Arbeitsgruppe Kirchenfragen beim Zentralkomitee Verbindung aufzunehmen. Die in der Leitung der SED für Kirchenfragen zuständigen Funktionäre vermieden weitgehend persönliche Gespräche.

In das Verwaltungsgebäude des Zentralkomitees der SED kam man nur hinein, wenn beim Diensthabenden im Foyer eine schriftliche Einladung zu einem Gespräch vorlag. Erst nach Rückfrage bei der zuständigen Abteilung wurde man in Begleitung eines Wachhabenden in das betreffende Dienstzimmer geführt. War das Gespräch beendet, wurde man von dort wieder abgeholt.

Soweit ich mich erinnern kann, war ich zweimal in diesem Verwaltungsgebäude. Einmal ging es um einen jungen Adventisten, den man wegen seines Bekenntnisses zur Adventgemeinde von der Oberschule verwiesen hatte und dem es über eine ihm bekannte

Vom Umgang mit Regierungsstellen und Behörden

Mittelsperson gelungen war, sich mit diesem Anliegen ans Zentralkomitee zu wenden. Ich wurde in dieser Frage zu einer Unterredung gebeten. Die Angelegenheit ließ sich einvernehmlich klären. Das andere Mal kam ich in diese „Hochburg der SED", um ein Schreiben der Gemeinschaftsleitung in Verbindung mit dem 30. Jahrestag der DDR zu übermitteln. Wir nutzten diesen Anlass, um eine Druckgenehmigung für eine eigene Gemeindezeitschrift zu beantragen.

Die Leitung des Ostdeutschen Verbandes hatte kurz nach Kriegsende nicht die Möglichkeit genutzt, eine eigene Gemeindezeitschrift herauszugeben. Kurzzeitig bestand damals die Bereitschaft der sowjetischen Besatzungsmacht, den Kirchen und Freikirchen die Lizenz für eine Zeitschrift zu erteilen. Da zu dieser Zeit der Alliierte Kontrollrat noch für ganz Deutschland zuständig war, hoffte man im Ostdeutschen Verband, der Advent-Verlag in Hamburg könne wie früher die Gemeindezeitschrift *Der Adventbote* für ganz Deutschland herausgeben. Zum andern stand auch niemand innerhalb der Gemeinschaft zur Verfügung, der für die Herausgabe einer weiteren Zeitschrift die erforderliche redaktionelle Erfahrung hatte.

Einige Jahre später zeigten sich die Folgen dieser vertanen Chance. Weil die Regierung der DDR in den vierzig Jahren keine der von der sowjetischen Militäradministration für Kirchen erteilten Lizenzen aufhob, stand für das Presseamt der DDR fest, dass es genügend Kirchenzeitungen gab und deshalb keine weitere Lizenz erteilt werden müsste.

Über drei Jahrzehnte lang hatte die Gemeinschaftsleitung kein Publikationsorgan. Der einzelne Adventist erfuhr wenig von dem, was in anderen Adventgemeinden geschah, geschweige denn von dem, was sich weltweit in den Adventgemeinden ereignete. Auch durch eigene Vervielfältigungen konnte kein Informationsersatz geschaffen werden, denn in der DDR-Zeit bedurfte jedes vervielfältigte oder gedruckte Blatt einer behördlichen Genehmigung.

Als ich auf der Verbandskonferenz im Dezember 1968 zum Vorsteher gewählt worden war, hielt ich eine regelmäßige Kommunikation zwischen Gemeinschaftsleitung und Gemeindegliedern für unverzichtbar. Darum stellte ich im Frühjahr 1969 nach mündlichen Vorgesprächen bei der Dienststelle des Staatssekretärs für Kirchenfragen einen Antrag auf Erteilung einer Lizenz für eine monatliche Gemeindezeitschrift.

Auf solche Anträge gab es nur selten eine schriftliche Antwort. Das war auch im Fall der Gemeindezeitschrift so. Schließlich teilte ich dem Staatssekretär im Auftrag der Gemeinschaftsleitung schriftlich mit, dass ich mich in dieser Angelegenheit an den Vorsitzenden des Ministerrats wenden würde. Das war zehn Jahre später, im Juli 1979. Doch auch das führte nicht zum Ziel.

Der Leiter des Presseamtes war unmittelbar dem Vorsitzenden des Ministerrats untergeordnet und argumentierte gegenüber dem Staatssekretär für Kirchenfragen, „er sei an eine prinzipielle Festlegung gebunden, den Sektor der Kirchenliteratur nicht auszuweiten. Da man dieses Argument nicht in der Auseinandersetzung verwenden kann, bleibt als Begründung für die Ablehnung des Antrages nur der Hinweis auf die angespannte Papiersituation."[13] Von der Sachbearbeiterin in der Dienststelle des Staatssekretärs wurde mir daher gesagt, man sei aufgrund der Papiersituation in der DDR nicht in der Lage, eine Lizenz für eine Gemeindezeitschrift zu erteilen. Daraufhin machte ich den Vorschlag, alle Gemeindeglieder zu besonderen Altpapiersammlungen aufzurufen, um dem Papiermangel abzuhelfen. Das wurde natürlich abgewiesen.

Einen Tag vor den Feierlichkeiten zum 30. Jahrestag der DDR 1979 beriet ich mich im engsten Mitarbeiterkreis, ob wir nicht einen letzten Versuch an allerhöchster Stelle mit einem Glückwunschreiben an Honecker wagen sollten. Das Schreiben wurde entworfen. Es enthielt auch einen geistlichen Aspekt, indem wir auf unsere Fürbitte vor Gott für die Regierenden hinwiesen.

Dann meldete ich mich telefonisch in der Dienststelle des Staatssekretärs für Kirchenfragen. Dort erklärte ich, dass wir als Vorstand der Gemeinschaft der Siebenten-Tags-Adventisten ein Glückwunschreiben an den Vorsitzenden verfasst hätten – leider

---

[13] Siehe Bundesarchiv, Bestandssignatur 0-4,448; Aktennotiz vom 16.08.1979.

etwas sehr spät. Ich bat deshalb um Erlaubnis, das Schreiben persönlich im Gebäude des Staatsratsvorsitzenden abgeben zu dürfen – und zwar unverzüglich. Erstaunlicherweise erhielt ich die Erlaubnis dazu. Man versprach, das Empfangsbüro zu benachrichtigen. So kam dieses Schreiben direkt zum Referenten des Staatsratsvorsitzenden, der es dann an Erich Honecker weitergab.

Wenige Tage darauf wurde ich telefonisch vom Leiter des Presseamtes beim Ministerrat aufgefordert, baldmöglichst vorzusprechen. Ohne weitere Erklärung – auch das Glückwunschschreiben blieb unerwähnt – wurde mir mitgeteilt, dass auf Weisung des „Genossen Honecker" eine Lizenz für eine monatliche Zeitschrift der Siebenten-Tags-Adventisten ausgestellt werden soll. Das Schreiben anlässlich des 30. Jahrestages war also nicht vergeblich gewesen.[14]

Wir hatten zwar schon wiederholt Anträge gestellt, nie aber über Titel, Umfang und Auflagenhöhe einer Zeitschrift nachgedacht (auch nicht darüber, wer als Schriftleiter dafür verantwortlich sein sollte). Da das Presseamt umgehend eine Vollzugsmeldung an Honecker weitergeben wollte, war ich genötigt, darüber sofort Angaben zu machen, ohne mich mit meinen Mitarbeitern beraten zu haben.

Binnen einer knappen Stunde waren alle Formalitäten erledigt und der Lizenzvertrag wurde unterschrieben – nach zehn Jahren vergeblichen Mühens. Erst nach Ende der DDR konnten wir in den Gemeinden offen darüber berichten, auf welche Weise Gott geholfen hatte. Als Gemeinschaftsleitung hatten wir erneut erfahren, dass der Rat Jesu „Seid klug wie Schlangen, aber ohne Verschlagenheit wie Tauben" (Matthäus 10,16 Hfa) seine Berechtigung hat.

Fortan erschien bis 1990 die Zeitschrift *Adventgemeinde* mit einer Auflage von 8000 Exemplaren. Die Gemeinden waren dankbar für dieses Kommunikationsmittel, das auch die Verbundenheit unter-

---

[14] Staatssekretär Hans Seigewasser berichtete am 12. Oktober 1979 in einem Schreiben an den „Genossen Stoph": „Dieser positive Entscheidungsvorschlag ist dadurch beschleunigt worden, dass die Gemeinschaft der Siebenten-Tags-Adventisten in ihrem Grußschreiben zum 30. Jahrestag der DDR an den Vorsitzenden des Staatsrates und Generalsekretärs des ZK der SED, Genossen Honecker, erneut die Bitte ausgesprochen hat, ihrem Anliegen zu entsprechen."; Bundesarchiv, Bestandssignatur 0-4.448.

einander förderte. Auch Nichtadventisten abonnierten die Zeitschrift. Wie alle anderen Zeitungen und Zeitschriften in der DDR wurde sie über den Postzeitungsvertrieb ausgeliefert.

Die Kontakte zum Ministerium für Kultur

Zum Ministerium für Kultur gehörte auch die Hauptabteilung Verlage. Sie war für den Druck sämtlicher Literatur in der DDR zuständig – auch der kirchlichen und freikirchlichen. Als Adventgemeinde waren wir bei der Herausgabe von Schrifttum an den Union-Verlag in Berlin gebunden. Von dort aus wurden die Anträge auf Druckgenehmigung weitergeleitet. Offiziell gab es in der DDR keine Zensur. Doch ohne eine positive Einschätzung des vom Ministerium bestellten Gutachters gab es keine Lizenz.

So wurde beispielsweise von der verantwortlichen Leiterin der Hauptabteilung Verlage im Ministerium verlangt, aus dem Manuskript eines Jugendliederbuchs der Adventgemeinde die drei Lieder zu streichen: „Macht Platz, räumt auf", „Wenn andere dich verlassen", „Herr, wohin führt unser Weg". Diese Liedtexte entsprachen nicht dem Bild der Partei von der sozialistischen Gesellschaft.

Nachdem ein Manuskript von Walter Eberhardt über Kirchengeschichte eingereicht worden war, äußerte sich der Gutachter mit der Bemerkung: Er habe die Kirchengeschichte mit großem Interesse gelesen, da sie nicht – wie sonst üblich – katholischer oder evangelischer Herkunft sei. Von 1968 an konnten schließlich drei Bände herausgegeben werden.

Freundlich im Umgang – eindeutig in der Sache

Die Gemeinschaftsleitung war in vielen Fällen auf das Verständnis und Wohlwollen der staatlichen Organe angewiesen. In der DDR fehlte die für eine Demokratie notwendige Trennung von Legislative und Exekutive. Über den Rechtsweg ließ sich kaum etwas einfordern. Darum galt für jedes Gespräch der Grundsatz: Freundlich im Umgang – eindeutig in der Sache. Wenn mir ein Gesprächspartner in aller Breite die Vorgänge in der Welt erklärte, weil er meinte, er müsse die innenpolitischen Maßnahmen der Regierung erläutern, galt es, aufmerksam oder zumindest geduldig zuzuhören. Schließlich ging es darum, die Möglichkeit zum Gespräch offen zu halten und dabei das Notwendige zu sagen. Das war mitunter ein Balanceakt.

Unsere Glaubensüberzeugung half uns, die Funktionäre von Staat und Partei nicht als Gegner, sondern als Gesprächspartner anzusehen. Wir bemühten uns, bei Kontakten und Verhandlungen den Menschen zu sehen und nicht den Funktionär. Zuweilen war das nicht leicht, dennoch haben wir daran festgehalten: Gottes Liebe gilt allen!

Das war zugleich ein Grund, unsere Gemeinden an die biblische Aufforderung zu erinnern, Fürbitte für alle Regierenden zu leisten, auch für die in der DDR. In der Regel wurde das verstanden und half, manches Unrecht zu ertragen. Wo sich eine Gelegenheit bot, konnte ich deshalb auch meinen Gesprächspartnern sagen, dass in unseren Gemeinden für die Verantwortlichen im Staat gebetet wird.

Da ich wusste, wie schwierig, zuweilen sogar verfänglich, solche Unterredungen sein konnten, in denen es um Anliegen der Gemeinschaft oder Probleme einzelner Glieder ging, bat ich zuvor Gott stets um Weisheit. Bei besonders kritischen Angelegenheiten kamen wir zuvor im Verbandsbüro zu einer Gebetsgemeinschaft zusammen. Das gab uns die innere Gewissheit, dass der Herr der Gemeinde hinter uns steht.

Als es 1972 in der DDR um das Gesetz zur Freigabe des Schwangerschaftsabbruchs in den ersten drei Monaten ging, wurden aufgrund der geäußerten Bedenken auch die Vertreter der Freikirchen von der Dienststelle des Staatssekretärs eingeladen. Dabei kam es wohl das einzige Mal zu einem echten Dialog. Als wir Adventisten unsere Überzeugung erläutert hatten, gewannen wir den Eindruck, dass man sich ehrlich bemühte, uns zu verstehen. Es gab auch keinerlei Einwände dagegen, dass eine Stellungnahme der Gemeinschaft veröffentlicht und als Leitlinie in den Gemeinden vertreten würde. In ihr betonten wir, dass der Abbruch einer Schwangerschaft für uns kein möglicher Weg der Geburtenregelung, sondern Tötung menschlichen Lebens sei, die uns vor Gott schuldig macht, und der Abbruch nur für den Fall, dass das Leben der Mutter bedroht ist, erwogen werden muss.[15]

Die Überwachung durch den Staatssicherheitsdienst

Die Überwachung der Kirchen und Freikirchen durch inoffizielle Mitarbeiter begann in der Sowjetischen Besatzungszone bereits 1946 mittels der Deutschen Verwaltung des Innern durch das Kommissariat 5. Erst 1959 wurde für die kleinen Religionsgemeinschaften eine „Operativ-Abteilung" zur geheimdienstlichen Überwachung gebildet, die 1964 als Spezialabteilung der Hauptabteilung Kriminalpolizei K 1 zugeordnet wurde.[16] Sie arbeitete in enger Verbindung mit dem Ministerium für Staatssicherheit und hatte vergleichbare Strukturen.

Aus verschiedenen Vorläufern wurde schließlich 1955 als eigenständige Organisation das „Ministerium für Staatssicherheit" (MfS). Eine Kontrolle durch das Parlament oder durch den Ministerrat war nicht vorgesehen. Es handelte sich, wie der Stellvertretende Ministerpräsident Otto Nuschke zum Ausdruck brachte, um eine „Behörde eigener Verantwortung".[17]

Ziel des Ministeriums war es, mit geheimdienstlichen Mitteln die innere und äußere Sicherheit der Wirtschaft und des Staates zu gewährleisten. Bald aber entwickelte sich daraus ein flächendeckendes System zur Überwachung der Bevölkerung, um jede Art oppositioneller Aktivität bereits im Keim zu ersticken. Da die Kirchen und Freikirchen in der DDR größtenteils in irgendeiner Form Westbeziehungen unterhielten, wurden sie ebenfalls überwacht.

---

[15] Diese Stellungnahme wurde durch einen Arbeitskreis von adventistischen Ärzten, Theologen und Seelsorgern erarbeitet und vom Verbandsausschuss beschlossen. Der Wortlaut der Erklärung ist hinterlegt im Historischen Archiv der STA in Europa, Sitz Friedensau.
[16] Lothar Beaupain, *Eine Freikirche sucht ihren Weg*, Wuppertal 2001, beschreibt auf S. 186-200 ausführlich die Entstehung und Funktion der Hauptabteilung Kriminalpolizei K 1.
[17] In: *SBZ-Archiv* 3 (1952), S. 18.

Darüber hinaus versuchte das Ministerium für Staatssicherheit in einer langfristig angelegten Konzeption, die Kirchen durch hochrangige „informelle Mitarbeiter" in kirchlichen Schlüsselpositionen systematisch zu unterwandern und sie damit mittelbar zu beeinflussen.[18] Derartige Versuche von Beeinflussung oder Steuerung der Leitung der Siebenten-Tags-Adventisten durch das MfS sind jedoch bisher nicht bekannt geworden.

Das Augenmerk des Ministeriums für Staatssicherheit war jedoch primär auf Einzelpersonen gerichtet. Die SED misstraute sogar ihren Getreuesten: Langjährige SED-Funktionäre wurden als Mitarbeiter des MfS angeworben und unter anderem auch auf Genossen angesetzt. Dazu benutzte es zuletzt rund 175 000 inoffizielle Mitarbeiter. Auf 1000 DDR-Bürger kamen etwa 5,5 Mitarbeiter der Stasi – in der Sowjetunion waren es in den entsprechenden Diensten nur 1,8, in der Tschechoslowakei 1,1 Personen.[19]

Nicht selten wurden Bürger der DDR unter Druck gesetzt, um sie zur Mitarbeit für die Stasi zu nötigen. So hatte man unter anderem einem Pastor unserer Gemeinschaft, der schuldhaft einen Verkehrsunfall verursacht hatte, Straffreiheit zugesichert, wenn er Informationen über die Gemeinschaftsleitung in Berlin liefern würde. Der machte jedoch umgehend dem zuständigen Vereinigungsvorsteher Mitteilung über den Anwerbungsversuch. Dem zuständigen Stasioffizier wurde das beim nächsten Gespräch mitgeteilt. Daraufhin wurde der Pastor nicht mehr bedrängt. Aber nicht immer gab die Stasi so schnell auf.

Familie X hatte wiederholt einen Ausreiseantrag gestellt. Da sie in Schwierigkeiten gekommen war, wurde sie vom Gemeindepastor in ihren Bemühungen unterstützt. Er stellte seine eigene Anschrift für die Post der Familie zur Verfügung. Der Stasi blieb das nicht verborgen. Sie benachrichtigte die Dienststelle des Staatssekretärs für

---

[18] Siehe Clemens Vollnhals, *Die kirchenpolitische Abteilung des Ministeriums für Staatssicherheit*, Berlin 1997, S. 37.
[19] Angeführt in: Jens Giesecke, *Die DDR-Staatssicherheit, Schild und Schwert der Partei*, Bonn 2000, S. 7.

Kirchenfragen. In einem Schriftstück vom 11.6.1980 ist folgende Beurteilung niedergelegt: „Diese festgestellten Handlungen des Predigers ... stellen Straftaten im Sinne einer staatsfeindlichen Verbindungsaufnahme bzw. landesverräterischen Agententätigkeit dar und können deshalb strafrechtliche und strafprozessuale Konsequenzen nach sich ziehen."[20]

Als Vorsteher der Gemeinschaft wurde ich daraufhin zu einem vertraulichen Gespräch unter vier Augen zum Staatssekretär Klaus Gysi gerufen. Er erklärte, dass er einen politischen Eklat vermeiden wolle und schlug deshalb vor, den betreffenden Prediger umgehend in einen anderen Bezirk der DDR zu versetzen, damit er aus dem „Schussfeld" jener Bezirksverwaltung der Stasi herauskomme. Sonst könne er nichts für ihn und damit für uns als Gemeinschaft tun.

Daraufhin wurde der Prediger von der Gemeinschaft in einen anderen Bezirk der DDR versetzt, ohne dass wir dafür eine Erklärung geben konnten. Dort wurde kein Verfahren gegen ihn eingeleitet. Erst nach der Wende erfuhr der Prediger aus den Akten von der Gefahr, die ihm und seiner Familie gedroht hatte.

Wenn wir auch erst nach der Wiedervereinigung vom ganzen Umfang dieses Überwachungssystems erfuhren, so hatte uns doch die Erfahrung der Nazizeit gelehrt, jede Verbindung mit Überwachungsorganisationen zu meiden. Aus den bisher bekannten Unterlagen ist zu ersehen, dass keiner aus der Leitung in den Vereinigungen oder im Verband der Adventgemeinde direkte Kontakte zu Mitarbeitern des Ministerium für Staatssicherheit hatte noch irgendwelche Verpflichtungen eingegangen war.

Bei der Aufarbeitung der Stasiunterlagen wird leider zu wenig an diejenigen gedacht, die sich weigerten, Spitzeldienste zu tun, obwohl ihnen empfindliche Nachteile drohten. Unter ihnen gab es auch einige Adventisten. Ihre Geschichte sollte im Rückblick auf die 40 Jahre DDR auch einmal aufgeschrieben werden.

---

[20] Bundesarchiv, Bestandssignatur 04,448, Bd. I.

Kontakte durch die „Christlichen Arbeitskreise" der Nationalen Front

Die Blockparteien der DDR bildeten die sogenannte „Nationale Front", die wiederum „Christliche Arbeitskreise" ins Leben rief. Ein- bis zweimal im Jahr wurden Pastoren, Mitglieder von Gemeindekirchenräten und Gemeindeleiter eingeladen. Diese Zusammenkünfte trugen politisches Gepräge, wollte man doch den kirchlichen Vertretern die Politik der DDR einsichtiger machen. Keiner war gezwungen, daran teilzunehmen, doch dabei ergab sich die Möglichkeit politischer Information – zuweilen auch die Chance, Bedenken über staatliche Maßnahmen zu äußern, soweit diese nicht grundsätzlicher Natur waren.

Bemerkenswert ist, dass seit Ende der 50er-Jahre ausgerechnet diese „Christlichen Kreise" ungewollt dazu beitrugen, Kontakte der Pastoren der verschiedenen Kirchen und Freikirchen zu knüpfen. Damit wurde – völlig unbeabsichtigt – der Dialog untereinander gefördert. Da saß beispielsweise ein evangelischer Pfarrer neben einem adventistischen Prediger, einem Pastor der methodistischen Kirche oder einem Mitglied eines katholischen Gemeinderates (katholische Priester nahmen in der Regel auf Weisung ihrer Bischöfe nicht teil). Mancher besuchte diese politischen Versammlungen nur, um die Kontakte zu Amtsbrüdern zu pflegen.

Die Bedeutung der Ost-CDU

Christen hegten zunächst gewisse Hoffnungen, als in der Anfangszeit der Sowjetischen Besatzungszone die Christlich Demokratische Union (CDU) als Partei zugelassen wurde. Doch durch die unnachgiebige Blockpolitik der SED büßte sie bald ihre Eigenständigkeit ein. In den 70er- und 80er-Jahren wurde sie schließlich auf dem Gebiet der Kirchenpolitik zu einem Anhängsel der SED, das kaum noch Einfluss nehmen konnte. Letztlich hat sich die SED zu keiner Zeit von der CDU den Bereich Kirchenpolitik aus der Hand nehmen lassen.

Als Blockpartei sollte die CDU zu Gunsten der DDR auf Pfarrer, kirchliche Mitarbeiter und kirchenleitende Persönlichkeiten Einfluss nehmen. Das tat sie unter anderem durch Briefaktionen, vor allem aber durch die Förderung der Begegnungen in den „Christlichen Kreisen" der Nationalen Front. Wohl wussten wir in der Gemeinschaftsleitung, dass die Ost-CDU keinen maßgeblichen Einfluss auf die Kirchenpolitik hatte, aber wir haben – zuweilen sogar vertrauliche – Informationen aus dem CDU-Hauptvorstand bekommen, für die wir sehr dankbar waren. (Näheres siehe S. 184f.) Nach dem Ende der DDR stellte sich heraus, dass man seitens des Ministeriums für Staatssicherheit „von der Kreissekretärsebene bis hin zu der für Kirchenangelegenheiten zuständigen Führung in Berlin inoffizielle Mitarbeiter platziert hatte"[21], weil man den „Unionsfreunden" offenbar nicht traute. So war auch CDU-Material aus angefertigten Stimmungsbildern an die Staatspartei und deren Geheimdienst weitergegeben worden. Von daher ist auch die Beurteilung zu verstehen: „Die CDU war somit zu einem Informationsbeschaffungs- und Beeinflussungsinstrument der SED und des MfS degeneriert."[22]

Im Nachhinein werden Partei- und Staatsfunktionäre der DDR zuweilen einseitig und falsch beurteilt, als ob sie willfährige Werkzeuge eines politischen Systems waren. Im Laufe der Zeit mussten wir erkennen, dass deren Handlungsspielraum auch auf höherer Ebene eng begrenzt war. Selbst wenn sie differenzierte Meinungen vertraten, waren sie letztlich genötigt, sich der Partei unterzuordnen.

In den relativ seltenen Begegnungen unter vier Augen ließ mancher Funktionär durchblicken, dass er Verständnis für unsere Anliegen als Freikirche hatte. Aber unter den Genossen kannte jeder die Konsequenzen für den Fall, dass er sich nicht an die Vorgaben der SED hielt: den Verlust der eigenen Position und der damit verbundenen Vorteile. Wer wollte es denen verargen, die davor zurückschreckten?

---

[21] Besier, *Der SED-Staat und die Kirche – 1983-1991*, Berlin 1995, S. IX.
[22] Manfred Richter, *Die Ost-CDU 1948-1952, Zwischen Widerstand und Gleichschaltung*, Düsseldorf 1991, S. 329.

Kapitel 10

Die Gemeinschaft vor Herausforderungen und Grenzen

Bis 1953 hatten sich bereits etwa 3000 Gemeindeglieder aus dem Ostdeutschen Verband in den Westen abgesetzt – nicht nur in die Bundesrepublik, sondern auch in die USA, nach Kanada oder Australien. Viele dieser Entscheidungen waren verständlich, denn Studium und beruflicher Aufstieg waren für junge Leute, die sich offen zum christlichen Glauben bekannten, kaum möglich. Besorgniserregend war nicht nur die Zahl der Flüchtenden, sondern vor allem die Tatsache, dass vorwiegend jüngere Gemeindeglieder wegzogen, häufig Familien mit Kindern, die in den Gemeinden nötig gebraucht wurden. Wenn sich die Abwanderung auch nicht in allen Gemeinden gleichermaßen dramatisch auswirkte, so war doch nicht zu übersehen, dass die Überalterung zunahm. Darauf musste reagiert werden. Es galt also, sich intensiv um den Nachwuchs in den Gemeinden zu kümmern.

Die Sorge für die Kinder und Jugendlichen der Gemeinden

Die Abteilungsleiter für Kinder- und Jugend in den Vereinigungen (Jugendsekretäre) führten verstärkt regionale Zusammenkünfte für Jugendliche durch. Wo es Adventisten gab, die ein Gehöft hatten, wurden solche Möglichkeiten genutzt. In der Scheune übernachtete man; die Bauern sorgten für Verpflegung und einen Versammlungsraum. Der Sabbatgottesdienst wurde meistens in der Dorfkirche abgehalten. In der Regel freuten sich die Pfarrer, wenn viele Jugendliche in ihre Kirche kamen. Ewald Oestreich,[1] ab 1953 Jugendabteilungsleiter des Verbandes, ermutigte dazu, sich in der örtlichen Gemeinde verstärkt für die Betreuung der Kinder einzusetzen. Außerdem regte er Kinderevangelisationen an, für die er selbst das erforderliche Anschauungsmaterial beschaffte. So erhielten die Kinderdiakone in den Gemeinden Anschauungshilfen, zum Beispiel farbige Flanellbilder und schriftliche Vorlagen, damit biblische Geschichten spannend erzählt und bildhaft dargestellt werden konnten. Besonders junge Prediger und die für Kinder- und Jugend zuständigen Abteilungsleiter der Vereinigungen setzten sich dafür ein. Das gab neue Impulse für die Kinderarbeit in den Gemeinden, an der vermehrt auch Freunde von Gemeindekindern teilnahmen.

Die nach und nach geschaffenen Gemeindezentren boten gute Voraussetzungen für die Durchführung der Bibelwochen für Kinder. Eigentlich durfte es das nicht geben, denn für die Betreuung der Kinder- und Jugendlichen waren allein die staatlichen Jugendorganisationen „Junge Pioniere" und „Freie Deutsche Jugend" zuständig. Es gab deshalb auch keine „Pfadfinder" – der Begriff war in der DDR suspekt. Wir sprachen stattdessen von „Jungfreunden".

In den Gemeindehäusern ließ sich manches realisieren, wenn man nur behutsam genug vorging. Es zeigte sich, dass auch für die Jungfreunde im Alter von 8 bis 15 Jahren etwas getan werden musste. Dazu boten neben den Sommerferien auch die in der DDR üblichen dreiwöchigen Winterferien im Februar eine gute Gelegenheit. Für die Jungfreunde wurden durch die Prediger spezielle Bibelwochen durchgeführt. Sie fanden guten Zuspruch. Viele Kinder kamen sowohl in den Sommer- als auch in den Winterferien. Pro Jahr konnten bis zu 500 Jungfreunde eine ganze Woche hindurch betreut werden. Neben den nachhaltigen Eindrücken, die ein sol-

---

[1] Ewald Oestreich (1911-1996); 1930-1934 Buchevangelist in Kanada, ab 1934 Prediger in Frankfurt/Oder und Sprottau (Niederschlesien), von 1946-1949 in Erfurt; 1949-1953 Jugendabteilungsleiter in Thüringen und Sachsen-Anhalt, 1953-1960 im Verband; 1960-1976 Vorsteher der Berliner und der Westsächsischen Vereinigung; seitdem im Ruhestand.

ches Gemeinschaftserlebnis gewährte, halfen die Bibelwochen, im Glauben gewisser zu werden und gegen die Beeinflussung durch die Lehrer gewappnet zu sein – auch gegen den Druck, der in der DDR zunehmend über die Jugendweihe ausgeübt wurde.

1955 war in München ein Jugendkongress für die deutschsprachigen Länder geplant. Vorgesehen war, dass eine größere Gruppe Jugendlicher aus der DDR daran teilnehmen sollte. Die dafür beantragte Genehmigung wurde von den Behörden ohne Begründung abgelehnt. Nur Einzelne, die gerade zu dieser Zeit zum Verwandtenbesuch ausreisen durften, konnten teilnehmen.

Um die Enttäuschung unserer Gemeindejugend etwas zu mildern, hatten die Jugendabteilungsleiter im Verband und in den Vereinigungen an vier Orten jeweils von Montag bis Sabbat zu Jugendwochen eingeladen. Alles war sehr einfach, aber das Gemeinschaftserlebnis tat gut. Die Initiatoren einigten sich darauf, in Zukunft regelmäßig solche Zusammenkünfte durchzuführen.

Zwei Jahre zuvor hatten DDR-Behörden Rüstzeiten der „Jungen Gemeinde" verboten. Wir mussten uns deshalb etwas einfallen lassen. Der Begriff „Rüstzeit" war in den Augen der Behörden anrüchig, „Freizeiten" durften nur von der FDJ, nicht aber von Kirchen organisiert werden. Es musste also eine andere Bezeichnung gefunden werden, denn ohne Genehmigung bei den Behörden lief nichts. So wählten wir kurzerhand die Bezeichnung „Bibelwoche" für diese Art von Zusammenkünften. Die Abteilungsleiter verständigten sich auf eine verbindliche Grundstruktur der Bibelwochen. Zwei Sabbate sollten zu jeder Bibelwoche gehören, und die sollten so gestaltet sein, dass der Ruhetag wirklich sabbatliches Gepräge trug. Die Anreise erfolgte jeweils donnerstags, die Abreise zehn Tage später am Sonntagvormittag. Nach gemeinsamer Morgenandacht war für den Vormittag ein Bibelstudium vorgesehen; in einem zweiten Referat wurden aktuelle Lebensfragen erörtert. Zwei Ganztagsausflüge – Museumsbesuche, Führungen zu Sehenswürdigkeiten oder Wanderungen – standen außerdem auf dem Programm. Die weitere Gestaltung lag im Ermessen der einzelnen Jugendabteilungsleiter. Dieses Modell bewährte sich über drei Jahrzehnte.

1956 wurde mit vier Bibelwochen begonnen. Im Laufe der Zeit erweiterten wir das Programm auf bis zu 20 Bibelwochen pro Jahr mit rund 600 Teilnehmern. In den ersten Jahren wurden von der Volkspolizei mit fadenscheinigen Begründungen zwei Bibelwochen aufgelöst. Aber das blieben Einzelfälle. Die Teilnehmerzahl stieg beständig. Später kamen Wanderbibelwochen im Thüringer Wald oder im Erzgebirge hinzu, auch Bibelwochen für Musikfreunde und Chorsänger sowie für Studenten und für verlobte Paare. Orte und Termine wurden landesweit ausgeschrieben. Das bedeutete: Jugendliche aus Mecklenburg konnten an einer Bibelwoche in Sachsen oder in Thüringen teilnehmen und umgekehrt. Es bedurfte schon einiger Jahre, wollte man die verschiedenen Bibelwochenplätze kennenlernen. Nicht selten kamen Freundschaften zustande, die auf weiteren Bibelwochen gefestigt wurden.

Ohne Frage trug die Situation in der DDR dazu bei, dass die jungen Leute diese Bibelwochen gern nutzten. Wo es nur wenige Jugendliche in einer Gemeinde gab oder man völlig allein stand, wurde das Zusammensein mit anderen besonders geschätzt. Mancher hat auf einer Bibelwoche seine Entscheidung für die Nachfolge Jesu getroffen. Wo es sich ergab, wurde bei diesen Zusammenkünften auch ein Taufgottesdienst durchgeführt; häufig ein Anstoß für andere, sich bei nächster Gelegenheit ebenfalls taufen zu lassen. Mancher Jugendliche lernte auch seinen künftigen Lebenspartner auf einer Bibelwoche kennen. Rückblickend bestätigten viele Teilnehmer, dass sie durch die Bibelwochen nachhaltig im Glauben geprägt worden sind. Und die jungen Prediger, die als Helfer eingesetzt waren, erhielten durch sie entscheidende Impulse für die Jugendarbeit in ihren Gemeinden.

Der Dienst für Sehbehinderte

Zu den vielfältigen Aufgaben, die von der Gemeinschaft damals aufgegriffen wurden, gehörte auch die Arbeit für Blinde und Sehbehinderte. Den Anstoß dazu gaben Sehbehinderte aus örtlichen Adventgemeinden. Einzelne Prediger hatten damit begonnen, adventistische Literatur für sie auf Tonband zu sprechen. Die Gemeinschaftsleitung erkannte bald die Notwendigkeit, den Dienst an Sehbehinderten zentral zu organisieren. In Friedensau waren durch das Studio „Bild und Ton" die technischen Voraussetzungen dafür gegeben und zugleich stand in dem Leiter des dortigen Rüstzeit- und Erholungsheimes, Heinz Janus,[2] ein einfühlsamer Seelsorger zur Verfügung, der den sogenannten „Blindendienst" übernehmen und ausbauen konnte.

Über die Gemeinden erfuhr der Blindendienst die Anschriften von Sehbehinderten, denen dann regelmäßig Tonbandkassetten vom Studio Friedensau zugesandt wurden. Es stellte sich bald heraus, dass auch Blinde, die nicht zur Adventgemeinde gehörten, diesen Dienst gern in Anspruch nahmen.

Von 1981 an wurde diese Arbeit durch die ein- bis zweimal jährlich anberaumten Rüstzeiten für Sehbehinderte und deren Begleiter in Friedensau ergänzt. Diese 14-tägigen Freizeiten fanden regen Zuspruch. Bis zu 50 Personen nahmen jeweils daran teil. In ihnen leisteten Siegfried Serbe, ein Blindenlehrer, und seine Frau Elsbeth, die in einem Rehabilitationszentrum für Blinde tätig waren, einen wertvollen Dienst. Sie opferten dafür jeweils einen Teil ihres Jahresurlaubs und unterwiesen die Blinden im Gehen mit dem Stock und gaben praktische Hilfen für den Alltag und in Rechtsfragen.

Auch die Begleitpersonen lernten in diesen Rüstzeiten optimal mit ihren „Schützlingen" umzugehen. Das war besonders für spät Erblindete eine unschätzbare Hilfe. Eine Friedensauer Mitarbeiterin, Waltraut Hübner, nahm an einem Sonderkurs für Blindenpunktschrift teil. So ergaben sich bessere Möglichkeiten zur Kontaktaufnahme mit Sehbehinderten.

Die Friedensauer Rüstzeiten für Sehbehinderte wurden ab 1985 auf andere Körperbehinderte erweitert. Durch die geistliche Betreuung und praktische Hinweise wurde ihnen geholfen, ihre Situation besser anzunehmen und mit ihr zurechtzukommen.

---

[2] Heinz Janus (geb. 1930); ab 1954 Gemeindepastor in Magdeburg, Halle, Rostock und Dresden; Leiter des Rüstzeit- und Erholungsheims in Friedensau 1979-1993. Seitdem im Ruhestand.

Die Adventgemeinde in der DDR

Die Schaffung von Stützpunkten für die Förderung geistlichen Lebens

Es erwies sich für die Adventgemeinde während der DDR-Zeit von unschätzbarem Nutzen, dass das Friedensauer Erholungsheim für Rüstzeiten und Tagungen 85 Gäste aufnehmen konnte, notfalls sogar bis zu 110 Personen. Bald stellte sich jedoch heraus, dass die räumlichen Möglichkeiten in Friedensau bei weitem nicht ausreichten, um allen Erfordernissen gerecht zu werden. Außerdem waren für viele die Anfahrtswege zu weit, zumal die Motorisierung noch gering war.

Daher bemühten sich die Vereinigungen in ihren Bereichen, eigene Möglichkeiten für Tagungen und Rüstzeiten zu schaffen. Nach und nach konnten durch Um- und Erweiterungsbauten das Tagungszentrum „Waldpark" in der Nähe von Chemnitz, der „Sonnenhof" am Stadtrand von Dresden, die „Wachtelburg" in Werder bei Berlin und ein Gemeindezentrum in Frauenwald auf dem Kamm des Thüringer Waldes geschaffen werden.

Wo sich ein größerer Neubau für eine Ortsgemeinde oder eine Erweiterung des Gemeindehauses ermöglichen ließ, wurden Unterkunftsräume mit Küche und Sanitäranlagen eingeplant. Mit der Zeit konnte das in etwa 30 Gemeinden der DDR realisiert werden. All diese Plätze wurden für Zurüstung und geistliche Förderung in den Vereinigungen genutzt. Die größeren Häuser nahmen neben den Teilnehmern an den verschiedenen Tagungen auch in 14-tägigen Durchgängen Erholungsgäste aus den Gemeinden auf.

Selbstdarstellungen für Pastoren anderer Kirchen

Bei unseren Begegnungen mit kirchlichen Amtsträgern mussten wir feststellen, dass man in Kirchen und Freikirchen oft recht einseitige Vorstellungen vom Leben und von der Lehre der Adventisten hatte. Pastoren und Gemeindeleiter kannten uns meist nur aus den Standardwerken der Sektenkunde. Wie sollten wir dem begegnen? Uns

Die Gemeinschaft vor Herausforderungen und Grenzen

war ja daran gelegen, dass man adventistische Glaubenslehren so kennenlernt, wie wir sie von der Bibel her verstehen.

Wir hatten gehört, dass von Otto Gmehling eine christozentrische Selbstdarstellung der Adventisten erschienen war. Ich nahm Verbindung mit ihm auf und fragte, ob wir seine Broschüre – angepasst an die Sprachgewohnheiten der DDR – übernehmen könnten. Er gab seine Zustimmung, und so erschien 1967 in ansprechendem Leineneinband das 80 Seiten umfassende Buch *Christus der Herr im Glauben und Leben der Siebenten-Tags-Adventisten*. Es war geeignet, unter Geistlichen anderer Konfessionen Vorurteile abzubauen und der Unwissenheit über die Adventisten entgegenzuwirken. In einer von der Predigtamtsabteilung vorgeschlagenen Aktion wurden Amtsbrüder besucht und ihnen als Präsent das Buch überreicht. Häufig kam es dadurch zur Belebung des interkonfessionellen Dialogs und ließ sogar brüderliche Beziehungen entstehen.

1979 entdeckte ich auf dem Informationstisch in einer Regierungsdienststelle die Broschüre *100 Fragen an die Deutsche Demokratische Republik*. Mich machte diese Art der Information neugierig und ich schlug vor, etwas Ähnliches über die Adventgemeinde herauszugeben. Bei Gesprächen mit Behörden musste man oft feststellen, dass kaum jemand mehr als den Namen unserer Gemeinschaft kannte, geschweige denn etwas über Entstehung, Organisation oder über Lehre, Glauben und Gottesdienst wusste.

Der Plan für eine derartige Informationsschrift wurde aufgegriffen und ein achtköpfiges Autorenkollektiv gebildet. So entstand die Broschüre *77 Fragen*. Sie war in sechs Bereiche gegliedert: Entstehung und Geschichte; Aufbau und Organisation; Auftrag und Dienst; Siebenten-Tags-Adventisten und die anderen Kirchen; Lehre und Glauben; Leben und Gottesdienst. Außerdem enthielt sie 14 Bildseiten und informierte über die Adventgemeinde in der DDR wie in der ganzen Welt. Der Text war so gefasst, dass ihn auch Nichtchristen verstehen konnten.

Überraschenderweise hatte der Gutachter keine Einwände, sodass diese Informationsbroschüre bereits 1980 in weit höherer Auflage als sonst üblich erschien. Das war für DDR-Verhältnisse außergewöhnlich. In den folgenden Jahren erschienen drei weitere Auflagen. Gemeindeglieder gaben sie in ihrem Bekanntenkreis weiter, Prediger hatten das Taschenbuch bei Behördenbesuchen bei sich und bei Kontakten der Gemeinschaftsleitung mit Regierungsstellen wurde es ebenfalls weitergegeben. Es zeigte sich, dass mit diesen Informationen aus erster Hand das Bild der Adventgemeinde in der Öffentlichkeit deutlich verbessert wurde.

Regelungen für Predigerfamilien

Die Prediger der Adventgemeinde leisteten in jener Zeit vorbildliche Arbeit. Die Gemeinden spürten, dass sie sich in ihrem Dienst aufopferten. Es konnten zwar nur bescheidene Gehälter gezahlt werden, aber zum Ausgleich versuchte die Gemeinschaft, soziale Lösungen zu finden. Entgegen früherer Gehaltsordnungen, in denen der Höchstlohn mit 36 Dienstjahren erreicht war, wurde beschlossen, dass dies bereits mit dem 14. Dienstjahr erreicht sein sollte. Das war in der Regel die Zeit, in der eine Familie mit Kindern größere Ausgaben hatte. Die Gemeinschaft zahlte neben dem staatlichen auch ein eigenes Kindergeld. Ein Pastor galt in der DDR wenig, in der Öffentlichkeit sah man in ihm häufig ein Überbleibsel aus einer vergangener Zeit. Er sollte deshalb wenigstens wissen, dass sein Dienst von der Gemeinschaft geschätzt wurde.

In der DDR waren fast alle Frauen berufstätig, sofern sie gesundheitlich dazu in der Lage waren. Es gab Vollbeschäftigung wie in kaum einem anderen sozialistischen Staat. Dennoch haben die meisten Predigerfrauen auf eine vollberufliche Tätigkeit verzichtet, um ihren Männern in der Gemeindearbeit zur Seite stehen zu können. In gewisser Hinsicht gehörte das damals zur Ethik des Predigerdienstes.

Die Gemeinschaftsleitung suchte nach Möglichkeiten, den Einsatz der Predigerfrauen in irgendeiner Form zu honorieren. Recherchen ergaben, dass die arbeitsrechtlichen Bestimmungen ein kleines Arbeitsverhältnis mit einem Mindestverdienst von 120 Mark zuließen, bei dem der Arbeitnehmer sozialversichert war und Anspruch auf eine kleine Rente hatte. Der Verbandsausschuss unterstützte den Vorschlag, diese Regelung für Predigerfrauen wahrzunehmen. Dafür wurde eine Mitarbeit der Frau von durchschnittlich acht Stunden wöchentlich erwartet. Die Predigerfrauen setzten sich sowieso in verschiedenen Bereichen der Gemeindearbeit ein oder kochten bei Bibelwochen und Tagungen. Etwa 80% von ihnen stellten den Antrag, als „Gemeindehelferin" eingesetzt zu werden.

Da ein Pastor nach DDR-Verständnis zur nichtarbeitenden Bevölkerung gehörte, war es für ihn und seine Familie fast unmöglich, einen Urlaubsplatz in einem Erholungsheim zu bekommen. Solche Plätze wurden über den Freien Deutschen Gewerkschaftsbund zu Niedrigpreisen vermittelt. Auch für dieses Problem versuchte die Gemeinschaft eine Lösung zu finden. Nutzten Predigerfamilien einen Urlaubsplatz in einem der adventistischen Heime, so erhielten sie einen Kostenzuschuss.

Darüber hinaus versuchte die Gemeinschaft, in landschaftlich schöner Gegend, wie zum Beispiel an der Ostsee, langfristig Bungalows zu mieten, die dann von Predigerfamilien genutzt werden konnten. Ferner wurden zwei Campinganhänger angeschafft, die auf Campingplätzen stationiert waren und Predigerfamilien zur Verfügung standen. Die Buchung aller Ferienplätze erfolgte durch eine neutrale Person.

Ebenso wurde für die Gesunderhaltung der Mitarbeiter Sorge getragen. Jüngere Prediger hatten sich alle fünf Jahre und ältere Mitarbeiter alle zwei Jahre einer gründlichen ärztlichen Untersuchung zu unterziehen. Die Unterlagen erhielt der Vertrauensarzt der Gemeinschaft. Er machte daraufhin Vorschläge für eine „prophylaktische Kur" der Mitarbeiter. In der Regel wurden jährlich sechs Predigern Kuren bewilligt. Bei einigen Kurverwaltungen gelang es, private Vereinbarungen zu treffen, sodass Mitarbeiter dort einen Kurplatz erhalten konnten. Die Kosten übernahm die Gemeinschaft. Wir sahen darin eine Möglichkeit, die Gesundheit und Schaffenskraft unserer Prediger zu erhalten.

Die Alterssicherung der Prediger

Kirchliche Mitarbeiter in der DDR waren auf Grund ihres Beschäftigungsverhältnisses von der Sozialversicherung ausgeschlossen und konnten daher auch keinen Rentenanspruch geltend machen. Die Gemeinschaft in der DDR hatte deshalb eine eigene Pensionskasse geschaffen.

Die Evangelische Kirche bemühte sich in den 70er-Jahren um eine Lösung des Rentenproblems für Pastoren und kirchliche Mitarbeiter. Dank des guten Kontakts, der durch die Arbeitsgemeinschaft Christlicher Kirchen vorhanden war, erfuhren wir von diesem Projekt. Auf meine Bitte hin unterrichtete mich Dr. Manfred Stolpe, damals Leiter der Kirchenkanzlei, über den Stand der Verhandlungen. Um uns als Gemeinschaft zu helfen, stellte er uns sogar vertraulich eine Kopie des Antrags der Evangelischen Kirche zur Verfügung.

Die DDR-Regierung gab den Abschluss dieser Verhandlungen im September 1980 öffentlichkeitswirksam als Ausdruck der guten Beziehungen zur evangelischen Kirche aus. Verschwiegen wurde allerdings, dass die Nachzahlungen in zehn Jahresraten zu je 8 Millionen DM zu leisten waren.[3] Von der Evangelischen Kirche in der DDR, die in all den Jahren erhebliche finanzielle Zuschüsse für ihren Haushalt von den Kirchen der Bundesrepublik erhielt, gab es keine Einwände gegen diese Forderung.

Das zuständige Staatssekretariat für Arbeit und Löhne hatte zunächst rechtliche und politische Bedenken gegen diese Rentenregelung angemeldet. Doch Alexander Schalk-Golodkowski, Leiter des Bereichs Kommerzielle Koordinierung und Devisenbeschaffer der DDR, schrieb in einem Brief an Günter Mittag, Mitglied des Zentralkomitees der SED: „Der ökonomische Vorteil für die DDR besteht darin, dass 60–80 Millionen VM [Valutamark] im Verhältnis 1:1 dem Staat zur Verfügung stehen."[4]

---

[3] Vgl. Protokoll vom 2.7.1979, ABB Bonn, Akte Dreiergespräche 1976-1981, S. 13.
[4] Zitiert nach dem Abschlussbericht (Schalk-Golodkowski-Ausschuss) des 1. Untersuchungsausschusses des 12. Bundestages vom 27.5.1994, S. 303.

Diese finanziellen Vereinbarungen waren uns unbekannt und so reichten auch wir beim Ministerrat der DDR, Abt. Finanzen, einen Antrag ein, in dem um Übernahme unserer Pastoren in die Rentenversorgung gebeten wurde. Nach einiger Zeit teilte man uns mit, dass die Nachzahlung in Valuta, das heißt von der Gemeinschaftsleitung in der Bundesrepublik oder einer anderen westlichen Dienststelle übernommen werden müsse.
Die Situation der Adventgemeinde war aber anders als die der Evangelischen Kirche. Niemand konnte sich vorstellen, wer die geforderte Nachzahlung hätte übernehmen sollte. Es musste also erneut verhandelt werden. Ich wies nachdrücklich darauf hin, dass die Union der Siebenten-Tags-Adventisten in der DDR laut ihrer Verfassung finanziell eigenständig sei und daher in Sachen Nachzahlung keine Forderungen an die Gemeinschaft der Siebenten-Tags-Adventisten in der Bundesrepublik Deutschland stellen könne. Zum anderen stünde das Ansinnen des Finanzministeriums offensichtlich im Widerspruch zu dem, was die Regierung von den Kirchen erwartet hatte, nämlich organisatorische Eigenständigkeit. Ich argumentierte, dass wir als Gemeinschaft durch Zahlungen aus dem kapitalistischen Ausland in eine unerwünschte Abhängigkeit geraten könnten.

Wir beharrten auf unserem Standpunkt und so zogen sich die Verhandlungen sieben Jahre lang hin, bis endlich 1985 die Genehmigung erteilt wurde. Fortan konnten Sozialbeiträge in die staatliche Rentenversicherung eingezahlt werden, sodass alle Mitarbeiter künftig einen Rentenanspruch hatten. Im Vertrauen darauf, dass Gott eine Lösung dieses Problems finden würde, war in den sieben Jahren ein beachtlicher Betrag für den Rentenfonds zurückgelegt worden. Nun war es für die Gemeinschaft möglich, die nötige Nachzahlung völlig in DDR-Mark zu leisten. Nach der Wiedervereinigung wurden von der Rentenkasse auch keine Forderungen auf DM-Basis erhoben.[5]

---

[5] Auf Grund dieser Regelung konnten sogar noch ein Jahr nach der Wende kurzzeitig Mitarbeiter und Mitarbeiterinnen zu günstigen Bedingungen nachversichert werden, die aus unterschiedlichen Gründen vor 1985 aus dem Dienstverhältnis bei der Gemeinschaft ausgeschieden waren.

Grenzen für die Adventgemeinde

Es gab auch Grenzen, die aufgrund unseres Selbstverständnisses als Adventgemeinde nicht überschritten werden durften. Wir mussten die Realitäten in der DDR akzeptieren, besonders wenn notwendige Angelegenheiten der Gemeinschaft oder rechtliche Fragen zu lösen waren. Es wäre zum Beispiel unklug gewesen, sich nicht an die Meldepflicht für alle Veranstaltungen zu halten. Wurden Bibelkreise in einer Wohnung abgehalten und ein unfreundlicher Hausbewohner machte davon Meldung, so schritt die Volkspolizei gegen die unangemeldete Versammlung ein. Beim ersten Mal gab es eine Verwarnung, bei einer Wiederholung musste der betreffende Wohnungsinhaber mit einer Geldstrafe rechnen.

Formal sicherte die DDR-Verfassung jedem Bürger Glaubens- und Gewissensfreiheit zu. Oft haben wir uns darauf berufen – meist vergeblich, denn man vertrat die Auffassung, dass im Zweifelsfall Staatsgesetze vor den Gesetzen der Religion stehen. Darauf wurde vor allem in den Auseinandersetzungen bezüglich des Sabbats hingewiesen. Mitunter meinten Behördenvertreter sogar, die Gemeinschaft könne Gemeindeglieder in bestimmten Situationen von adventistischen Regelungen entbinden. Sie begriffen nicht, dass keine Kirchenleitung – auch nicht die der Adventgemeinde – Abstriche von Gottes Geboten machen kann und darf.

Das Recht auf Glaubensfreiheit wurde dem Christen *innerhalb* seiner Kirche und Glaubensgemeinschaft zugestanden; das persönliche Zeugnis des Glaubens wurde aber auf den privaten Bereich eingeschränkt. Was darüber hinausging, wurde von den Behörden meist als „religiöse Propaganda" ausgelegt – und die versuchte man zu unterbinden.

Adventisten gestehen Glaubens- und Gewissensfreiheit nicht nur Angehörigen anderer Konfession oder Religionen zu, sondern auch den Vertretern einer anderen Weltanschauung. Das bedeutete konsequenterweise, die weltanschauliche Überzeugung anderer ebenso zu achten wie die eigene Glaubensüberzeugung, auch wenn es inhaltlich keine Kompromisse geben konnte.

Kapitel 11

Unterstützung auf verborgenen Wegen

Heinzelmännchen und gute Feen gibt es nur im Märchen. In der Zeit der DDR aber haben Gemeindeglieder wie auch die Gemeinschaft Hilfe erfahren, an die keiner gedacht hätte. Mitunter ergaben sich Lösungen, wo zuvor kein Weg zu sehen war. So erfüllte sich für uns das Prophetenwort der Bibel: „Fremde werden deine Mauern bauen." (Jesaja 60,10)

Hilfe durch den Union Verlag

Nach längeren Verhandlungen mit der Ost-CDU bot sich ab 1954 die Möglichkeit, den parteieigenen Union-Verlag in Berlin als Träger für die Herausgabe adventistischer Literatur zu gewinnen (siehe S. 80f.). Aber wegen des begrenzten Papierkontingents, über das der Verlag verfügte, bestand kaum die Möglichkeit, parteiübergreifende Druckaufträge zu übernehmen, denn Baptisten, Methodisten und andere Gemeinschaften wollten ebenso Literatur veröffentlichen. Um zu einer Lösung zu kommen, gewährte das Ministerium für Außenhandel den Freikirchen auf Antrag die Möglichkeit, über den Union-Verlag „Spendenpapier" einzuführen. Das jährliche Gesamtkontingent durfte jedoch 20 Tonnen nicht überschreiten. Davon wurden den Adventisten etwa 4 bis 5 Tonnen zugestanden. Das war für unsere Druckvorhaben (Sabbatschullektionen, Gebetslesungen, Bücher, Abreißkalender, Morgenwachen usw.) sehr knapp bemessen. Deshalb musste nach Wegen gesucht werden, wie das vorhandene Papier optimal genutzt werden konnte.

Die Adventgemeinde in der DDR

Zu den Verantwortlichen im Union Verlag hatte sich ein freundschaftliches Verhältnis entwickelt, und das hatte positive Auswirkungen bis in den praktischen Bereich. Unsere Veröffentlichungen hatten von jeher unterschiedliche Formate. Bei der Fertigung der Druckerzeugnisse ergaben sich stets Verschnittverluste; dazu kam die unterschiedliche Qualität des Papiers für die einzelnen Objekte. Weitere Erschwernisse ergaben sich dadurch, dass die Spendenpapierkontingente der Freikirchen getrennt abgerechnet werden mussten und nicht austauschbar waren.

Der Leiter der Herstellungsabteilung im Union Verlag schlug eine grundlegende Vereinheitlichung unserer Druckerzeugnisse vor: gleiches Format, gleiches Papiergewicht. Dieses durchdachte Konzept ermöglichte einen zusätzlichen Nutzungseffekt von etwa 20% für die gesamten Druckvorhaben. Die Folge: Unsere Gemeinschaft stand hinsichtlich der Neuerscheinungen wie auch des Seitenumfangs ihrer Veröffentlichungen an der Spitze aller Freikirchen in der DDR.

Das gewachsene Vertrauensverhältnis ließ uns aber auch an den Sorgen des Union-Verlags teilhaben. Dort wurden beispielsweise eine Spezialdruckmaschine sowie Kunstdruckpapier für einen Exportauftrag benötigt. Über den Advent-Verlag Hamburg wurden Wege gefunden, die entsprechende Maschine und das Papier zu beschaffen. Uns wurde dafür Papier aus dem Kontingent des Union-Verlags zur Verfügung gestellt, sodass sich unser jährliches Kontingent beträchtlich erhöhte. Dadurch konnten wir Bücher und Broschüren in weit größerer Auflage drucken als bisher.

Seit Anfang der 30er-Jahre hatte sich der Andachtskalender des Advent-Verlags in fast allen adventistischen Familien Deutschlands eingebürgert. Während des Zweiten Weltkriegs konnte er zwar nicht mehr erscheinen, aber bereits wenige Jahre später gehörte er wieder zum Verlagsprogramm. Adventisten in der DDR dagegen mussten noch bis 1961 darauf warten, ehe auch ein Andachtskalender gedruckt werden konnte. Die Beiträge wurden von Predigern und Gemeindegliedern aus der DDR geschrieben. Allerdings gab es ein Problem.

Jede Ausgabe von Kalendern hatte sich nach einer vorgeschriebenen Ordnung zu richten – und die galt auch für kirchliche Kalender. In einem von der Akademie der DDR herausgegebenen Kalendarium wurde Jahr für Jahr neu festgelegt, welche Gedenktage erwähnt werden mussten. Dazu gehörten auch Hinweise auf politische Ereignisse, wie beispielsweise die Gründung der kommunistischen Partei, der Vereinigungsparteitag von KPD und SPD zur SED, der „Tag der Befreiung" am 8. Mai und so weiter. Darüber hinaus verlangte das Ministerium für Kultur, dass auch in den Andachtsbeiträgen christlicher Kalender wichtige Ereignisse der DDR-Geschichte gebührend zu würdigen seien.

Viele Gemeindeglieder haben darüber hinweggesehen; manche waren jedoch irritiert. Aber sollte deshalb der Druck des Andachtskalenders eingestellt werden? Gab es eine Lösung für dieses Problem? Ich sprach darüber mit Werner Zander, dem Leiter der Herstellungsabteilung des Union-Verlags. Er machte einen Vorschlag, auf den keiner von uns gekommen wäre: „Geben sie doch statt des Abreißkalenders ein Andachtsbuch heraus! Nur das Datum muss genannt sein, aber sie sind der Verpflichtung zum Druck des DDR-Kalendariums enthoben."

Bei der Beratung im Verbandsausschuss einigten wir uns schließlich, den Versuch zu wagen. Nachdem alle Einzelheiten zur Herstellung eines Andachtsbuchs geklärt waren, kam von Walter Zander noch der Vorschlag, einen festen Einband mit farbigem Kunstlederüberzug und einem Prägedruck mit dem Leitwort des jeweiligen Jahres zu wählen. Das Buch sollte ansehnlich sein und bleiben, auch wenn es Tag für Tag zur Hand genommen würde.

Die Gemeinden konnten allerdings über die Gründe dieser Entscheidung nicht unterrichtet werden. Zunächst waren viele enttäuscht, dass es 1965 keinen Abreißkalender mehr gab, sondern ein Andachtsbuch. Aber die Aufmachung gefiel und das Andachtsbuch war sogar zeitlos verwendbar, da über den einzelnen Beiträgen kein Wochentag angegeben war. Man konnte es später also auch an Freunde und Bekannte weitergeben. Schon nach einem Jahr trauerte kaum noch jemand dem Abreißkalender nach.

Ein Freund aus der CDU als Ratgeber

Ein Friedensauer Absolvent, Hartwig Lüpke,[1] absolvierte ein postgraduales Studium an der Theologischen Sektion der Berliner Humboldt-Universität. Zu einem seiner Kommilitonen, Wulf Trende, ergab sich ein freundschaftliches Verhältnis. Dabei wurde auch das Interesse für Lehre und Leben der Adventisten geweckt. Nach dem Theologiestudium ging Dr. Wulf Trende nicht ins Pfarramt, sondern übernahm 1968 die Funktion eines Referenten beim Hauptvorstand der CDU (Ost). Hartwig Lüpke hatte nach dem Abschluss seines Studiums seinen Dienst als Prediger in Erfurt begonnen. Ich war damals als Vorsteher in Thüringen tätig. Als ich dann im Dezember 1968 zum Verbandsvorsteher gewählt wurde, berichtete mir Hartwig Lüpke von dem guten Kontakt zu Dr. Trende. Er riet mir, die Verbindung zum Referenten im Hauptvorstand der CDU aufzunehmen. Bereits in meiner ersten Begegnung mit ihm entdeckte ich in ihm einen „Bruder" im Glauben, dem man auch in diffizilen Fragen vertrauen konnte. Durch ihn entstand nach und nach eine freimütige Offenheit zwischen der Leitung der Adventgemeinde in der DDR und den Verantwortlichen im Hauptvorstand der CDU – bis hin zu Gerald Götting, dem Parteivorsitzenden von 1966 bis 1989.

Dr. Wulf Trende war durch seine Aufgabe im Hauptvorstand gut über die inneren Strukturen der DDR informiert. Er kannte viele Staatsfunktionäre persönlich. Sein Wissen hat uns über zwei Jahrzehnte hinweg in prekären Situationen geholfen. Ging es um diffizile Angelegenheiten, die wir mit Regierungsbehörden zu klären hatten, erwies es sich als zweckmäßig, zunächst ein persönliches Gespräch mit ihm zu führen. Dabei wurde ausgelotet, welche Möglichkeiten für die Adventgemeinde bestanden. Dr. Trende nannte uns die Personen im Staatsapparat, bei denen es sinnvoll schien, in

---

[1] Hartwig Lüpke (geb. 1940), Dipl. Theol., ab 1967 Gemeindepastor in Erfurt, Quedlinburg, Chemnitz, Leipzig; 1987-1994 Leiter der „Friedensauer Bibellehrbriefe" und des Bibelstudieninstituts der „Stimme der Hoffnung"; 1994-2003 Vorsteher der Nordostsächsischen und der Mitteldeutschen Vereinigung; seitdem im Ruhestand.

bestimmten Angelegenheiten vorzusprechen. Zuweilen vermittelte er auch Gespräche. In einem Fall riet er, von einem Antrag Abstand zu nehmen, weil dieser nur „schlafende Hunde" wecken würde. Wir verdanken ihm wertvolle Hinweise, nicht zuletzt unmittelbar nach der Wende, als es um die Antragstellung für die staatliche Anerkennung des Theologischen Seminars in Friedensau als Hochschule ging.

Hilfe beim Projekt „Adventgemeinden für Afrika"

Im Sommer 1972, während eines dreiwöchigen Studienaufenthaltes am adventistischen Newbold College in der Nähe von London, lernte ich den Missionar Jean Kempf kennen, einen Franzosen, der aus dem Elsass stammte und deutsche Vorfahren besaß. Er war gerade berufen worden, mit dem Aufbau der Adventmission in Kongo-Brazzaville zu beginnen. Das afrikanische Land, früher eine französische Kolonie, stand während der Kolonialzeit unter dem nachhaltigen Einfluss von Jesuiten, die eine Freikirche gar nicht erst Fuß fassen ließen. Folglich gab es dort auch keine Adventisten. Erst 1960 hatte der Kongo seine staatliche Unabhängigkeit erlangt, doch schon zehn Jahre später erklärte eine moskaufreundliche Partei das Land zur Volksrepublik, also zu einem sozialistischen Staat auf afrikanischem Boden.

Missionar Kempf meinte im Gespräch, die DDR sei doch auch ein sozialistischer Staat. Könnte ich ihn mit meiner Erfahrung nicht unterstützen? Nach dem Studienaufenthalt in England ergab sich ein intensiver Briefwechsel. So fragte er eines Tages an, ob Adventisten in der DDR ihm behilflich sein könnten.

Er dachte dabei an Sachspenden für den Aufbau der Gemeinden im Kongo. Gefragt war Nylongarn zum Knüpfen von Fischernetzen, dadurch sollte die Gründung von Fischereigenossenschaften ermöglicht werden. Da ihm aufgefallen war, dass die jungen Kongolesen musikalisch waren, dachte er an die Sendung von Musikinstrumenten wie Trompeten, Gitarren, Flöten, Tamburine. Seine Frau wollte Handarbeitszirkel mit jungen Mädchen organisieren und brauchte dafür Material. Das alles ließ sich in der DDR beschaffen, aber wie sollte es nach Afrika kommen? Die erbetenen kleineren Artikel wurden zunächst privat von Gemeindegliedern per Post versandt. Das war mittels Zollerklärung möglich. Aber wie sollten größere Objekte nach Afrika gelangen? Dr. Wulf Trende half, eine Verbindung zum Ministerium für Außenhandel aufzunehmen. Dort erklärte ich, wir wollten Hilfe für ein „sozialistisches Brudervolk" in Afrika leisten. Dank Dr. Trendes Vorarbeit sagte man uns Unterstützung zu. So begann 1975 das Hilfswerk: „Adventgemeinden für Afrika", das bis zum Ende der DDR 1990 aufrechterhalten wurde. Die Gemeinschaft in der DDR lieferte für den Bau einer adventistische Gesundheitseinrichtung am Stadtrand von Brazzaville neben wichtigen Bedarfsgütern fast alle notwendigen medizinischen Geräte.

Im Herbst 1977 konnte ich mich persönlich davon überzeugen, dass die Sendungen unserer Gemeinschaft für den Kongo ebenso wie auch für Kamerun und den Tschad eine wertvolle Hilfe für den Aufbau der dortigen Gemeinden waren. Zudem profitierten davon auch die Gesundheitseinrichtungen der Adventgemeinschaft in diesen afrikanischen Staaten. Die so hoffnungsvoll begonnene Arbeit in Kongo-Brazzaville kam jedoch im Februar 1978 abrupt zum Erliegen: Der Staatspräsident war ermordet worden und das Militär übernahm daraufhin die Macht. Da die Schuldigen des Attentats nicht gefunden wurden, beschuldigte man ausländische Sekten, deren weitere Tätigkeit dann unterbunden wurde. Auch Missionar Jean Kempf musste mit seiner Familie das Land verlassen. Das Eigentum der jungen Adventistenkirche im Kongo wurde beschlagnahmt.[2]

1978 erhielt die Gemeinschaftsleitung in der DDR einen Brief von der Leitung der Adventgemeinde in Angola. Die einst portugiesische Kolonie hatte sich im November 1975 zur Volksrepublik erklärt. Angolas Adventisten suchten nun Verbindung zu einem sozialistischen Land, da alle portugiesischen Missionare des Landes

---

[2] Erst seit 1992 kann die Gemeinschaft wieder offiziell in diesem Land arbeiten. Gegenwärtig gibt es dort acht Adventgemeinden mit etwa 400 Gliedern.

verwiesen worden waren. Sie dachten dabei an die DDR. Weil sie aber keine Anschrift von uns hatten, schickten sie einen Brief an „Radio DDR – International" mit der Bitte um Weiterleitung. Dieser Berliner Kurzwellensender strahlte damals Nachrichten in Portugiesisch aus.

So erhielten wir eines Tages den besagten Brief, der natürlich geöffnet worden war. Dem lag eine Übersetzung aus dem Portugiesischen bei mit der Begründung, man habe angenommen, wir hätten keinen eigenen Übersetzer. Zugleich erklärte „Radio DDR", man wüsste mit der Schlussformel des Briefes („Maranata" – ein urchristlicher Gruß, siehe 1. Korinther 16,22) nichts anzufangen. Aus dem Brief ging ferner hervor, dass die Gemeinden in Angola nach der Unabhängigkeitserklärung große Schwierigkeiten hatten. Sie hofften, wir als „sozialistisches Brudervolk" könnten ihnen helfen.

Wiederum durch Vermittlung der Ost-CDU (Ost) konnte eine neue Verbindung geknüpft werden – dieses Mal zum Solidaritäts-Komitee der DDR, einer Art Entwicklungshilfeministerium. Dank der Fürsprache der CDU fanden wir auch dort offene Ohren. So wurde es in den folgenden Jahren möglich, medizinische Geräte und Einrichtungen, sogar Röntgengeräte – sämtlich bewirtschaftete Güter und privat nicht zu kaufen – zu erwerben und an adventistische Institutionen in der Dritten Welt zu senden. Zwar durften es lediglich in der DDR hergestellte Güter sein, doch das war immerhin schon etwas. Sogar Fahrräder, Motorräder für Prediger und einen LKW sandten wir nach Angola. Verbandsvorsteher Lothar Reiche besuchte Angola und Mozambique 1986. Danach berichtete er in der Gemeindezeitschrift *Adventgemeinde* über seine Eindrücke und die Dankbarkeit der dortigen Gemeinschaftsleitung für die brüderliche Hilfe aus der DDR.

Vom Solidaritätskomitee wurde als Voraussetzung für die adventistische „Afrikahilfe" geltend gemacht, dass die Empfängerländer diplomatische Beziehungen zur DDR unterhielten und ihr Einverständnis erklärten, dass die Einfuhr den adventistischen Einrichtungen zugute käme. Das erforderte bei Gebern wie auch Empfängern eine geschickte Verhandlungstaktik.

Für die Beschaffung dieser Güter sorgte das Solidaritätskomitee, das auch die Transportkosten trug. Geräte und Güter selbst wurden von der Gemeinschaft aus Spenden der Gemeinden bezahlt. So wurde das missionarische Denken in den Adventgemeinden der DDR wieder lebendig. Jährlich konnten Güter im Wert von zirka 200 000 bis 300 000 Mark für Afrika auf den Weg gebracht werden. Das war in Anbetracht relativ geringer Einkommensverhältnisse ein erstaunlicher Betrag. Insgesamt lieferte die Gemeinschaft in der DDR bis 1990 Materialien und Einrichtungsgegenstände für die Afrika-Hilfe im Wert von etwa 2,4 Millionen DDR-Mark, die ausschließlich durch Sondersammlungen in den Adventgemeinden aufgebracht wurden.

Diese neuerliche Initiative hatte Auswirkungen, an die keiner zuvor gedacht hätte. Die adventistische Missionsleitung in Madagaskar hatte von unseren Aktionen für Kongo-Brazzaville und Angola gehört. Nun fragte sie an, ob wir ihr nicht beim Aufbau einer Zahnklinik behilflich sein könnten. Das Solidaritätskomitee ermöglichte auch das. Eine komplette Ausrüstung wurde beschafft und mit einem Sonderflugzeug der DDR überbracht. Anlass war die Aufnahme der diplomatischen Beziehungen zwischen der DDR und Madagaskar.

Bislang hatten die dortigen Regierungsbehörden die Gemeinschaft der Siebenten-Tags-Adventisten eher misstrauisch als amerikanische Sekte angesehen. Nun waren sie überrascht, dass es auch in der DDR Adventisten gab, die sich sogar für die Verbesserung der Gesundheitsversorgung in ihrem Land einsetzten. So begriffen sie, dass die Siebenten-Tags-Adventisten eine weltumspannende Freikirche sind – und das wirkte sich fortan positiv auf die Beziehungen zwischen der Regierung in Madagaskar und der dortigen Leitung der Adventisten aus.

So wie auf Madagaskar und in den bereits erwähnten Gebieten Afrikas erhielten adventistische Einrichtungen im Tschad, in Mozambique, Kamerun und Äthiopien Ausrüstungsgegenstände und medizinisches Gerät von den Gemeinden in der DDR. Das Solidaritätskomitee informierte die Gemeinschaftsleitung in der DDR unmittelbar nach Ankunft der Güter am Bestimmungsort. Das geschah mehrfach mit der Bemerkung: „Aber das wissen sie ja sicher längst." Die Bestätigung der Empfänger kam jedoch oft erst viel später – mitunter auch gar nicht.

Hilfe für eine schwerkranke Predigerfrau

Nach einer Blinddarmoperation im Herbst 1957 stellte sich bei der Frau des Ost-Berliner Predigers Helmut Binus eine zunächst noch unbekannte Erkrankung rheumatischer Art ein. Eine Kur in Bad Gastein im Frühjahr 1961 brachte sichtliche Besserung. Nach ärztlichem Urteil sollte die Kur in kurzen Intervallen wiederholt werden; nur so sei ein nachhaltiger Heilerfolg zu erzielen.

Um der Familie zu helfen, beschlossen die Leitungen der Gemeinschaft in beiden deutschen Staaten, Prediger Binus nach Süddeutschland zu versetzen. So etwas war bislang nicht denkbar gewesen. Die notwendigen Anträge für den Umzug wurden bei den Berliner Behörden eingereicht. Mitten hinein platzte der 13. August 1961 mit dem Bau der Berliner Mauer. Die Grenzen zwischen Ost und West waren dicht, aber die Krankheit der Predigerfrau schritt unaufhaltsam fort.

Sechs nacheinander gestellte Ausreiseanträge, unterstützt von der Gemeinschaftsleitung in Berlin, wurden trotz der Gutachten prominenter Ärzte abgelehnt. Schließlich wurde versucht, über den Präsidenten der Volkskammer und stellvertretenden Vorsitzenden des Staatsrats der DDR, Prof. Dr. Johannes Dieckmann, erneut einen Antrag zu stellen. Der hatte nach Rücksprache seine Bereitschaft erklärt, sich für eine Lösung in diesem akuten Fall einzusetzen.

Im Mai 1962 erhielt Helmut Binus dann vom Staatsrat der DDR die Mitteilung, dass in Anbetracht der Erkrankung seiner Frau, Mutter dreier Söhne, die Übersiedlung genehmigt sei. In dieser Angelegenheit hatte sich auch der Abteilungsleiter des zuständigen Ostberliner Gesundheitsamtes als Gutachter eingeschaltet. Seine Unterstützung begründete er damit, dass er im Herbst 1961 während einer Rehabilitationskur in einer Klinik am Stadtrand Berlins von einer Krankenschwester betreut wurde, die zur Adventgemeinde gehört. Deren Einsatzbereitschaft für die Patienten sowie ihre Glaubenshaltung – er hatte mehrfach mit ihr gesprochen – hatten ihn sehr beeindruckt. Als er wenig später den Antrag der Familie Binus aus Sicht des Gesundheitsamtes einzuschätzen hatte, wollte er der Predigerfamilie helfen, weil sie zur selben Gemeinde gehörte wie jene Krankenschwester.[3]

Soweit einige Beispiele von Verständnis und Hilfsbereitschaft, die Gemeindegliedern wie auch der Leitung der Adventgemeinde zuteil wurden; viele weitere ließen sich anführen. Mitunter wurde erst nach dem Ende der DDR bekannt – teilweise sogar aus Stasiakten –, wie Gott Menschen, von denen man es nie erwartet hätte, gebraucht hat, um uns zu helfen.

---

[3] Verkürzt wiedergegeben aus der Veröffentlichung von Helmut Binus *Das wahre Leben finden*, Freudenstadt 2004.

Kapitel 12

Der Versuch einer Auswertung

Zukunft kann nur sinnvoll gestaltet werden, wenn die Vergangenheit nicht ausgeblendet, sondern in der Gegenwart aufgearbeitet wird. Wilhelm von Humboldt sagte: „Nur wer die Vergangenheit kennt, hat eine Zukunft." Nach dem Ende der DDR mit ihrer Ideologie darf um der nachfolgenden Generation willen den Fragen über diese Zeit nicht ausgewichen werden.

Allerdings ist die Frage berechtigt, ob jetzt schon die nötige zeitliche Distanz für eine Aufarbeitung der DDR-Epoche gegeben ist. Andererseits wird es bereits in wenigen Jahren keine Zeitzeugen mehr geben, die die Jahre von 1949 bis 1990 erlebt haben und somit auch zur Erhellung mancher Situation beitragen können.

Dabei geht es zunächst um Fragen, die wir uns als Adventisten selbst zu stellen haben. Aber auch andere haben im Blick auf die Adventgemeinde das Recht zu erfahren, wie wir uns in jener Epoche verhalten haben.

Natürlich sind die Fragen und Antworten davon geprägt, ob und wie man diese Zeit mit den damit verbundenen Einschränkungen und Auseinandersetzungen erfahren hat, ob man vielleicht nur die letzten Jahre der DDR miterlebt hat oder sich in die Bundesrepublik absetzen konnte.

Ganz anders lauten die Fragen, wenn sich ein Außenstehender ein Bild von der DDR und den Lebensbedingungen dort machen will. Das wurde immer dann deutlich, wenn wir als Gemeinschaft in den letzten beiden Jahrzehnten der DDR-Zeit Besucher aus dem westlichen Ausland empfangen durften. Stets war ihr Kommen für uns ein sichtbares Zeichen der Verbundenheit mit der weltweiten Gemeinschaft von Adventgläubigen. Zuweilen waren wir aber auch erschrocken über die Ahnungslosigkeit der Besucher. Ein Beispiel soll das verdeutlichen.

Auf der Rückreise von einer Arbeitstagung für adventistische Publikationen in Hamburg nahm ich zwei Gäste aus den USA zu einem offiziellen Besuch der Gemeinden in der DDR mit. Am Grenzkontrollpunkt Marienborn mit den vielen Autos, die auf Abfertigung warteten, sah ich plötzlich in meinem Rückspiegel, wie einer der Mitfahrer seine Kamera herausholte und das Fenster öffnete, um ein Foto zu machen. Es gelang mir zwar, ihn daran zu hindern, aber er konnte das überhaupt nicht verstehen. Es sollte doch nur ein Foto von seiner Reise hinter den „Eisernen Vorhang" werden. Zweifellos wäre das Foto auch in dem von ihm geplanten Bericht für die adventistische Gemeindezeitschrift in den USA eindrucksvoll gewesen. Dass er aber sich selbst und vor allem mich in Gefahr gebracht hatte, leuchtete ihm nicht ein. Er wusste nicht, dass DDR-Grenzanlagen als militärisches Gebiet galten.

Häufig kamen unsere Besucher auf die religiöse Freiheit in der DDR zu sprechen. Dann wurde mitunter gefragt, ob wir als Adventisten auch Rundfunksendungen ausstrahlen dürften, ob es Buchevangelisten gäbe, um von Haus zu Haus adventistische Bücher zu verkaufen, ob wir Evangelisationsversammlungen in öffentlichen Hallen abhalten könnten und Ähnliches mehr – all das, was in anderen Ländern eine Selbstverständlichkeit war. Wenn ich das verneinen musste, hieß es oft: „Ja, gibt es denn bei euch keine religiöse Freiheit?"

Ohne Zweifel waren unsere Tätigkeiten eingeschränkt. Aber ich versuchte dann zu erklären, dass unser Bekenntnis des Glaubens nicht allein von den verschiedenen Möglichkeiten der Wortverkündigung abhängig ist. Das belegen auch die vielen Adventgemeinden in Ländern, die von einem ähnlich totalitären Regime regiert werden, wie das in der DDR der Fall war. Auch ohne die vielen Möglichkeiten, die sich in freien Ländern bieten, haben sie nichts von ihrer Identität eingebüßt.

Was sagen Zeitzeugen über diese Epoche?

Adventisten haben die DDR-Zeit sehr unterschiedlich erlebt. Das geht aus den Berichten in dem vor einigen Jahren erschienenen Buch *Als Adventist in der DDR* deutlicher hervor.[1] Im Rückblick wäre es aber verfehlt, wollte man nur die Behinderungen hervorheben, unter denen Gläubige häufig leben mussten. Es gab für uns Adventisten auch mancherlei Anlässe zum Feiern und zur Freude, denn wir haben Gemeinschaft erlebt!

Anlässlich der letzten Verbandskonferenz des Ostdeutschen Verbandes am 27. Juni 1992 in Magdeburg kam das in einem Gebet zum Ausdruck, das verlesen wurde und hier auszugsweise wiedergegeben wird: „Ewiger Vater, wir danken dir, dass Verzicht uns nicht arm machte, dass der Druck der Ideologie uns auf das Wesentliche zurückführte. Wenn uns Furcht übermannen wollte, fanden wir Geborgenheit; ließen wir den Kopf hängen, so hast du, Gott, uns getröstet. Drängte man uns auf die Hinterhöfe, so hast du selbst dort Menschen zum Blühen gebracht. Wo uns Ausweglosigkeit die Zukunft rauben wollte, hast du neue Wege gebahnt. Vater des Lebens, wir danken dir, denn du warst uns nahe."

In Verbindung mit der Aufarbeitung der Zeit von 1949 bis 1990 führte ich eine Befragung unter denen durch, die die DDR-Geschichte bis zum Ende miterlebt hatten. Aus den eingegangenen schriftlichen Antworten ist – fünfzehn Jahre nach der Wiedervereinigung – zu ersehen, wie dankbar die Betroffenen Gott dafür sind, dass diese Epoche vorüber ist. Aber es geht ebenso daraus hervor, dass Gemeindeglieder wie Prediger nicht nur Behinderungen, Benachteiligungen und existenzielle Schwierigkeiten erlebten, sondern im Rückblick auch manches entdeckten, was sich auf ihren Glauben und ihre Lebenserfahrung positiv ausgewirkt hat. Diese Zeit lehrte uns, in den geistigen Auseinandersetzungen mit Atheisten und säkularen Menschen die Mitte in unserem Glaubensbekenntnis – Jesus Christus – stärker in den Vordergrund zu stellen.

---

[1] Lothar Reiche (Hg.), *Als Adventist in der DDR*, Advent-Verlag, Lüneburg 2001. (Auf der CD-ROM des Verlags enthalten.)

Das bewahrte davor uns, Randfragen des Glaubens übermäßig zu betonen oder sie zu Streitfragen zu machen.

Wir lernten aber auch, diejenigen in der Gemeinde anzunehmen, die vielleicht in Sorge um ihre Existenz oder um ihre Familie Kompromisse eingegangen waren. Statt lieblos Kritik zu üben oder abwertende Urteile zu fällen, ging man ihnen in der Regel seelsorgerlich nach und ermutigte die Betreffenden, dennoch am Glauben an Jesus Christus festzuhalten. So spürten sie, dass die Gemeinde sich nicht von ihnen distanzierte, sondern für sie da war.

Sind wir dem Auftrag Jesu gerecht geworden?

Zweifellos ist das eine Frage, mit der sich eine Kirche oder Glaubensgemeinschaft zu allen Zeiten und in jeder Gesellschaftsordnung auseinander setzen muss. Gefahr lauert immer, wo man sich „dieser Welt anzupassen" (Römer 12,2) versucht und dabei die eigentliche Aufgabe der Gemeinde vernachlässigt.

Sowohl die Gemeinschaftsleitung als auch Gemeindeglieder suchten trotz der eingeschränkten Möglichkeiten in jener Zeit nach Wegen, dem Auftrag Gottes nachzukommen. Die meisten der etwa 27 000 Personen, die sich in jenen Jahren durch die Taufe zu Jesus Christus und der Adventgemeinde bekannten,[2] wurden durch das persönliche Zeugnis von Gemeindegliedern für das Evangelium gewonnen. Man kann sagen, dass gerade die DDR-Situation viele Adventisten zum Bekenntnis des Glaubens ermutigte. Keinesfalls verkrochen wir uns in den „religiösen Hinterhof" der DDR. Dass dabei damals alle Möglichkeiten ausgeschöpft wurden, wird niemand behaupten. Mitunter bedauerten wir, vor verschlossenen Türen zu stehen, statt unser Augenmerk darauf zu richten, wo Gott uns Türen geöffnet hatte.

---

[2] In den ersten Nachkriegsjahren bis 1950 lagen die Taufzahlen jährlich im Durchschnitt bei 1300; bis 1960 bei 600; bis 1980 bei 300; in den folgenden Jahren bei 200. Dem standen jährlich Abgänge durch Tod zwischen 300-400 gegenüber. Die Abwanderung von Gemeindegliedern nach dem Westen lag bis zum Mauerbau jährlich zwischen 200-300 (insgesamt mehr als 4000). 1964 wurden die Gemeinden in Westberlin mit 1600 Gliedern ausgegliedert, die fortan zum Westdeutschen Verband gehörten.

Auch dies kam in dem erwähnten Gebet auf der letzten Verbandskonferenz 1992 zum Ausdruck: „Vergib uns, wenn wir an Stellen geschwiegen haben, wo eindeutige Worte nötig gewesen wären. Vergib uns, wo wir, von Feindbildern geprägt, den damals Mächtigen zu selten deinen Namen bekannten. Vergib uns, wo wir aus Furcht vor Konsequenzen nicht unserem Gewissen folgten."

Hat die Adventgemeinde eine zu große „Staatsnähe" praktiziert?

Das Regime, das insgesamt mehr als vier Jahrzehnte in Ostdeutschland die Macht ausübte, war eine Folge des Krieges, importiert durch die sowjetische Besatzungsmacht. Die Art, wie der Sozialismus in der DDR durchgesetzt wurde, war eine Bestätigung der verbreiteten antikommunistischen Vorurteile. Er wurde mit scheindemokratischer Legitimation unter Verweigerung demokratischer Freiheit von oben erzwungen.

Diesen Geburtsfehler hat der DDR-Sozialismus nie überwunden, zu keiner Zeit ist es ein Sozialismus „von unten" geworden. Nur mit den Druckmitteln eines totalitären Regimes konnte sich der sogenannte Sozialismus in dem deutschen Teilstaat durchsetzen, dessen Bürger sich jedoch mehrheitlich mit einem westlichen Lebensstil identifizierten.

Noch nach dem Zusammenbruch war Erich Honecker davon überzeugt, dass die DDR mit ihrem Sozialismus kein „Experiment" war. Er sah darin vielmehr eine „historische Notwendigkeit". Von daher bekam dieser Staat für die meisten seiner Bürger den Charakter eines unabwendbaren Geschicks.

Dem sozialistischen Staat stand zunächst eine Kirche gegenüber, deren soziokulturelle Prägung im Bürger- und Kleinbürgertum lag und deren geistige Elite deutschnational geprägt war. In dem neuzeitlichen Säkularismus, der in der DDR seine starke Ausprägung erfuhr, sah man eine Abfallbewegung vom Christentum und von der Volkskirche. Die Antwort darauf war anfangs für viele ein christlicher Antikommunismus, der in jener Zeit besonders stark in der westlichen Welt vertreten wurde. Das hatte wiederum einen antichristlichen Kommunismus zur Folge.

Die nach der Wiedervereinigung geführten Diskussionen über die Kirchen unter dem kommunistischen Staat haben oft darunter gelitten, dass grundlegende Vorfragen nicht geklärt waren. Eine davon lautet: Was sollten oder wollten Kirchen oder Freikirchen unter einer kommunistischen Herrschaft erreichen? Konkret: Worin besteht der Auftrag des Evangeliums? Fordert das Neue Testament politischen Widerstand gegen ein gottloses Regime oder eine durch Gottes Gebote begrenzte Loyalität?

Die Großkirchen waren von ihrer Tradition her bemüht, trotz schwindender Gliederzahl den Status einer Volkskirche zu halten. Sie meinten, von daher auch eine Wächterfunktion zu haben.

Siebenten-Tags-Adventisten sahen sich in einer anderen Ausgangslage. Der Missionsbefehl Jesu: „Darum gehet hin und machet zu Jüngern alle Völker" (Matthäus 28,19) hat von Anfang an das Leben und Handeln der Adventgemeinde bestimmt. Darin sieht sie ihren Auftrag zu jeder Zeit und in der ganzen Welt – unabhängig von politischen Verhältnissen. Davon ließ sich auch die Adventgemeinde in der DDR leiten.

Darum ging es nicht vorrangig darum, die Existenz als Freikirche gegenüber einem atheistischen Staat zu verteidigen. Das hätte auch wenig Sinn gehabt, denn für die Machthaber waren wir höchstens eine Randerscheinung. Vielmehr waren wir gefordert, Menschen, die mit uns in einer atheistischen Gesellschaft zu leben hatten, mit dem Evangelium bekannt zu machen. Verstärkt wurde die Verpflichtung zum Bekenntnis des Glaubens durch unser Verständnis des prophetischen Wortes, die Botschaft der Bibel „allen Menschen auf der Erde, allen Stämmen und Völkern" (Offenbarung 14,6 Hfa) zu bezeugen. Dazu gehörten auch die Menschen in der DDR. Wenn auch keiner im Voraus wissen konnte, wie sich das in einem atheistischen Staat verwirklichen ließ und welche Konflikte dadurch für den Einzelnen oder die Gemeinde entstehen konnten, so wollten wir doch der Zusage Jesu vertrauen: „Ich bin bei euch alle Tage bis an der Welt Ende." (Matthäus 28,20)

Der Versuch einer Auswertung

Im ersten Jahrzehnt der DDR hatten die Verantwortlichen der Gemeinschaft noch die zwölf Jahre Naziherrschaft vor Augen. Sie hegten die Hoffnung, dass das Modell DDR in absehbarer Zeit auslaufen würde, und neigten darum zu einer größeren Distanz. Doch jede Kirche oder Glaubensgemeinschaft, die sich in einem totalitären Staat ängstlich abzuschotten versucht, bleibt den Menschen das Zeugnis des Evangeliums schuldig. Wo man aber der Welt in einer gewissen Offenheit begegnet, bietet man ihr auch eine offene Flanke. Man läuft Gefahr angegriffen oder missverstanden zu werden, wird unterwandert oder gar missbraucht. Das ist der Preis, der von einer Kirche oder Glaubensgemeinschaft für eine gewisse Weltoffenheit gezahlt werden muss.

Sehr bald sahen wir als Leitung der Gemeinschaft, dass die anfängliche Distanzierung nicht weiterhalf, weil wir damit Gefahr liefen, vom Staat in ein Ghetto gedrängt zu werden. So hätten wir, ohne es zu wollen, selbst dazu beigetragen, das Ziel der SED zu verwirklichen, nämlich die christlichen Kirchen und Gemeinschaften an den Rand der Gesellschaft zu drängen.

Nach und nach aber wuchs in der Adventgemeinde die Überzeugung, dass die Deutsche Demokratische Republik der ihr von Gott zugewiesene Bewährungsraum ist. Das war für uns wie eine Kompassnadel, die die Richtung anzeigte. Im Alltag der DDR gab es jedoch, im Bild gesprochen, in der Landschaft, in der wir uns bewegten mussten, Hindernisse wie Berge, Schluchten, Flüsse, Seen oder Sümpfe, die zu umgehen oder zu überbrücken waren, um letztlich doch der Zielrichtung der Kompassnadel folgen zu können.

Darum versuchte die Gemeinschaftsleitung immer wieder auszuloten, welche Aktivitäten in dem begrenzten Freiraum der DDR möglich waren. Zweifellos war das oft mit einem Wagnis verbunden. Einige Voraussetzungen dazu waren der Weitsicht von Walter Eberhardt zu verdanken. Als er 1960 die Verantwortung für die Gemeinschaft in der DDR übernahm, sorgte er im gleichen Zuge dafür, dass zwei jüngere Prediger mit ihm – Lothar Reiche und ich – in das Leitungsgremium, den Verbandsausschuss, berufen wurden. In den folgenden Jahren setzte er sich zielbewusst dafür ein, dass weitere jüngere Kräfte in leitende Aufgaben der Gemeinschaft hineinwuchsen. Mit den Wahlen der Verantwortungsträger anlässlich der Verbandskonferenz im Dezember 1968 in Friedensau kam es zu einer beachtlichen Verjüngung des Ausschusses. Das Durchschnittsalter der Mitglieder dieses Leitungsgremiums – einschließlich der Laien – lag in der Folgezeit zwischen 45 und 50 Jahren. Das hatte es zuvor noch nie gegeben. Und das trug auch wesentlich dazu bei, dass es ab 1969 gewagt wurde, neue Akzente für die Gemeinschaft in der DDR zu setzen. Man versuchte neue Wege zu gehen, um dem Auftrag Gottes zur Evangeliumsverkündigung in der DDR wirkungsvoll nachkommen zu können.

Wie weit ist eine „Anpassung" erfolgt?

In der Aufarbeitung der DDR-Geschichte wird nicht selten der Begriff „Anpassung" für das Verhalten von Kirchen- und Freikirchenleitungen verwendet. Keine Frage, dass es eine Anpassung an die Gegebenheiten in der DDR gegeben hat, die um der Sache willen als erforderlich angesehen wurden. War es wirklich „Anpassung", wenn die Realität des Staates akzeptiert wurde? Meines Wissens ging es dabei weder um Berechnung noch um den Versuch, die Existenz der Gemeinschaft zu sichern. Wir wollten vielmehr den in einem totalitären Staat eingeengten Raum für die Arbeit der Gemeinschaft erweitern – und das war ohne das Gespräch mit den DDR-Behörden nicht möglich. Bei den Kontakten zu staatlichen Stellen musste aber immer damit gerechnet werden, dass wir es – wenn auch indirekt – mit der Stasi zu tun hatte. Alle Zweige des Staatsapparates waren mit Leuten durchsetzt, die Informationen an die Stasi weiterzugeben hatten. Von daher war jedes Gespräch eine Gratwanderung, aber um der Sache willen wurde das immer wieder gewagt. Auch in einer freiheitlichen Demokratie wären Vereinbarungen nicht möglich, wenn man den zuständigen Gesprächspartner ignorieren würde.

War es „Anpassung", wenn die DDR-Fahne zur Vollversammlung der Generalkonferenz in die USA mitgenommen wurde? Wir sahen die Fahne bei dieser Weltkonferenz insofern als ein Zeichen für das Wirken Gottes an, als die Adventgemeinde auch in einem atheistischen Staat existiert.

Es darf nicht verschwiegen werden, dass die DDR-Wahlen auch Adventisten in einen inneren Zwiespalt brachten. Jeder wusste, dass der Staat eine formale Bestätigung für sich zu erlangen suchte. Die Funktionäre der Partei kannten durchaus die Wirklichkeit, nämlich dass ihnen ein beachtlicher Teil der Bevölkerung äußerst distanziert gegenüberstand. Wozu wäre sonst die akribische Überwachung durch die Stasi nötig gewesen? Suchte man sich selbst Sand in die Augen zu streuen? Andererseits waren diese Wahlen eine Farce, da letztlich keine echte Möglichkeit zum Wählen bestand. Kann es deshalb als „Anpassung" bezeichnet werden, wenn man zur Wahl ging, um Ärger und Schwierigkeiten aus dem Wege zu gehen, denen man sonst ausgesetzt gewesen wäre?

War es „Anpassung", wenn in Eingaben oder Grußadressen aus konkretem Anlass zugleich ein Dank ausgesprochen wurde für die gewährte Einreisegenehmigung eines ausländischen Gastes, für die Lizenzerteilung zum Druck einer Gemeindezeitschrift oder für die Genehmigung zum Bau eines Gemeindezentrums? Vermutlich waren das alles Anlässe, die unter den normalen Gegebenheiten eines demokratischen Staates selbstverständlich gewesen wären und keiner Erwähnung bedurften. Aber die DDR war kein demokratischer Staat. Der Gemeinschaftsleitung ging es bei der Abfassung offizieller Schreiben darum, ein entsprechendes Klima für künftige Gespräche, Eingaben oder Anträge zu schaffen und offen zu halten.

Die Bundesrepublik Deutschland suchte nach anfänglicher Negierung der DDR schließlich auch nach einem erträglichen Nebeneinander beider deutscher Staaten. Man erinnere sich an die zahllosen Besuche westdeutscher Politiker aller Parteien in der DDR. Man denke an die Kredite, die gewährt wurden, und den roten Teppich, der bei Besuchen Honeckers in westlichen Staaten und auch in der Bundesrepublik ausgerollt wurde.

Die Frage der Anpassung ist für Christen stets aktuell, seit der Apostel Paulus im Brief an die Römer dazu auffordert, sich nicht

„dieser Welt gleichzustellen" (Römer 12,2). Das gilt für alle Zeiten und Gebiete, in denen Christen in politischer oder wirtschaftlicher Bedrängnis leben. Die Versuchung zur Anpassung gab es aber nicht nur in dem sozialistischen System mit eingeschränkter Freiheit, sondern auch im Westen in Form von schleichender Anpassung an eine säkulare Lebensart oder atheistische Auffassungen.

Der Frage nach der Anpassung von Christen in den 40 Jahren sozialistischer Herrschaft darf und wird keiner ausweichen, der diese Zeit schmerzlich durchlebt hat. Wer aber eine Antwort aus westlicher Sicht einfordert, muss sich die Gegenfrage nach seiner Art der Anpassung ebenso gefallen lassen. Heute, da Christen aus dem einstigen Osten und dem ehemaligen Westen wieder vereinigt sind, kennen beide die Gefahren, die zur Anpassung verleiten. Nicht in gegenseitigem Verurteilen können wir uns dieser Gefahren erwehren, sondern allein in der Bitte: „Kyrie eleison – Herr, erbarme dich!".

Paulus redete den römischen Statthalter Felix, von dem jeder wusste, dass er korrupt war, mit den Worten an: „Weil ich weiß, dass du seit vielen Jahren Richter für dieses Volk bist, will ich mich gern vor dir verantworten." (Apostelgeschichte 24,11) Um des Evangeliums willen stand für ihn fest: „Aber um möglichst viele für Christus zu gewinnen, habe ich mich zum Sklaven aller Menschen gemacht. Damit ich die Juden für Christus gewinne, lebe ich wie ein Jude. ... Bin ich aber bei Menschen, die ohne diese Gesetze leben, dann passe ich mich ihnen genauso an, um sie für Christus zu gewinnen." (1. Korinther 9,19-21 Hfa)

Wenn wir unsere Gemeindeglieder aufforderten, in der DDR zu bleiben, sahen wir darin keine Bejahung des SED-Staates. Vielmehr sollte damit deutlich gemacht werden: Der bekennende Adventist ist im atheistischen Staat ein Zeuge für Jesus Christus; jeder der weggeht – es sei denn, Freiheit oder Leben wären bedroht – verringert damit die Schar der Glaubenszeugen.[3]

Sicherlich gab es in DDR-Zeiten manche Form der „Anpassung" seitens der Gemeinschaft. Das waren zuweilen Gratwanderungen. Es gab aber keine Zugeständnisse an die Erwartungen der SED, die eine deutliche Parteinahme der Kirchen und Glaubensgemeinschaften für den sozialistischen Staat forderte.

Fest steht: Im Bereich des Glaubens, der biblischen Lehre, der Adventbotschaft, in Gottesdienst und Verkündigung, in der Bereitschaft zum Dienst am Nächsten hat es keine Anpassung gegeben. Weder das marxistische Menschenbild noch die propagierten Feindbilder, auch nicht die Verherrlichung der Partei und ihrer Repräsentanten sind in den geistlichen Bereich der Gemeinde eingedrungen. Im Gegenteil – diese Zeit hat meist zu einer tieferen Beziehung zu Jesus geführt, zu einer Besinnung auf den eigentlichen Kern des Evangeliums. Das prägte auch nachhaltig unsere Prediger in ihrem Verkündigungsdienst.

Welcher Preis wurde gezahlt?

Nach dem Ende der DDR bin ich mitunter gefragt worden: Welchen Preis habt ihr für das Entgegenkommen der Behörden gezahlt? Habt ihr den Regierenden als Gegenleistung Wohlverhalten zugesagt? Solche Fragen sind mir bislang nur von denen gestellt worden, die nicht in der DDR gelebt haben und die Gegebenheiten dieses Staates nicht kannten, selbst aber unter freiheitlich-demokratischen Bedingungen gelebt haben.

Grundsätzlich haben wir es nicht als unsere Aufgabe angesehen zu opponieren. Das wäre weder vereinbar gewesen mit dem adventistischen Verständnis vom Verhältnis zwischen Kirche und Staat noch mit dem Prinzip der Religionsfreiheit. Die Adventgemeinde hat nie beansprucht, eine Wächterfunktion dem Staat gegenüber wahrnehmen zu müssen.

Wir sahen unseren Auftrag in der Weitergabe des Evangeliums. Und das zielt stets auf den Einzelnen – nicht auf einen Staat. Nur

---

[3] Das hat auch meine persönliche Entscheidung bestimmt. Mir wurde in den 70er-Jahren anlässlich einer Sitzung in Bern eine Aufgabe in der Dienststelle der Euro-Afrika-Division angetragen. Sie hat mich einerseits gereizt, aber wie hätte ich vor unseren Gemeinden glaubhaft sein können, wenn ich die DDR verlassen hätte? Meine Familie hat diese Entscheidung voll mitgetragen, obwohl damals unseren heranwachsenden Kindern in der Ausbildung immer wieder Steine in den Weg gelegt wurden, nur weil ihr Vater Pastor war.

der Einzelne kann sich bekehren! Wir waren aber bestrebt, alle nur denkbaren Möglichkeiten auszuschöpfen, die unter dem Regime der DDR realisierbar waren. Sicherlich muss auch eingestanden werden, dass wir in den notwendigen Verhandlungen mit den Behörden nicht immer unsere Ziele offen ausgebreitet und ihnen nur das gesagt haben, was unbedingt notwendig war.

Es gab seitens der Gemeinschaftsleitung keinerlei Übereinkünfte mit dem DDR-Staat, um sich Wohlverhalten in irgendeiner Weise zu sichern. Und dabei nahmen wir das Wort des Apostels durchaus ernst: „Man muss Gott mehr gehorchen als den Menschen." (Apostelgeschichte 5,29) Es war eine wichtige Orientierung für alle Entscheidungen; denn richtig verstanden enthält dieser Satz auch die Zusage einer Freiheit, vorausgesetzt, man ist gewillt, sich an Gott und seinem Wort zu orientieren. Praktisch bedeutete dies: Der Staat kann von einem Nachfolger Jesu Loyalität fordern, aber letztlich ist die persönliche Entscheidung allein vor Gott zu rechtfertigen.

Ein ehemaliger Bausoldat drückte das so aus: „Meine Steuern hat der DDR-Staat bekommen – meine Liebe nicht. Und den bewaffneten Wehrdienst habe ich verweigert."

Zu keiner Zeit gab es in der Adventgemeinde die Sorge um bloße Existenzsicherung – weder unter den Gemeindegliedern noch innerhalb der Gemeinschaftsleitung. Ein Nischendasein wäre uns nach menschlichem Ermessen in jedem Fall geblieben. Wir aber waren überzeugt, dass Gott seine Hand über die Gemeinde hält, die seinem Auftrag nachzukommen sucht.

Gott wacht über seine Gemeinde

Die in diesem Rückblick erwähnten Aktivitäten geschahen in einem atheistischen Staat, der von der SED gestützt und vom Ministerium für Staatssicherheit abgeschirmt wurde. Gemeindeglieder und Prediger wie auch die Gemeinschaftsleitung mussten immer damit rechnen, von der Stasi überwacht zu werden. Wie umfassend und akribisch genau das tatsächlich geschah – oft über Jahre hinweg – wurde erst nach Öffnung der Stasiunterlagen deutlich.[4]

DER VERSUCH EINER AUSWERTUNG

Ungeachtet offener und versteckter Benachteiligungen oder Drohungen sind Jugendliche und auch ältere Gemeindeglieder offen für Jesus Christus und die Adventbotschaft eingetreten. Ihr Leben und Bekenntnis hat Arbeitskollegen, Bekannte und Freunde zur Nachfolge Jesu ermutigt. Für die Gemeinden war es stets eine Freude, wenn sich Menschen in der Taufe zu Christus bekannten und damit ihren Glauben bezeugten. Vor allem, wenn sie aus dem atheistischen Lager kamen und zuvor keinerlei Beziehung zum christlichen Glauben hatten. Die Adventgemeinde hatte sich eben nicht in ein Ghetto drängen lassen.

Mitunter standen wir in den Gemeinden wie auch in den Ausschüssen vor Problemen, die unlösbar erschienen. Im Rückblick auf diese Zeit sei nicht verschwiegen, dass es auch bei uns Unvermögen und Versagen gegeben hat. Das endgültige Urteil über die Gratwanderung der Adventgemeinde in den 40 Jahren DDR-Herrschaft wird allein Gott fällen. Vor ihm sind alle Beweggründe offenbar, sowohl für gut gemeintes Handeln wie auch für Versagen. Dennoch haben wir in den vielfältigen Schwierigkeiten das Wunder göttlicher Gnade und Durchhilfe erfahren dürfen. Wir haben gelernt und erlebt, der Zusage Jesu zu vertrauen: „Ich will meine Gemeinde bauen, und die Pforten der Hölle sollen sie nicht überwältigen." (Matthäus 16,18)

Als ich vor Jahren die päpstliche Münzsammlung in Rom besuchen konnte, wurde ich auf eine Münze aus dem dritten Jahrhundert aufmerksam, geprägt auf Befehl von Kaiser Decius aus Anlass einer Christenverfolgung im Römischen Reich. Auf der Vorderseite

---

[4] Nachstehend ein Beispiel für viele, belegt mit einigen Anführungen aus den Stasiakten von S., die mir zur Einsichtnahme übergeben wurden: „In der operativen Tätigkeit wurde bekannt, dass S. ein aktives Mitglied der Religionsgemeinschaft Siebenten-Tags-Adventisten ist und mit seiner Familie an Kulthandlungen in N. teilnimmt ... Es besteht der dringende Verdacht, dass unter aktiver Beteiligung des S. versucht wird, durch Werbung die Mitgliederzahl [der Adventgemeinde] in N. zu erhöhen ... Der verdächtige S. ist von Beruf Ingenieur und Lehrer ... Er beteiligt sich in keiner Weise weder am politischen noch am gesellschaftlichen Leben in der Stadt N. ... Er versucht gegenwärtig auf eigene Faust einen Musikzirkel für Kinder ins Leben zu rufen. Unter seiner persönlichen Leitung sollen Musikstücke kirchlicher Art einstudiert werden." Nach einer Beobachtungszeit von fünf Jahren mit Vermerken, die 32 mit Maschine geschriebene Seiten umfassen, wurde die Akte von S. geschlossen.

waren das Bild des Kaisers und die Worte „Vivat caesar" (Es lebe der Kaiser) zu sehen, auf der Rückseite stand „Ecclesia christi mortua est" (Die Gemeinde der Christen ist tot). Solche Irrtümer totalitärer Herrscher hat es immer wieder gegeben. Man muss sich nur daran erinnern, dass Erich Honecker noch wenige Monate vor dem gewaltlosen Aufstand in der DDR trotzig verkündete, die Berliner Mauer werde noch 100 und mehr Jahre stehen, wenn dies nötig sei. Und die Partei, die keck behauptete, dass der Sieg des Realsozialismus auf Grund der „Gesetze der Geschichte" unaufhaltsam sei, musste erleben, dass der Staat, dem sie zu dienen suchte, fast über Nacht in Trümmern lag. Nicht Karl Marx mit seiner Philosophie hatte Recht, sondern das Bibelwort: „Und siehe, es war alles eitel und ein Haschen nach Wind." (Prediger 1,14)

Die DDR, die sich samt ihren Verbündeten zeitweise so stark dünkte, zerbrach schließlich nicht an äußeren Faktoren, sondern an den inneren Defiziten. Es war zugleich ein Scheitern des Menschenbildes, das man sich gemacht hatte, losgelöst von dem, das die Bibel zeigt. Und so fand ausgerechnet der einst so gefeierte Repräsentant dieses Staates, Erich Honecker, schließlich nur Unterkunft in einem Pfarrhaus, weil keiner seiner früheren Genossen Platz für ihn hatte.

Viele, die im SED-Staat keinerlei Beziehung zu Christentum und Kirche hatten, wurden durch das Zeugnis von Adventisten beeindruckt und erfuhren etwas von der Kraft des christlichen Glaubens. Diejenigen aber, die in der Adventgemeinde diese Zeit mit Jesus Christus erlebt haben, werden trotz des Bedrückenden, dem sie ausgesetzt waren, dankbar bekennen: Es war nicht vergeblich.

In mancher Hinsicht – besonders was die Güte Gottes betraf, die Israel erlebte – lässt sich die Geschichte der Adventgemeinde in den 40 Jahren der Deutschen Demokratischen Republik mit der Wüstenwanderung der Israeliten vergleichen. Am Ende bekannte der greise Josua vor dem Volk: „Ihr habt mit eigenen Augen gesehen, was der Herr ... getan hat. Er selbst, der Herr, euer Gott, hat für euch gekämpft." (Josua 23,3 Hfa)

Anhänge

Zeittafel

Geschichte Deutschlands und der DDR	Siebenten-Tags-Adventisten in DDR

1945

8. Mai: Bedingungslose Kapitulation, Ende des zweiten Weltkrieges
2. Aug.: Potsdamer Abkommen: Aufteilung Deutschlands in vier Besatzungszonen und zwei Gebiete im Osten unter polnischer bzw. sowjetischer Verwaltung

Mai: Verlust von 207 Gemeinden mit 9500 Gliedern in den Ostgebieten, Michael Budnick weiterhin Vorsteher des Ostdeutschen Verbandes (bis 1954)
9.–11. Okt.: Neuordnung der Gemeinden in der Sowjetischen Besatzungszone

1946

22. April: Zwangszusammenschluss der KPD und der Ost-SPD zur SED

März: Beginn der Lebensmittelspenden aus den USA und Skandinavien

1947

6./7. Dez.: Tagung des durch die SED initiierten „1. Deutschen Volkskongresses" in Ost-Berlin

1. Juli: Wiedereröffnung des Missionsseminars in Friedensau, Walter Eberhardt Schulleiter (bis 1954)

1948

20. März: Die Sowjets kündigen die Mitarbeit im Alliierten Kontrollrat auf.
20./24. Juni: Geldumtausch in den Westzonen und der sowjetischen Besatzungszone
24. Juni: Beginn der Blockade Westberlins durch die Sowjets (bis 12. Mai 1949)

1. Sept.: Einführung des Diakonlehrgangs in Friedensau
1. Okt.: Einrichtung einer Zweigdienststelle des Ostdeutschen Verbandes in Berlin-Karlshorst, Hegemeisterweg 20

1949

28. Jan.: Umgestaltung der SED zur (Kader-) „Partei neuen Typs"; Gleichschaltung der Parteien und Verbände
4. April: Gründung der NATO
23. Mai: Verkündung des „Grundgesetzes"
30. Mai: Der „3. Volkskongress" bestätigt den Verfassungsentwurf des Deutschen Volksrates für die DDR.
7. Sept.: Konstituierung von Bundestag/-rat
7. Okt.: Gründung der DDR

Die Adventisten erhalten drei Holzkirchen für Berlin, Leipzig und Plauen.
Mai: Wiedereröffnung des Erholungsheims in Friedensau
27.–29. Mai: Erste Verbandskonferenz des ODV nach dem Krieg in Berlin
16. Juli: Feier zum 50-jährigen Bestehen Friedensaus
Die „Wachtelburg" bei Werder (Havel) von der Berliner Vereinigung erworben

1950

15. Okt.: Erste Volkskammerwahlen mit 99,3 % Zustimmung zur Einheitsliste der „Nationalen Front"

Das Ministerium für Volksbildung ermöglicht die Befreiung von Adventistenkindern vom Schulbesuch am Sabbat.

1951

5.–19. Aug.: 3. Weltfestspiele der Jugend und Studenten in Ostberlin
10. Nov.: Union-Verlag der Ost-CDU in Berlin erhält Lizenz für die Buchproduktion.

„Waldpark" bei Chemnitz als Rüstzeitheim für die Westsächsische Vereinigung erworben
31. Dez.: Höchste Gliederzahl im ODV mit 20 111 getauften Adventisten

1952

26. Mai: Errichtung einer 5 km breiten Sperrzone entlang der Grenze zur BRD
9.–12. Juli: Die 2. Parteikonferenz der SED beschließt „Aufbau der Grundlagen des Sozialismus in der DDR".
23. Juli: Gesetz zur regionalen Neugliederung der DDR in 14 Bezirke und Ost-Berlin
August: Bildung der kasernierten Volkspolizei als Vorläufer der Nationalen Volksarmee

Herausgabe der ersten Broschüre und des ersten Abreißkalenders nach dem Krieg
Druck von 5000 Exemplaren „Der Weg zu Christo"
1. Sept.: Wilhelm Czembor wird als Verbandsevangelist berufen (er ist bis 1965 tätig).

1953

27. Jan.: Die SED beschließt Maßnahmen gegen die „Junge Gemeinde" der Evangelischen Kirche.

9. März: Nach dem Tod Josef Stalins wird der „Neue Kurs" zur Verbesserung der Lebensbedingungen in der DDR verkündet.

17. Juni: Proteste der Ostberliner Bauarbeiter weiten sich zum Volksaufstand in Ostberlin und der DDR aus.

Der „Sonnenhof" bei Dresden wird Rüstzeitheim für die Nordostsächsische Vereinigung.

Die vorgesehene Verbandskonferenz muss infolge der politischen Situation ausfallen.

12. März: Die Verantwortungsträger werden für eine weitere Amtszeit bestätigt.

Friedensau wird als Gemeindebezirk dem Verband zugeordnet.

1954

Jan./Febr.: Die Viermächte-Außenminister-Konferenz in Berlin bringt keine Einigung in der Deutschlandfrage. Anerkennung der Souveränität der DDR durch die Sowjetunion

12. Nov.: Aufruf zur Durchführung der Jugendweihe

1. Juni: Nach Tod von Michael Budnick wird Friedrich Hambrock Verbandsvorsteher.
1. Sept.: Dr. S. Lüpke Leiter in Friedensau
1. Okt.: Westberlin wird als selbständige Vereinigung des ODV organisiert.

Seit Kriegsende sind 50 Kapellen errichtet oder Gemeindesäle ausgebaut worden.

1955

27. März: Erste Jugendweihefeiern in Ostberlin
9. Mai: Aufnahme der BRD in die NATO
14. Mai: Beitritt der DDR zum Militärbund Warschauer Pakt

Juni: Jugendkongress in München
Juli: Erste einwöchige Jugendzusammenkünfte der Adventisten in der DDR
Sept.: Gründung d. Bildstelle in Friedensau

1956

18. Jan: Volkskammer beschließt Schaffung der Nationalen Volksarmee (NVA)
Februar: Der 20. Parteitag der KPdSU gesteht den Ostblockstaaten „eigene Wege zum Sozialismus" zu.
7. Juli: Einführung der Wehrpflicht in der BRD

Juli: Einführung der Bibelwochen für die adventistischen Jugendlichen
Erwerb eines Gebäudes in Frauenwald für die Thüringische Vereinigung

Die Adventgemeinde in der DDR

1957

8. März: Berufung des ersten Staatssekretärs für Kirchenfragen Werner Eggerath

16. April: Absage des Kirchentages in Erfurt

11. Dez.: Neues Passgesetz sieht Strafen für Mithilfe zur „Republikflucht" vor.

27. Dez.: Tod von Otto Nuschke (Ost-CDU)

Erweiterung des Erholungsheimes in Friedensau durch einen Verbindungsbau zur „Villa"

10.–12. Mai: Verbandskonferenz des Ostdeutschen Verbandes in Westberlin

Juli: 1. „große Bibelwoche" in Friedensau

1958

1. Sept.: Einführung des obligaten Unterrichtsfachs „Einführung in die sozialistische Produktion" an allen Schulen

14.–19. Aug.: Theologischer Lehrgang für Prediger in Berlin mit Prof. S. Horn und Daniel Walther (Andrews-Univers.)

1959

3. Juni: Die Volkskammer beschließt Gesetz zur Einführung der Landwirtschaftlichen Produktionsgenossenschaften.

24. Febr.: Der Verein „Anstalten der Gem. der STA in der DDR" ist fortan Rechtsträger der Einrichtungen in Friedensau.

1960

7. Sept.: Tod von Präsident Wilhelm Pieck

12. Sept.: Anstelle des Präsidentenamtes wird ein Staatsrat unter Vorsitz von Walter Ulbricht gebildet.

15. Nov.: Hans Seigewasser wird neuer Staatssekretär für Kirchenfragen.

4.–13. Juli: Fortbildung aller Prediger der DDR in Friedensau

Das Schulgeld am Seminar entsprechend den DDR-Regelungen aufgehoben

Studenten leisten wöchentlich 15 bis 20 bezahlte Arbeitsstunden in d. Anstalten.

1961

Juli: Über 30 000 DDR-Bürger fliehen nach West-Berlin und in die BRD

13. Aug.: Errichtung der Mauer in Berlin, um den Flüchtlingsstrom zu stoppen; Abrieglung der Grenze zur BRD

22. Aug.: Erlass des Befehls, auf Flüchtlinge aus der DDR zu schießen

April: Erstes Treffen adventistischer Studenten in Friedensau

1. Juni: Walter Eberhardt wird Vorsteher des Ostdeutschen Verbandes.

23.–25. Juni: Verbandskonferenz in Leipzig

1. Aug.: Einrichtung eines neuen Verbandsbüros in Ost-Berlin

1962

24. Jan.: Einführung der allgemeinen
Wehrpflicht in der DDR

17. Aug.: Peter Fechter verblutet an der Mauer.

Die Bildstelle Friedensau stellt
„Adventgemeinde in Bild und Ton"
2 bis 3 Mal jährlich für Gemeinden her.

1963

25. Juni: Zentralkomitee der SED beschließt
eine Wirtschaftsreform in der DDR.

Juli: erstes Seminar für Verlobte und
junge Eheleute auf dem Sonnenhof

1964

7. Sept.: Anordnung über die Aufstellung
von Baueinheiten in der NVA
als Wehrersatzdienst

9. Sept.: DDR-Regierung ermöglicht Rentnern
Besuchsreisen in die BRD.

21. Sept.: Tod Otto Grotewohls, Willi Stoph
neuer Vorsitzender des Ministerrats

Die Westberliner Vereinigung wird dem
Westdeutschen Verband zugeordnet.
22.–30. Juni: Theologischer Fortbildungs-
lehrgang für alle Prediger in Friedensau
1. Sept.: Einführung eines einjährigen
Praktikums in der Predigerausbildung
am Seminar Friedensau

1965

24. Febr.: Erster Staatsbesuch Walter Ulbrichts
außerhalb des Ostblocks (in Ägypten)

25. Febr.: Einführung eines einheitlichen
sozialistischen Bildungswesens

8.–11. Juli: Verbandskonferenz in
Friedensau
Okt.: Gründung der Einrichtung
„Friedensauer Bibellehrbriefe"

1966

Januar: Einführung der 5-Tage-Arbeits-
Woche jede zweite Woche

Erste „5-Tage-Pläne" zur Raucher-
entwöhnung werden durchgeführt.

1967

8. Mai: Einführung der durchgängigen
5-Tage-Woche, dazu Streichung
von fünf Feiertagen

August: Errichtung der ersten Metallgitter-
zäune an der Grenze zur BRD

Erstellung von drei Bibelausstellungen
zur Unterstützung der Evangelisationen
Gemeinde Friedensau wird der Sachsen-
Anhalt-Vereinigung zugeordnet.

1968

9. April: Inkrafttreten der neuen Verfassung: Die DDR ist „ein sozialistischer Staat deutscher Nation" (Art. 1).
30. Mai: Sprengung der Universitätskirche in Leipzig

1. Sept.: Felix Schönfeld wird Leiter des Seminars in Friedensau (bis 1982).
13.–15. Dez.: Verbandskonferenz in Friedensau, Manfred Böttcher als neuer Verbandsvorsteher gewählt

1969

Die DDR nimmt diplomatische Beziehungen zu zwölf Staaten der dritten Welt auf.
12. Mai: Gerald Götting (Ost-CDU) wird Präsident der Volkskammer.

Bildung einer Arbeitsgemeinschaft für Predigtamt und Theologie
Einführung der fünfjährigen Predigerausbildung in Friedensau

1970

19. März: Treffen von Bundeskanzler Willi Brandt mit Willi Stoph in Erfurt
9. April: Gründung der „Arbeitsgemeinschaft Christlicher Kirchen" in der DDR

11.–21. Juni: Erstmalige Teilnahme von zwei Delegierten aus der DDR an einer Vollversammlung der Generalkonferenz der STA (in Atlantic City)

1971

31. Jan.: Wiederaufnahme des Telefonverkehrs zwischen den beiden Teilen Berlins
3. Mai: Erich Honecker wird Nachfolger von Walter Ulbricht in allen Ämtern.
3. Sept.: Unterzeichnung des Viermächte-Abkommens über Berlin

Angleichung der Grenzen der Vereinigungen an die der politischen DDR-Bezirke
3.–12. Aug.: Besuch des Generalkonferenzpräsidenten R. H. Pierson in der DDR
14. Okt.: Besuch des Volkskammerpräsidenten Gerald Götting in Friedensau

1972

9. März: Verabschiedung des Gesetzes über Schwangerschaftsabbruch innerhalb der ersten Schwangerschaftsmonate
21. Dez.: Abschluss des Grundlagenvertrags zwischen der DDR und der BRD

Juli: 2. „große Bibelwoche" in Friedensau
1. Okt.: Die „Union der STA in der DDR" gehört fortan zur neu gebildeten Euro-Afrika-Division mit Sitz in Bern.
Eine neue Verfassung der Gemeinschaft der STA in der DDR tritt in Kraft.

1973

3.–7. Juli: Beginn der Konferenz für Sicherheit und Zusammenarbeit in Europa

18. Sept.: Aufnahme der DDR und der BRD in die Vereinten Nationen (UNO)

28. Juni – 1. Juli: Verbandskonferenz in Friedensau

Erste Hilfssendungen der Adventisten der DDR nach Afrika gesandt

1974

2. Mai: Die „Ständigen Vertretungen" der DDR in Bonn und der BRD in Ost-Berlin nehmen ihre Arbeit auf.

4. Sept. Aufnahme diplomatischer Beziehungen zwischen der DDR und und den Vereinigten Staaten

Die Gebäude und Grundstücke der Gemeinschaft werden den „Anstalten der Gemeinschaft" als Rechtsträger übertragen.

1. März: Die Landwirtschaft in Friedensau wird an die LPG Theeßen verpachtet.

1. April: Beobachterstatus der Gemeinschaft bei der Arbeitsgemeinschaft christl. Kirchen

1975

1. Aug.: Unterzeichnung der Schlussakte der Konferenz für Sicherheit und Zusammenarbeit in Europa KSZE in Helsinki

1. Aug.: Gespräch von Bundeskanzler Helmut Schmidt mit Erich Honecker am Rande der Konferenz

Juni: Zwei Vizepräsidenten der Generalkonf. besuchen Adventgemeinden in der DDR.

10. Juli: Generalkonferenzvollversammlung in Wien mit acht Delegierten der DDR

6. Nov.: Die Gemeinschaft erhält die Rechtsform als „Vereinigung"

1976

18.–22. Mai: Der IX. Parteitag der SED beschließt ein neues Statut.

29. Okt.: E. Honecker Staatsratsvorsitzender, Willi Stoph Ministerratsvorsitzender

4.–14. Juni: 2. Besuch von Robert H. Pierson

4.–14. Juli: Familienbibelwoche in Friedensau Einrichtung einer kleinen Offsetdruckerei der Gemeinschaft in Leipzig

1977

10 000 DDR-Bürger stellen gemäß der KSZE Anträge auf Ausreise aus der DDR.

4. Okt.: Beginn der ersten KSZE-Folgekonferenz in Belgrad

23. Juni: Verbandskonferenz in Leipzig

8.–15. Juli: Erste internation. Bibelkonferenz in Friedensau mit 200 Predigern und Professoren der Andrews-Universität (USA)

1978

1. Sept.: Einführung des Wehrkundeunterrichts in den 9. und 10. Klassen

Gründung des Suchtgefährdetendienstes der Gemeinschaft

1979

11. Okt.: Rudolf Bahro wird aus Gefängnis entlassen, darf in die BRD ausreisen.
7. Nov.: Klaus Gysi wird neuer Staatssekretär für Kirchenfragen.

Juni: Regelung zur Anstellung von Predigerfrauen als Gemeindehelferinnen

1980

22. Aug.: Bundeskanzler Helmut Schmidt sagt wegen der angespannten Lage in Polen ein geplantes Treffen mit Erich Honecker ab.
13. Okt.: Drastische Erhöhung des Mindestumtausches für westliche Besucher

17. April: Generalkonferenzvollversammlung in Dalles (USA) mit 6 DDR-Delegierten
August: Erste Ausgabe der monatlichen Gemeindezeitschrift *Adventgemeinde*
3.–10. Aug.: Dritte „große Bibelwoche" in Friedensau mit 1300 Teilnehmern

1981

10. April: Matthias Domaschk, Mitglied der „Jungen Gemeinde" in Jena, stirbt in der Untersuchungshaft.
11.–13. Dez.: Erich Honecker empfängt Helmut Schmidt zu einigen Arbeitsgesprächen am Wehrbellinsee.
13. Dez.: Kriegsrecht in Polen verhängt

1. April: Das Predigerseminar Friedensau wird ein Theologisches Seminar.
Erste Versuche zur Teestubenarbeit
29. Juni – 4. Juli: Besuch des Generalkonferenzpräsidenten Neal C. Wilson
1. Sept.: Das Theologische Seminar nimmt ausländische Studenten auf.

1982

25. Jan. Durch „Berliner Appell" erreicht die Friedensbewegung breite Resonanz.
Februar: Beginn der Stationierung mobiler Mittelstreckenraketen in der DDR
25. März: Einführung der vormilitärischen Ausbildung der Lehrlinge

6.–8. Mai: Verbandskonferenz in Leipzig: Lothar Reiche neuer Verbandsvorsteher, Manfred Böttcher wird Seminardirektor in Friedensau (bis 1990)
23. Juni – 1. Juli: Zweite internationale Bibelkonferenz in Friedensau

1983

24. Juli: Franz-Josef Strauß besucht Erich Honecker, vermittelt einen Kredit über eine Millarde D-Mark; vereinbarte Gegenleistungen: Abbau der Selbstschussanlagen an der innerdeutschen Grenze, Reiseerleichterungen für Westdeutsche

Studienreform am Theologischen Seminar in Friedensau
25. Mai – 1. Juni: Sitzung des Ausschusses der Euro-Afrika-Division in Friedensau

1984

April: Ausreisewelle aus der DDR (über 40 000 Personen), viele Ausreisewillige flüchten in die Botschaften der BRD in Prag und Ost-Berlin.
4. Sept.: Erich Honecker sagt seinen geplanten Besuch in der BRD ab.

Spende von 30 000 DDR-Mark für die Einrichtung des Predigerseminars in Podkowa Lesna (Polen)
Dez.: Unterzeichnung der Vereinbarung mit der staatlichen Rentenversicherung der DDR über Renten für Prediger

1985

11. März: Michail S. Gorbatschow wird Generalsekretär der KPdSU.
24. April: Audienz Erich Honeckers bei Papst Johannes Paul II

18.–25. März: Seminar für Studenten der Theologie in Friedensau
27. Juni: Generalkonferenzvollversammlung in New Orleans mit 8 DDR-Delegierten

1986

6. Mai: Abschluss eines Kulturabkommens mit der BRD
22. Sept.: Verabschiedung des Schlussdokuments der KSZE-Nachfolgekonferenz in Stockholm

29. Juni – 5. Juli: Andrews-Universität führt „Extensionkurse" für Prediger aus Mittel- und Osteuropa in Friedensau durch.
15. Juli: Beginn des Baus der neuen Mensa in Friedensau

1987

7.–11. Sept.: Erich Honecker besucht auf Einladung von Helmut Kohl die Bundesrepublik Deutschland.

23.–25. April: Verbandskonferenz in Leipzig, eine überarbeitete Verfassung wird von den Delegierten verabschiedet.

1988

17. Jan.: Öffentliche Proteste auf der Gedenkdemonstration für Rosa Luxemburg
13. Juli: Kurt Löffler Nachfolger von K. Gysi als Staatssekretär für Kirchenfragen
August: Erich Honecker erklärt offiziell die Ablehnung der sowjetischen Reformpolitik.

18./19. März: Erste „Gemeindestudientage" in Friedensau
10.–15. Juli: Dritte internationale Bibelkonferenz in Friedensau mit etwa 250 Predigern aus der DDR und Osteuropa

1989

4. Sept.: Beginn der Montagdemonstrationen in Leipzig, später in anderen Städten
7. Okt.: 40. Jahrestag der DDR, Mahnung Michail Gorbatschows zu Reformen
18. Okt.: Erich Krenz löst Erich Honecker als Vorsitzender des Staatsrates ab.
4. Nov.: 500 000 DDR-Bürger demonstrieren in Ost-Berlin für Demokratisierung.
7. Nov.: Rücktritt von Regierung und Politbüro
9. Nov.: Öffnung der innerdeutschen Grenze
13. Nov.: Hans Modrow Ministerpräsident
7. Dez.: Erste Gespräche am „Runden Tisch" mit den ehemaligen Blockparteien und zahlreichen Oppositionsgruppen

4. Juni: Tag der offenen Tür in Friedensau mit etwa 2000 Besuchern
15. Juni: Besuch des Staatssekretärs für Kirchenfragen Kurt Löffler in Friedensau
Das ZDF berichtet in der Sendung „Aspekte" über die STA in der DDR.

1990

Februar: Gespräche zwischen Helmut Kohl, Michail Gorbatschow und Hans Modrow über die Wiedervereinigung
18. März: Erste freie Volkskammerwahlen
12. April: Lothar de Maizière Ministerpräsident
1. Juli: Wirtschafts- und Währungsunion
31. Aug.: Unterzeichnung d. Einigungsvertrags
3. Okt.: Wiedervereinigung Deutschlands

19.–21. Januar: Sondersitzung des Verbandsausschusses angesichts der neuen politischen Situation
5. Sept.: staatliche Anerkennung des Seminars in Friedensau als Theologische Hochschule, Dr. Bernhard Oestreich wird ihr Leiter.

Personenverzeichnis

Vorsteher des Ostdeutschen Verbandes

Michael Budnick	1934-1954
Friedrich Hambrock	1954-1961
Walter Eberhardt	1961-1968
Manfred Böttcher	1969-1982
Lothar Reiche	1982-1991

Sekretäre des Ostdeutschen Verbandes

Alfred Bürger	1936-1949
Wilhelm Räcker	1949-1950
Karl Köhler	1950-1960
Manfred Böttcher	1960-1967
Egon Hennig	1967-1975
Lothar Reiche	1975-1976
Georg Richter	1976-1987
Walfried Eberhardt	1987-1992

Schatzmeister des Ostdeutschen Verbandes

Reinhold Däumichen	1930-1949
Wilhelm Knitter	1949-1962
Gottfried Mager	1963-1991

Leiter des Prediger- bzw. des Theologischen Seminars Friedensau

Walter Eberhardt	1947-1954
Dr. Siegfried Lüpke	1954-1968
Felix Schönfeld	1968-1982
Dr. Manfred Böttcher	1982-1990
Dr. Bernhard Oestreich	1990-1991

Geschäftsführer der Friedensauer Anstalten

Otto Vogel	1941-1954
Gottfried Donat	1954-1977
Günter Taraba	1977-1982
Dr. Manfred Böttcher (Leiter)	1982-1991

Bürgermeister von Friedensau

Otto Vogel	1945-1954
Walter Schmidt	1954-1955
Siegfried Beier	1955-1971
Herbert Laue	1971-1977
Gottfried Donat	1977-1989
Gert Krüger	1989-1993

Literaturverzeichnis

Assmann, Reinhard, *Der Bund Evangelisch-Freikirchlicher Gemeinden in der DDR*, Kassel 2003
Besier, Gerhard, *Der SED-Staat und die Kirche*, Band 1-3, München 1993
Böttcher, Manfred, *Dialog und Zeugnis*, Frankfurt 2001
Böttcher, Manfred, *Wagnis des Glaubens*, Hannover 2001
Dähn, Horst (Hg.), *Die Rolle der Kirchen in der DDR, Eine erste Bilanz*, München 1993
Dähn, Horst, und Helga Gotschlich (Hg.), *Und führe uns nicht in Versuchung*, Berlin 1998
Dähn, Horst, und Joachim Heise (Hg.), *Staat und Kirchen in der DDR*, Frankfurt/M. 2003
Dudley, Roger, und Edwin Hernandez, *Citizens of Two Worlds*, Berrien Springs (Michigan) 1992
Fischer, Peter; *Kirche und Christen in der DDR*, Berlin 1978
Friedrich, Lutz, und Michael Vogt (Hg.), *Sichtbares und Unsichtbares*, Würzburg 1996
Gerlach, Stefanie Virginia, *Staat und Kirchen in der DDR*, Frankfurt/M. 1999
Gieseke, Jens, *Die DDR-Staatssicherheit – Schild und Schwert der Partei*, Bonn 2000
Goeckel, Robert F., *Die evangelische Kirche und die DDR*, Leipzig 1995
Hall, Bruce Wayne, *Render unto Caesar: State, Identity and Minority Churches in the German Democratic Republik*, Ann Arbor (Michigan) 2003

Hecht, Marco, und Gerhard Praschel, *Ich habe NEIN gesagt*,
   Berlin 2002
Hertrampf, Hans-Dieter, *Pfarrer in der DDR*, Berlin 1995
Heydemann, Günther, und Lothar Kettenacker (Hg.), *Kirchen
   in der Diktatur*, Göttingen 1993
Hutten, Kurt, *Christen hinter dem Eisernen Vorhang*, Band 2,
   Stuttgart 1963
Ihme-Tuchel, Beate, *Kontroversen um die Geschichte – Die DDR*,
   Darmstadt 2002
Judt, Matthias (Hg.), *DDR-Geschichte in Dokumenten*, Bonn 1998
Klaiber, Walter, und Rüdiger Minor, *Zusammenführung auf
   Christus hin*, Stuttgart 1992
Koch, Hans-Gerhard, *Staat und Kirche in der DDR*, Stuttgart 1974
Kowalczuk, Ilko-Sascha, *Das bewegte Jahrzehnt – Geschichte der
   DDR von 1949 bis 1961*, Bonn 2003
Krötke, Wolf, *Die Kirche im Umbruch der Gesellschaft*,
   Tübingen 1994
Leich, Werner, *Wechselnde Horizonte*, Wuppertal 1994
Linke, Dietmar, *Streicheln bis der Maulkorb fertig ist*, Berlin 1993
Maser, Peter, *Kirchen und Religionsgemeinschaften in der DDR
   1949-1989*, Konstanz 1992
Masser, Peter, *Die Kirchen in der DDR*, Bonn 2000
Materne, Ulrich, und Günter Balders (Hg.), *Erlebt in der DDR*,
   Wuppertal 1995
Mechtel, Dieter, und Ulrich Schröter (Hg.), *Beiträge zum Thema
   Staatssicherheit und Kirche*, Berlin 1997
Morgen, Douglas, *Adventism and the American Rupublic*,
   Knoxville (Tennessee) 2001
Müntz, D., und H. Wachhowitz, *Kirchen und Religionsgemein-
   schaften in der DDR*, Rostock-Warnemünde 1984
Reiche, Lothar (Hg.), *Als Adventist in der DDR*, Lüneburg 2001
Ruh, Ulrich, *Religion und Kirche in der Bundesrepublik Deutsch-
   land*, München 1990
Schönherr, Albrecht, *... aber die Zeit war nicht vergebens*,
   Berlin 1993

LITERATURVERZEICHNIS

Strübind, Andrea, „Evangelisch-Freikirchliche Gemeinden in der DDR", bearbeiteter Vortrag des Symposiums vom 7.-9. Juni 2002 in Elstal, veröffentlicht in der *Zeitschrift für Theologie und Gemeinde*, 8. Jg., Neckersteinach 2003
Studiengemeinschaft für Geschichte der Evangelisch-methodistischen Kirche (Hg.), *Eine offene Flanke zur Welt*, Stuttgart 1997
Suckut, Siegfried, *Parteien in der SBZ/DDR 1945-1952*, Bonn 2000
Vollnhals, Clemens (Hg.), *Kirchenpolitik von SED und Staatssicherheit*, Berlin 1997
Vollnhals, Clemens, *Die kirchenpolitische Abteilung des Ministeriums für Staatssicherheit*, Berlin 1997
Wolle, Stefan, *Die heile Welt der Diktatur*, Berlin 1998

Eine ausführlichere Behandlung des Themas dieses Buches findet sich in Manfred Böttcher, *Gratwanderungen einer Freikirche im totalitären Regime – Die Gemeinschaft der Siebenten-Tags-Adventisten in der DDR von 1945 bis 1990*, Peter Lang-Verlag, Frankfurt/M. 2006

Die Bezirke der Deutschen Demokratischen Republik und die Vereinigungen der Union der STA in der DDR